AF484238

TEMAS DE DERECHO INTERNACIONAL PARA EL DIÁLOGO CONSTITUCIONAL CHILENO

EDICIONES UNIVERSIDAD CATÓLICA DE CHILE
Vicerrectoría de Comunicaciones
Av. Libertador Bernardo O'Higgins 390, Santiago, Chile

editorialedicionesuc@uc.cl
www.ediciones.uc.cl

TEMAS DE DERECHO INTERNACIONAL PARA EL DIÁLOGO
CONSTITUCIONAL CHILENO

Sebastián López Escarcena

© Inscripción N° 2021-A-5144
   Derechos reservados
   Julio 2021
   ISBN 978-956-14-2845-4
   ISBN digital 978-956-14-2846-1

Diseño:
Salvador Verdejo Vicencio
versión productora gráfica SpA

Impresor:
Salesianos Impresores S.A.

CIP – Pontificia Universidad Católica de Chile

Temas de derecho internacional para el diálogo constitucional chileno /
Sebastián López Escarcena (editor).
Incluye bibliografías.

1. Derecho internacional – Chile.
2. Derecho constitucional – Chile.
3. Chile – Constitución – Modificaciones.
I. López Escarcena, Rafael Sebastián, editor.

2021   341 + DDC 23   RDA

TEMAS DE DERECHO INTERNACIONAL PARA EL DIÁLOGO CONSTITUCIONAL CHILENO

SEBASTIÁN LÓPEZ ESCARCENA

(Editor)

EDICIONES UC

Pra Betina

AGRADECIMIENTOS

El proyecto que hoy se publica bajo el título de "Temas de derecho internacional para el diálogo constitucional chileno" no habría sido posible sin el apoyo de la Facultad de Derecho de la Pontificia Universidad Católica de Chile y de Ediciones UC. En todo momento, contamos con el decidido respaldo de Gabriel Bocksang, Carmen Elena Domínguez, Carlos Frontaura, Alejandra Ovalle y Cristián Villalonga, así como de Patricia Corona y María Angélica Zegers.

Elvira Badilla, Cristián Delpiano, Martín Loo, Manuel Núñez, Fernando Ochoa, Álvaro Paúl, Sebastián Soto y Osvaldo Urrutia participaron con entusiasmo en este proyecto que nos compromete no solo como académicos, sino que también como chilenos. Sus contribuciones prometen ser de gran utilidad para este proceso constituyente, y para nuestro derecho público en general. Sabrina Ragone y María Angélica Benavides aportaron interesantes textos que se incluyen en el libro como prólogo y epílogo, respectivamente. Erick Chávez Marín, por su parte, hizo una excelente labor como corrector de pruebas.

Vayan mis más sinceros agradecimientos para todos ellos.

SEBASTIÁN LÓPEZ E.
Santiago de Chile
Mayo de 2021

SOBRE LOS AUTORES

Elvira Badilla Poblete. Es licenciada en Derecho por la Pontificia Universidad Católica de Chile, abogada, magíster en Ciencia Jurídica y doctora en Derecho por la misma universidad. Fue secretaria académica y directora de la Escuela de Derecho de la Universidad Católica del Norte, Coquimbo, además de directora de la Revista de Derecho de dicha universidad. Fue, asimismo, abogada integrante de la Corte de Apelaciones de La Serena. Actualmente es profesora de Derecho Internacional de la Facultad de Ciencias Jurídicas de la Universidad Católica del Norte, donde además es vicerrectora de la sede de Coquimbo.

María Angélica Benavides Casals. Es licenciada en Derecho por la Pontificia Universidad Católica de Chile, abogada, magíster en Derecho y doctora en Derecho por la Universidad del Sarre. Actualmente es profesora de Derecho Internacional de la Facultad de Derecho de la Universidad Central de Chile.

Cristián Delpiano Lira. Es licenciado en Ciencias Jurídicas y Sociales por la Universidad Diego Portales, abogado y doctor en Derecho por la Universidad de Salamanca. Ha sido profesor de Derecho Internacional en las universidades Alberto Hurtado y Católica del Norte, investigador visitante de la Universidad de La Coruña, y Ministro Suplente Abogado del Primer Tribunal Ambiental de Antofagasta. Actualmente es Ministro Presidente del Segundo Tribunal Ambiental de Santiago.

Martín Loo Gutiérrez. Es licenciado en Derecho por la Pontificia Universidad Católica de Valparaíso, abogado y doctor en Derecho Público por la Universidad de Roma "Tor Vergata". Actualmente es profesor de Derecho Administrativo en el Departamento de Derecho Público de la Facultad de Derecho de la Pontificia Universidad Católica de Valparaíso.

Sebastián López Escarcena. Es licenciado en Derecho por la Pontificia Universidad Católica de Chile, abogado, magíster en Derecho por la Universidad de Leiden, y doctor en Derecho por la Universidad de Edimburgo. Ha sido profesor o investigador visitante en las universidades de Ámsterdam, Católica de Lovaina, de Edimburgo, de Heidelberg, de Notre Dame y París 1, además del Boston College y la Universidad Cornell. Actualmente es profesor y director del Departamento de Derecho Internacional de la Pontificia Universidad Católica de Chile, además de miembro asociado del Centro para el Estudio de la Gobernanza Global de la Universidad Católica de Lovaina, y del Instituto de Investigación en Derecho Internacional y Europeo de la Universidad de París 1 "Panthéon-Sorbonne".

Manuel Núñez Poblete. Es licenciado en Derecho por la Pontificia Universidad Católica de Valparaíso, abogado, y doctor en Derecho por la Universidad de Santiago de Compostela. Fue parte del Consejo Directivo del Instituto Nacional de Derechos Humanos, y hoy lo es de su Consejo Consultivo. Fue director de la Escuela de Derecho de la Universidad Católica del Norte, Antofagasta, y de la Escuela de Derecho de la Pontificia Universidad Católica de Valparaíso. Actualmente es profesor de Derecho Constitucional y de Derecho Internacional en el Departamento de Derecho Público de la Facultad de Derecho de la Pontificia Universidad Católica de Valparaíso.

Fernando Ochoa Tobar. Es licenciado en Ciencias Jurídicas por la Universidad de Concepción, y abogado. Actualmente cursa un magíster en Gobernanza de Riesgos y de Recursos en la Universidad de Heidelberg, y se desempeña como abogado asesor en la División de Estudios del Segundo Tribunal Ambiental de Chile.

Álvaro Paúl Díaz. Es licenciado en Derecho por la Universidad de los Andes, abogado, magíster en Derecho por la Universidad de Oxford, Reino Unido, y doctor en Derecho por la Universidad de Dublín. Fue pasante en el Tribunal Europeo de Derechos Humanos, así como en la Comisión y la Corte Interamericana de Derechos Humanos. Ha sido profesor o investigador visitante en el Instituto Max Planck para el Derecho Público Comparado y el Derecho Internacional; en la Universidad Católica de Lublin; y en la Universidad de Notre Dame. Actualmente es profesor en el Departamento de Derecho Internacional de la Pontificia Universidad Católica de Chile, y director de la Revista Chilena de Derecho.

Sebastián Soto Velasco. Es licenciado en Derecho por la Pontificia Universidad Católica de Chile, abogado, magíster en Derecho por la Universidad de Columbia, y doctor en derecho por la Universidad de Chile. Fue investigador visitante del Centro Rockefeller para Estudios Latinoamericanos de la Universidad Harvard, y jefe de la División Jurídico-Legislativa del Ministerio Secretaría General de la Presidencia.

Actualmente es profesor y director del Departamento de Derecho Público de la Facultad de Derecho de la Pontificia Universidad Católica de Chile, además de consejero del Consejo de Defensa del Estado.

Sabrina Ragone. Es licenciada en Derecho por la Universidad de Bolonia, abogada y doctora en Derecho por la Universidad de Pisa. Ha sido investigadora García Pelayo del Centro de Estudios Políticos y Constitucionales de Madrid y profesora invitada y visitante en Italia, España, Alemania, Francia y diversas universidades latinoamericanas y estadounidenses, como Harvard, Boston College y Texas A&M. Actualmente es profesora de Derecho Público Comparado en la Universidad de Bolonia e investigadora afiliada del Instituto Max Planck para el Derecho Público Comparado y el Derecho Internacional.

Osvaldo Urrutia Silva. Es licenciado en Derecho por la Pontificia Universidad Católica de Valparaíso, abogado y magíster en Derecho por la Universidad de Londres (UCL). Ha sido asesor del Gobierno de Chile en materias vinculadas al derecho del mar y la pesca internacional. Actualmente realiza un doctorado en Derecho en la Universidad Victoria de Wellington, y es director del Centro de Derecho del Mar de la Pontificia Universidad Católica de Valparaíso, donde es profesor de Derecho Internacional y Derecho del Mar en el Departamento de Derecho Público de la Facultad de Derecho.

ÍNDICE

PRÓLOGO

Sabrina Ragone

La fase constituyente que se ha abierto en Chile en los últimos años representa un proceso de gran interés comparativo, como lo demuestran los distintos foros que se han creado a ambos lados del océano, desde el "Observatorio Nueva Constitución"[i] hasta el "*Osservatorio sul processo costituente cileno*" de la revista "*Diritto pubblico comparato ed europeo – DPCE online*"[ii]. Todos cuentan con expertos nacionales e internacionales de distintas materias, desde la ciencia política a la teoría del Estado, desde el derecho comparado al derecho laboral, constitucional, ambiental, solo por recordar algunos campos. Son múltiples los aspectos del proceso que revisten especial importancia, si se analizan en perspectiva comparada, y es oportuno recordarlos, pues podrían escaparse al observador nacional, quien está sumergido en la realidad del proceso. Destacan, en particular: a) la peculiaridad de una Constitución nunca completamente legitimada, que se ha mantenido, con reformas, mucho más allá del régimen que la ha generado; b) la inclusión en los debates previos a la formación de la Convención Constituyente del tema del equilibrio de género, que incluso ha llevado al primer experimento de órgano paritario de la historia, con efectos que se podrán analizar solo una vez redactada la Constitución; c) la incorporación, dentro de la Convención, de una cuota de escaños reservados a representantes de los pueblos originarios; d) el rol asignado a la participación popular, especialmente relevante en el contexto de un proceso originado por un significativo estallido social, que está presente en la fase inicial y final, con el referéndum ratificatorio, de la labor de la Convención; y e) la "procedimentalización", a través de normas de reforma constitucional, del ejercicio del futuro poder constituyente.[iii] Este último aspecto, en el que se

---

i   Disponible en https://www.observatorionuevaconstitucion.cl/

ii   Disponible en http://www.dpceonline.it/index.php/dpceonline/OsservatorioCile

iii   Ver Ley N° 21.200, publicada en el Diario Oficial el 24 de diciembre de 2019. Disponible en https://www.bcn.cl/leychile/navegar?idNorma=1140340

fusionan elementos del poder constituyente originario y del poder de reforma o derivado, refleja el intento de encauzar la labor de los convencionales dentro de ciertos límites que están expresamente previstos, y que abarcan la naturaleza republicana y democrática del Estado, así como el valor de las sentencias firmes y los tratados internacionales que hayan sido ratificados por Chile y estén vigentes. Sobre ello, volveré más adelante.

El derecho comparado ofrece ejemplos de "reformas totales" enmarcadas en el texto constitucional por parte del poder constituyente originario, el que en distintas épocas y ciclos constitucionales ha perseguido el objetivo de perpetuarse, aunque sea solo a través de elementos formales. Por ello, hay Constituciones que distinguen entre reformas parciales u ordinarias y reformas totales. En Europa, ya en la Constitución Federal Suiza de 1874 se previó este tipo de reforma en su artículo 118, luego incluida también en la Constitución de 1999, que otorga al pueblo, a una de las Cámaras y a la Asamblea Federal el poder de iniciativa, con posibilidad, según quién haya ejercido dicha iniciativa, de involucración del pueblo al principio del proceso. En este caso, hay nuevas elecciones del Legislativo, y el límite reside en las disposiciones de *ius cogens* del derecho internacional, conforme al artículo 193 (*Totalrevision*). La Constitución Federal Austríaca de 1920 también hacía referencia a revisiones de conjunto (*Gesamtänderung*) y de una parte (*Teiländerung*), en su artículo 44.2. La Constitución Española de 1978 prevé, a su vez, que "cuando se propusiere la revisión total de la Constitución [o una parcial que afecte a determinados títulos], se procederá a la aprobación del principio por mayoría de dos tercios de cada Cámara, y a la disolución inmediata de las Cortes". Su artículo 168 agrega que las nuevas Cortes deberán aprobar de nuevo, por mayoría de dos tercios el texto, y que habrá un referéndum popular final. La ola posterior de constitucionalismo en Europa del Este manifiesta, asimismo, esta tendencia. Por ejemplo, la Constitución de la República de Bulgaria de 1991 regula, en sus artículos 157 y siguientes, una "Gran Asamblea Nacional" habilitada para adoptar una nueva Constitución, entre otros cometidos posibles, como cambiar la forma de estado o de gobierno o modificar el núcleo de la Constitución. Para estos efectos, el artículo 1616 le exige una mayoría de dos tercios de los miembros, en tres votos en fechas distintas.

Ahora bien, la existencia de un procedimiento *ad hoc* no es de por sí garantía de que el poder de reforma total se manifieste posteriormente dentro de los límites indicados, ni su ausencia garantiza que las enmiendas no se utilicen para desnaturalizar el texto constitucional originario. Al respecto, en la última década ha estado bajo el foco de atención mediático y académico el caso de Hungría, donde se ha empleado el procedimiento de reforma monocameral en varias ocasiones, desnaturalizando progresivamente la Constitución. En particular, la reforma de 2011 ha transformado el texto de 1949, que ya había sido fuertemente modificado en 1989 en sentido democrático, persiguiendo justamente la discontinuidad respecto del texto anterior. Reformas posteriores han dado rango constitucional a normas provisionales e incorporado cláusulas en la Carta Fundamental que el Tribunal Constitucional había considerado inconstitucionales, hasta el punto de que en 2013 se impidió la referencia a la jurisprudencia previa. También en el constitucionalismo latinoamericano se pueden encontrar cláusulas que permiten la reforma total. Desde la Constitución de la República Oriental del Uruguay de 1967[iv], la Constitución Política de la República de Guatemala de 1993[v] y la Constitución de la Nación Argentina de 1994[vi], hasta la Constitución de la República del Ecuador de 2008[vii] y la Constitución Política del Estado Plurinacional de Bolivia de 2009[viii]. Estos escuetos ejemplos demuestran dos caracteres de los procesos constitucionalizados de reforma total y escritura de una Constitución nueva según las reglas de la anterior: la exigencia de supermayorías en los órganos decisorios, y la potenciación de la participación popular, sobre todo a través de referéndums. La Ley N° 21.200 refleja rotundamente esta segunda tendencia, ya que le encomendó a la decisión popular el optar por redactar una nueva Constitución y elegir el tipo de órgano que tendría dicho poder, a través de un primer plebiscito nacional celebrado en octubre de 2020, y de aceptar o rechazar la propuesta de la Convención Constitucional misma, por medio de un segundo plebiscito a realizarse al final del proceso constituyente.

[iv] Ver su art. 331.

[v] Ver su art. 278 sobre la Asamblea Nacional Constituyente.

[vi] Cuyo art. 30 señala: "La Constitución puede reformarse en el todo o en cualquiera de sus partes".

[vii] Su art. 444 dispone:
>La asamblea constituyente solo podrá ser convocada a través de consulta popular. Esta consulta podrá ser solicitada por la Presidenta o Presidente de la República, por las dos terceras partes de la Asamblea Nacional, o por el doce por ciento de las personas inscritas en el registro electoral. [...] La nueva Constitución, para su entrada en vigencia, requerirá ser aprobada mediante referéndum con la mitad más uno de los votos válidos.

[viii] Conforme a su art. 411.1:
>La reforma total de la Constitución, o aquella que afecte a sus bases fundamentales, a los derechos, deberes y garantías, o a la primacía y reforma de la Constitución, tendrá lugar a través de una Asamblea Constituyente originaria plenipotenciaria, activada por voluntad popular mediante referendo. [...] La vigencia de la reforma necesitará referendo constitucional aprobatorio.

En la dialéctica poder constituyente-poder constituido, desde el punto de vista de la legitimidad en la que se apoya el primero de dichos poderes, las cláusulas sobre reformas totales presentan facetas críticas, sea que estén en el texto originario o que se hayan insertado posteriormente. Este tipo de operaciones, que aportan cambios sustanciales a la Constitución, aun respetando el principio de legalidad, podrían finalmente transformarse en una suerte de *fictio* jurídica. Ello, si se acepta la idea tradicional del poder constituyente como poder pre-jurídico y fáctico. En la medida en que se considera necesario que el pueblo se adhiera a una nueva idea de ordenamiento, su realización requeriría de un nuevo ejercicio del poder constituyente con la involucración del pueblo soberano. Por esto, permitir a los poderes constituidos incidir en el núcleo esencial de la Constitución daría lugar a una superposición entre ambos poderes. Ahora bien, la distinción entre poder constituyente y poder reformador presenta, hoy más que nunca, problemas ulteriores y, en cierto sentido, opuestos respecto de los que acabo de citar. Hay factores que impiden trazar una línea clara, como la doctrina clásica lo exigiría, de demarcación entre el poder constituyente y el poder de reforma, y no solamente porque el segundo pueda actuar sin límites, sino por razones opuestas; es decir, por la presencia de vínculos para el primero que dependen de la adhesión a las obligaciones internacionales y/o los parámetros del constitucionalismo moderno, que van desde los derechos humanos al Estado de derecho. Y este debate no es nuevo. Ya en su ensayo *"Über die Kompetenz der Konstituierenden Nationalversammlung"*, publicado en 1934 en alemán y portugués en *Política. Revista de Direito Público, Legislação Social e Economia*, Hans Kelsen afirmaba –a propósito de sus reflexiones sobre la Asamblea Nacional Constituyente brasileña– que uno de los principios fundamentales sería la sujeción del derecho estatal al derecho internacional, una opinión seguramente minoritaria en la época. Según este autor, ni siquiera el Estado en sí es soberano, porque sobre él se encuentra el derecho internacional, que a la vez lo legitima y lo vincula.

El debate no puede sino transformarse en una discusión sobre la desnaturalización del poder constituyente, originada por las limitaciones a las que está sometido de manera cada vez más frecuente. En otras palabras, cabe preguntarse hasta qué punto un poder constituyente *stricto sensu*, ejercitado en el siglo XXI, podría efectivamente presentar los cánones de libertad y omnipotencia que se le atribuyen en la doctrina tradicional, o bien si se trataría de una facultad limitada, en cierta medida, por estándares internacionales y categorías comunes. Naturalmente, se repite, los vínculos rigen si el nuevo régimen tiene la aspiración de ser incluido dentro de las democracias modernas, en un contexto en el que muchas decisiones se toman fuera de su territorio y tienen que ver con aspectos esenciales de su soberanía, política y económica, además de constitucional. Justo dentro de esta lógica se entiende el límite de los tratados internacionales ratificados por Chile y en vigor que va a condicionar la labor de los convencionales. En efecto, la relación entre derecho constitucional y derecho internacional es uno de los temas más debatidos de las últimas décadas, debido a fenómenos que se han definido como "constitucionalización del derecho internacional" y, en sentido opuesto, "internacionalización del derecho constitucional", con especial referencia a normas sobre derechos humanos. La incorporación del derecho internacional al derecho nacional puede realizarse a través de cláusulas distintas, que hagan referencia al derecho consuetudinario[ix], o a los tratados, estableciendo una jerarquía dentro del sistema constitucional[x]. Un estatus particular se reconoce al derecho internacional de los derechos humanos, ya que puede haber en el sistema constitucional cláusulas de apertura que obligan a tener en cuenta estos tratados en la interpretación y aplicación de los derechos fundamentales. Emblemático al respecto resulta el artículo 10.2 de la Constitución española, conforme al cual: "Las normas relativas a los derechos fundamentales y a las libertades que la Constitución reconoce se interpretarán de conformidad con la Declaración Universal de Derechos Humanos y los tratados y acuerdos internacionales sobre las mismas materias ratificados por España".

Los Tribunales Supremos o Constitucionales pueden, asimismo, desempeñar un papel esencial al respecto, bien porque reconocen expresamente a las normas internacionales valor vinculante, o porque intervienen en el proceso de ratificación de los tratados a través de un control preventivo. La actitud de estos mismos órganos jurisdiccionales respecto de las decisiones de los tribunales internacionales correspondientes, su aplicación o rechazo de doctrinas, como el control de convencionalidad, igualmente contribuyen a desdibujar las relaciones entre los dos sistemas en términos de dualismo o monismo. Cabe recordar, ya más relacionado con el debate constituyente chileno actual, que al lado de una tendencia prevalente a acoger estándares internacionales con cierta apertura, existe un minoritario pero significativo cuestionamiento de formas de automatismo de incorporación de los mismos debido al (re)surgimiento, con formas y eslóganes nuevos, de tendencias soberanistas, que defienden la identidad constitucional

---

[ix] Como lo hace, por ejemplo, la Constitución de la República Italiana de 1948, cuyo art. 10 afirma: "El ordenamiento jurídico italiano se ajustará a las normas del derecho internacional generalmente reconocidas".

[x] Que es el caso, por ejemplo, de la Constitución boliviana, cuyo art. 410 expresamente incluye a los tratados sobre derechos humanos dentro del "bloque de constitucionalidad".

frente a cánones impuestos por organismos percibidos como lejanos y ajenos al contexto político, cultural y económico nacional. Se trata de cuestiones que van al fondo de la construcción de los ordenamientos constitucionales y de la definición de los contornos del Estado, siendo elementos clave de la relación entre ciudadanos y poder público, mucho más que cuestiones técnicas.

El libro que se prologa aquí proporciona un aporte importante y variado al debate constituyente que se va a desarrollar en Chile, el cual va a representar, por un lado, el punto final de una serie de reflexiones y cambios a nivel comparado de las últimas décadas y, por otro, un laboratorio para experimentar soluciones nuevas que a su vez se transformen en modelos para procesos futuros. La contribución de la doctrina a los procesos de escritura y reforma de las Constituciones representa un elemento esencial para que los convencionales dispongan de las distintas opciones que el constitucionalismo autóctono y comparado ofrecen, a sabiendas de sus éxitos y fallas según los casos. Todo ello porque, aun cuando el derecho comparado es un instrumento indudablemente útil, la selección de los modelos a imitar, su combinación y adaptación, no pueden sino darse en forma contextualizada para evitar crisis de rechazo o la adopción de mecanismos que acabarían por no funcionar o no ser implementados. Es una labor de la que la doctrina no puede eximirse, entrando en un diálogo con expertos, nacionales y extranjeros, que defienden ideas distintas.

TEMAS DE DERECHO INTERNACIONAL PARA EL DIÁLOGO CONSTITUCIONAL CHILENO

A MODO DE PRESENTACIÓN: EL DERECHO INTERNACIONAL EN LA CONSTITUCIÓN POLÍTICA

Sebastián López Escarcena[1]

El 12 de noviembre de 2019, tras una de las jornadas más violentas de las que se tenga registro desde el retorno a la democracia en Chile –casi treinta años antes–, el Presidente Sebastián Piñera llamó a alcanzar tres acuerdos: por la paz, la justicia y la nueva Constitución, respectivamente. El 15 de noviembre de ese año, la mayoría de nuestros partidos políticos firmaron lo que entonces se llamó Acuerdo por la Paz Social y Nueva Constitución.[2] Esta declaración dispuso la realización de un plebiscito para aprobar o rechazar un proceso constituyente destinado a reemplazar la Carta Magna existente por otra. La Ley N° 21.200, publicada en el Diario Oficial el 24 de diciembre de 2019, confirmó esto, reformando el Capítulo XV de la Constitución Política de la República (CPR).[3] Como la pandemia impidió que dicho plebiscito se llevara a cabo en la fecha originalmente prevista, este finalmente tuvo lugar el 25 de octubre del 2020, no en las mejores condiciones, debido a la misma emergencia sanitaria que lo pospuso. En esa oportunidad, la opción "Rechazo" obtuvo un 21,7% de los votos, mientras que la alternativa "Apruebo" alcanzó el 78,3% de las preferencias de los chilenos y extranjeros habilitados para sufragar que ese día se acercaron a las urnas, el cual fue equivalente a aproximadamente el 50% del universo electoral nacional. Conforme con lo dispuesto en el acuerdo de noviembre del 2019, y lo votado en el plebiscito de octubre del 2020, se estableció una Convención Constituyente que, desde mediados del 2021, trabajará en la redacción de un nuevo texto constitucional, el cual será sometido a un referéndum, esta vez con

---

1   Algunas de las ideas expuestas en este breve introducción se pueden encontrar en la columna titulada "Tratados vigentes y nueva Constitución", publicada en estadodiario.com, y disponible en https://estadodiario.com/columnas/tratados-vigentes-y-nueva-constitucion/

2   Disponible en https://www.bcn.cl/procesoconstituyente/detalle_cronograma?id=f_cronograma-1

3   Disponible en https://www.bcn.cl/leychile/navegar?idNorma=1140340

sufragio universal obligatorio. Aprobado este, tendremos una nueva Constitución Política en Chile.

Independiente de cómo se llegó al Acuerdo por la Paz Social y Nueva Constitución, lo cierto es que nuestra actual Carta Fundamental nunca logró legitimarse del todo. Esto, a pesar de sus más de 40 reformas, una de ellas con plebiscito de por medio[4], y de la firma del Presidente Ricardo Lagos y sus ministros en el decreto promulgatorio de la importante modificación del 2005[5], que reemplazó a la de los integrantes de la Junta de Gobierno, encabezada por Augusto Pinochet, y los ministros de entonces, en su versión original de 1980. Pero el derecho, como la vida social que regla, se resiste a reducciones maniqueas. Esa Constitución promulgada en dictadura, sin ninguna de las garantías mínimas de un estado democrático de derecho, nos permitió desarrollarnos como nunca antes en nuestra historia republicana, por nada menos que 30 años de vida democrática a partir de 1990.[6] Despojada de sus aspectos autoritarios, la CPR reitera hoy lo medular de la normativa sobre la cual se estructuraron las constituciones de 1833 y de 1925, las otras dos más importantes de nuestra historia.[7] Quizás esta sea la razón por la cual el proyecto de nueva CPR del 2018, elaborado en el segundo gobierno de Michelle Bachelet sobre la base de un proceso constituyente que se desarrolló entre el 2015 y el 2017, se parezca tanto a la de 1980, conocida por algunos como CPR del 2005.[8] Como muchas otras, esta no regula orgánicamente las relaciones entre el derecho internacional y el derecho interno, sino que tiene un conjunto de disposiciones dispersas que se refieren a distintos aspectos del derecho internacional de manera más bien accesoria, sea a propósito del ejercicio de la soberanía (artículo 5 inciso 2), de las atribuciones especiales del Presidente de la República (artículo 32 N° 15), de las atribuciones exclusivas del Congreso Nacional (artículo 54 N° 1), o de las atribuciones que son propias del Tribunal Constitucional (artículo 93 N°s 1, 3 y 6). A falta de una regulación orgánica, han sido la jurisprudencia y la doctrina

---

4   Ver Ley N° 18.825, publicada en el Diario Oficial el 17 de agosto de 1989. Disponible en https://www.bcn.cl/leychile/navegar?idNorma=30201

5   Ver Ley N° 20.050, publicada en el Diario Oficial el 26 de agosto de 2005. Disponible en https://www.bcn.cl/leychile/navegar?idLey=20050

6   Sobre la CPR, ver en general GINSBURG (2014).

7   Ver en general ARANCIBIA (2020). Cf. OSSA (2020).

8   El proyecto de nueva CPR del 2018 está disponible en https://obtienearchivo.bcn.cl/obtienearchivo?id=documentos/10221.1/76296/1/Mensaje%20Pdta.Bachelet.pdf

nacionales las que se han encargado de precisar y sistematizar las relaciones entre el derecho internacional y el derecho interno.

En el derecho comparado, estas relaciones comprenden dos problemas estrechamente vinculados entre sí: la incorporación del derecho internacional en el derecho nacional, por un lado, y la jerarquía del derecho internacional en el derecho interno, por otro. A pesar de que las soluciones que se ofrecen a este respecto en las distintas Constituciones Políticas son variadas, no siempre estas se refieren al derecho internacional. Cuando lo hacen, normalmente le asignan un rol protagónico al Poder Ejecutivo en las negociaciones internacionales y en la celebración de tratados, el cual limitan a su vez por medio de la aprobación parlamentaria y de la revisión judicial de los acuerdos internacionales.[9] En un estudio publicado el 2008 por el *Comparative Constitutions Project*, de un total de 365 constituciones dictadas a partir de 1789, no muchas mencionan a la costumbre internacional[10]; una cantidad menor aún la declara directamente aplicable[11]; solo unas pocas hacen referencia a instrumentos jurídicos específicos[12]; menos son las que incorporan instrumentos jurídicos determinados[13]; y un número no mayor de estas les reconocen a los tratados un rango supralegal[14]. Desde esta perspectiva, la situación del derecho internacional en Chile no es tan anómala.

---

9   Ver VERDIER Y VERSTEEG (2017), pp. 150 & 152-8.

10   Diez de las previas a 1914; 6 de las dictadas entre 1914 y 1944; y 57 de las posteriores a 1944.

11   Dos de las anteriores a 1914; 3 de las promulgadas entre 1914 y 1944; y 37 de las siguientes a 1944.

12   Diez a la Declaración de los Derechos del Hombre y del Ciudadano de 1789; 69 a la Declaración Universal de los Derechos Humanos de 1948 (DUDH); 27 a la Carta de la ONU de 1945; 2 al Convenio Europeo para la Protección de los Derechos Humanos y de las Libertades Fundamentales de 1950 (CEDH); 7 al Pacto Internacional de Derechos Civiles y Políticos de 1966 (PIDCP); 4 al Pacto Internacional de Derechos Económicos, Sociales y Culturales de 1966 (PIDESC); 2 a la Convención Americana sobre Derechos Humanos de 1969 (CADH); etc.

13   Veinticuatro a la DUDH; 6 a la Carta de la ONU; 2 a la CEDH; 1 al PIDCP; 1 al PIDESC; 1 a la CADH; etc.

14   Sesenta y siete de las posteriores a 1944.
Ver GINSBURG, CHERNYKH Y ELKINS (2008), pp. 207-10.
El *Comparative Constitutions Project* está dirigido por Zachary Elkins (Universidad de Texas en Austin), Tom Ginsburg (Universidad de Chicago) y James Melton (*University College* de Londres). El proyecto comenzó en la Universidad de Illinois, donde estos académicos trabajaban entonces, y su objetivo es proporcionar una base de datos comprensiva de las constituciones del mundo. El proyecto está disponible en http://comparativeconstitutions-project.org/

Sin embargo, la tendencia comparada actual es asignarles un lugar cada vez más destacado a las fuentes del derecho internacional en las constituciones políticas, al menos en las dictadas con posterioridad a 1990.[15] Una nueva Constitución para Chile nos ofrece la inmejorable oportunidad de volver sobre este importante asunto, y preguntarnos cómo reglar las relaciones entre el derecho internacional y el derecho interno, de la manera más adecuada posible.

* * *

Un aspecto novedoso del proceso que está viviendo Chile es la cláusula de limitación del poder constituyente que introdujo la Ley N° 21.200. Como señala el inciso final del artículo 135, que esta ley incorporara en la CPR: "El texto de Nueva Constitución que se someta a plebiscito deberá respetar el carácter de República del Estado de Chile, su régimen democrático, las sentencias judiciales firmes y ejecutoriadas y los tratados internacionales ratificados por Chile y que se encuentren vigentes". El objetivo de esta cláusula no es otro que evitar ciertos excesos producidos en procesos constituyentes recientes en Latinoamérica, como el venezolano, ecuatoriano y boliviano.[16] A pesar de las diferencias políticas e ideológicas existentes entre los integrantes de la Comisión Técnica que redactó el proyecto de Ley N° 21.200, el inciso final del artículo 135 no fue particularmente discutido en este cuerpo colegiado *ad hoc*, conformado por especialistas propuestos por los distintos partidos políticos que llegaron al acuerdo del 15 de noviembre de 2019.[17] Esta es una disposición innovadora en el contexto de un proceso constituyente, que puede fácilmente asemejarse a las cláusulas pétreas que contienen ciertas cartas fundamentales, como las que se incluyen por ejemplo en el artículo 139 de la Constitución de la República Italiana de 1947,

---

15 Ver Bartolini (2014), p. 1295. Ver también ibid., pp. 1296-314; y Verdier y Versteeg (2015), pp. 514-5.
   Respecto de las promulgadas con anterioridad a 1990, ver ibid., pp. 1292-3, 1296, 1301 & 1310.
   En cuanto al derecho internacional en las constituciones latinoamericanas dictadas después de 1945, ver Franck y Thiruvengadam (2003), pp. 510-4.

16 Que dieron lugar, respectivamente, a la Constitución de la República Bolivariana de Venezuela de 2000, a la Constitución de la República del Ecuador de 2008, y a la Constitución Política del Estado Plurinacional de Bolivia de 2009.

17 Esto es, la coalición de partidos Frente Amplio, y los partidos Socialista de Chile, Democracia Cristiana, Evolución Política, Renovación Nacional y Unión Demócrata Independiente. Las sesiones de esta Comisión Técnica están disponibles en https://tv.senado.cl/

y en el artículo 79.3 de la Ley Fundamental para la República Federal Alemana de 1949.[18] Este tipo de cláusulas también está presente en América Latina: concretamente, en el artículo 60.4 de la Constitución de la República Federativa de Brasil de 1998.[19] En lo que dice relación con los tratados internacionales, el alcance de la cláusula de limitación del poder constituyente que establece el artículo 135 de la CPR es extenso, pues no se restringe a cierto tipo de acuerdos internacionales, sino que incluye a todos los que están vigentes en Chile, que son cientos y en las más diversas áreas. Este deber de respeto se vincula adecuadamente con las otras limitaciones que le impone al poder constituyente el inciso final de dicha disposición. Siendo Chile una república democrática, no solo sus autoridades políticas deben elegirse periódicamente, sujetarse a derecho y ser responsables por su comportamiento contrario a este, sino que además debe existir una separación de poderes institucionalizada que vele por lo anterior, permitiendo que la prevalencia del derecho sea efectiva. El cumplimiento de las obligaciones internacionales es uno de los aspectos fundamentales de esta, también conocido como Estado de derecho. En este, todas las personas, tanto públicas como privadas, deben estar normadas por un derecho creado de manera pública, que rija generalmente para el futuro y que sea interpretado y aplicado por tribunales de justicia.[20]

---

18   El art. 139 de la Constitución italiana indica: "La forma Republicana no puede ser objeto de revisión constitucional". Esta Carta Fundamental está disponible en
http://www.prefettura.it/FILES/AllegatiPag/1187/Costituzione_ESP.pdf
El art. 79.3 de la Constitución alemana, en tanto, señala: "No está permitida ninguna modificación de la presente Ley Fundamental que afecte la organización de la Federación en *Länder*, o el principio de la participación de los *Länder* en la legislación, o los principios enunciados en los artículos 1 y 20 ["Protección de la dignidad humana, vinculación de los poderes públicos a los derechos fundamentales" y "Fundamentos del orden estatal, derecho de resistencia", respectivamente]". La Constitución alemana está disponible en
https://www.btg-bestellservice.de/pdf/80206000.pdf
Sobre las cláusulas pétreas ver en general HEIN (2020).

19   El art. 60.4 de la Constitución brasileña declara:
No será objeto de deliberación la propuesta de enmienda tendiente a abolir:
1. forma federativa del Estado;
2. el voto directo, secreto, universal y periódico;
3. la separación de los poderes;
4. los derechos y garantías individuales.
Esta Carta Magna está disponible en
http://www.stf.jus.br/arquivo/cms/legislacaoConstituicao/anexo/CF_espanhol_web.pdf

20   Ver BINGHAM (2011), p. 8. Ver también ibid, p. 37.
Respecto de la preeminencia del derecho, ver en general HEUSCHLING (2002).

Un Estado donde prevalece el derecho debe, asimismo, respetar las sentencias judiciales firmes y ejecutoriadas. Dado que el artículo 135 de la CPR no distingue entre decisiones judiciales nacionales e internacionales, no correspondería al intérprete restringir su ámbito de aplicación a unas u otras. Esto, además, se conforma con lo dispuesto por el derecho internacional al respecto, ya que el incumplimiento por el Estado de Chile de una resolución dictada en su contra por un tribunal internacional ocasionaría su responsabilidad internacional. Lo mismo puede decirse de los tratados internacionales. Definidos por el artículo 2.1.a de la Convención de Viena sobre el Derecho de los Tratados (CVDT) como "un acuerdo internacional celebrado por escrito entre Estados y regido por el derecho internacional, ya conste en un instrumento único o en dos o más instrumentos conexos y cualquiera que sea su denominación particular", estos establecen obligaciones internacionales que el estado parte debe necesariamente cumplir.[21] De no hacerlo, Chile cometería un hecho internacionalmente ilícito, definido en el artículo 2 de los Artículos sobre Responsabilidad del Estado de la Comisión de Derecho Internacional (ARE) como "un comportamiento consistente en una acción u omisión [...] atribuible al Estado según el derecho internacional; y [que] [c]onstituye una violación de una obligación internacional del Estado".[22] Al regular la observancia de los tratados, la CVDT prescribe que son los principios de *pacta sunt servanda* y de buena fe los que deben guiar a los estados parte. Es así como el artículo 26 declara que "[t]odo tratado en vigor obliga a las partes y debe ser cumplido por ellas de buena fe". Esta disposición debe ser complementada con el artículo 27, que señala: "[u]na parte no podrá invocar las disposiciones de su derecho interno como justificación del incumplimiento de un tratado".[23] Al ser una norma de responsabilidad internacional, los ARE la

---

21 La CVDT está vigente en Chile desde 1981, y está disponible en
https://www.bcn.cl/leychile/navegar?idNorma=12889
Aun cuando a la fecha Chile no ha firmado la Convención de Viena sobre el Derecho de los Tratados celebrados entre Estados y Organizaciones Internacionales o entre Organizaciones Internacionales (CVDTOI), debiera entenderse que los acuerdos internacionales ahí definidos también están incluidos en el art. 135 de la CPR. El contenido de este tratado es muy similar al de la CVDT, por lo que muchas de sus normas podrían utilizarse como prueba de costumbre internacional. Este tratado está disponible en
https://treaties.un.org/doc/Treaties/1986/03/19860321%2008-45%20AM/Ch_XXIII_03p.pdf

22 Los Artículos sobre Responsabilidad del Estado por Hechos Internacionalmente Ilícitos, adoptados por la Comisión de Derecho Internacional el 2001, están disponibles en
https://legal.un.org/ilc/reports/2001/spanish/chp4.pdf

23 La CVDTOI contiene disposiciones equivalentes en sus arts. 26 y 27.

repiten en su artículo 32, pero para todas las obligaciones internacionales, no solo las de naturaleza convencional. De este modo, el inciso final del artículo 135 de la CPR se adecua al sistema de responsabilidad internacional. Vale decir, independiente de lo que disponga la nueva Constitución, el Estado de Chile seguirá estando obligado por los tratados que están en vigor y deberá cumplirlos de buena fe, no pudiendo excusarse en su derecho interno para dejar de hacerlo.

Los tratados que incluye el artículo 135 de la CPR son todos los que Chile haya celebrado con otros estados y que se encuentren actualmente en vigor, cualquiera sea la materia que estos regulen.[24] Así como los tratados que establecen las fronteras de Chile con sus vecinos no se verán afectados por lo que disponga una nueva Constitución, todos los otros tratados que estén vigentes también seguirán obligando internacionalmente a nuestro Estado, que deberá cumplirlos de buena fe. El inciso final del artículo 135 de la CPR encuentra su legitimidad en la misma soberanía que le permite al Estado de Chile darse una nueva Carta Fundamental. En efecto, el poder político no solo se limita a través de normas constitucionales, sino que también por medio de obligaciones internacionales libremente contraídas, como las que pueden encontrarse en los tratados vigentes en Chile. Es esto lo que permite que en nuestro país haya un Estado de derecho. El *quorum* de dos tercios que estableció para la Convención Constituyente el acuerdo del 15 de noviembre del 2019, más tarde refrendado por el inciso tercero del artículo 133 que la Ley N° 21.200 incorporara en la CPR, es un límite al poder político impuesto por este en ejercicio de su soberanía.[25] Los tratados que ha celebrado nuestro estado, y que están vigentes, también lo son. Al ser soberano, Chile puede poner término a estos acuerdos internacionales. Para esto, sin embargo, deberá cumplir las normas correspondientes que establezcan estos tratados, junto con las aplicables de la sección tercera de la CVDT.[26] Esto ya lo reconoce la CPR en el inciso quinto del artículo 54 N° 1, que declara: "[l]as disposiciones de un tratado sólo podrán ser derogadas, modificadas o suspendidas

---

24 Además de estos, debieran considerarse incorporados al art. 135 de la CPR los tratados celebrados con organizaciones internacionales que estén vigentes.
No siendo tratados, queda excluido de esta norma todo otro instrumento que no sea internacionalmente obligatorio: por ejemplo, la mayoría de las resoluciones de la Asamblea General de la ONU.

25 Limitaciones similares a esta son comunes en el derecho constitucional comparado. Al respecto, ver en general Roznai (2017).

26 En cuanto a la terminación de tratados en la CVDT, ver Villiger (2009), pp. 681-9, 695-706 & 720-81.

en la forma prevista en los propios tratados o de acuerdo a las normas generales de derecho internacional". Es de esperar que una disposición como esta, similar a la que contiene el artículo 96.1 de la Constitución Española de 1978, se mantenga en una nueva Carta Magna chilena. El inciso final del artículo 135 de la CPR no afecta, por tanto, la facultad soberana de poner término a los tratados.[27] De este modo, dicho inciso no hace más que reconocer la limitación al poder constituyente que el Estado de Chile ha acordado soberanamente a lo largo de los años, en casi el millar de tratados que tiene hoy en vigor. Cómo regular las relaciones entre el derecho internacional y el derecho interno, respetando esta cláusula, es uno más de los interesantes desafíos que ofrece el actual proceso hacia una nueva Constitución para un Chile bicentenario.

* * *

Este libro es el fruto de un trabajo colaborativo entre profesores de derecho de tres universidades católicas, cuyo principal objetivo es contribuir al debate constitucional chileno en asuntos que han adquirido tal relevancia, que resultan ineludibles en toda discusión de esta naturaleza. Con este fin, los artículos que lo componen abordan, de una manera tanto teórica como práctica, diversos aspectos destacados de las relaciones del derecho internacional con el derecho interno. Se ofrece así, un recuento amplio y prospectivo de estas, útil no solo para quienes se involucren en el proceso constituyente nacional, sino para toda persona interesada en el derecho público en general. El presente libro busca hacer un balance de cómo las relaciones entre el derecho internacional y el derecho interno se encuentran reguladas en la CPR, proponiendo alternativas para una nueva Carta Fundamental en diversos temas de importancia pública, como son la institucionalidad de las relaciones exteriores en Chile; la incorporación y la jerarquía de los tratados en nuestro país; el control preventivo y la inaplicabilidad

---

27 Lo que tampoco obsta a que puedan subsistir obligaciones internacionales de naturaleza consuetudinaria, una vez terminados estos.

Corresponde señalar que dicha facultad soberana comprende todos los tratados, incluso los de derechos humanos, para cuyo término se deberá cumplir los requisitos del acuerdo internacional respectivo. Así, por ejemplo, lo ha aceptado expresamente la Corte Interamericana de Derechos Humanos en un par de oportunidades respecto del Pacto de San José de Costa Rica.

Ver *IVCHER BRONSTEIN C. PERÚ* (1999), párrafo 40. Ver también *AGUIRRE ROCA, REY TERRY Y REVOREDO MARSANO C. PERÚ* (1999), párrafo 39.

por constitucionalidad de estos; la implementación del derecho internacional por los tribunales chilenos; entre otros.

Son ocho los trabajos que componen este libro. El primero de ellos se titula "Proceso constituyente: identidad constitucional y derecho internacional". Su autor es Manuel Núñez, quien busca explicar cómo este último imprime un sello en la soberanía chilena, examinando algunos aspectos centrales para el futuro proceso constituyente y ciertas herramientas que podrían permitir avanzar en la profundización de la democracia, y analizando la renovación de la identidad constitucional en una nueva Carta Fundamental y los límites que el derecho internacional le impone al proceso constituyente. La segunda contribución lleva por título "La institucionalidad chilena de relaciones exteriores". En esta, Martín Loo analiza las competencias de las autoridades políticas para la formulación y ejecución de la política exterior de Chile, poniendo de relieve el reforzamiento del Ministerio de Relaciones Exteriores mediante la Ley N° 21.080 de 2018, que ha llevado a un robustecimiento del presidencialismo en esta área de la política chilena. El trabajo del profesor Loo concluye con un mensaje de cautela acerca de una eventual tentativa de reforma de este (des)equilibrio entre el Congreso Nacional y el Presidente de la República, en vistas a una posible modificación en la materia. "La incorporación de los tratados internacionales en Chile", de Osvaldo Urrutia, es el tercer artículo de este libro. Ahí, su autor revisa críticamente dicho proceso, con énfasis en el rol del Congreso Nacional en el trámite de aprobación, constatando el desbalance de poderes entre el Parlamento y las potestades presidenciales, así como algunas deficiencias en el ejercicio de estas últimas. Considerando los importantes efectos que tiene el derecho internacional en el ordenamiento chileno, y la creciente necesidad de legitimar el ejercicio de las facultades internacionales del Estado, este trabajo subraya la necesidad de reforzar el rol del Congreso, sin alterar radicalmente el actual esquema de distribución de competencias que existe en la Constitución chilena.

A continuación, viene la colaboración del editor de este libro. En "La jerarquía normativa en Chile frente al control de convencionalidad" analizo las distintas soluciones que han ofrecido la jurisprudencia de los tribunales nacionales y la doctrina chilena a la colisión entre tratado y ley, y entre tratado y CPR; reseño la evolución que ha tenido el control de convencionalidad en la jurisprudencia de la Corte Interamericana de Derechos Humanos; ofrezco posibles soluciones al desajuste que este control produce en la jerarquía normativa chilena; y hago propuestas *de lege ferenda* sobre cómo regular los tratados en una nueva Constitución. Cristián Delpiano y Fernando Ochoa son los autores de "La armonización del derecho internacional y el derecho interno ante una nueva

Constitución". Este trabajo aborda el asunto desde las siguientes perspectivas: la jerarquía normativa del derecho internacional; el control de convencionalidad; el bloque constitucional de derechos; y el principio de interpretación conforme. Este artículo termina con algunas propuestas para superar lo que los autores llaman un nudo normativo. "El control preventivo y la inaplicabilidad de los tratados internacionales en Chile" es el artículo de Sebastián Soto, que tiene por objeto estudiar dichas herramientas, tal como las ha utilizado el Tribunal Constitucional. El profesor Soto termina su trabajo planteando algunos argumentos a favor del mantenimiento de un sistema de control judicial de constitucionalidad sobre los tratados. En "El derecho internacional en el razonamiento de la Corte Suprema: una mirada a los últimos 10 años", Elvira Badilla ofrece un estudio de casos seleccionados de este tribunal sobre asuntos relativos a la recepción del derecho internacional en Chile que, ordenados cronológicamente, permiten hacerse una buena idea de cómo lo ha utilizado en su jurisprudencia del período señalado. El último trabajo de este libro es el de Álvaro Paúl, que lleva por título *Soft law*: Ni derecho ni tan blando". En este, el autor analiza esta figura del derecho internacional, revisando algunas formas particulares de la misma, estudia su valor normativo y utilidad, y propone criterios que pueden ser tenidos en consideración al momento de repensar la regulación constitucional del derecho internacional.

BIBLIOGRAFÍA

Arancibia, Jaime (2020): *Constitución Política de la República de Chile, edición histórica: Origen y trazabilidad de sus normas desde 1812 hasta hoy* (Santiago, Universidad de los Andes; y El Mercurio).

Bartolini, Giulio (2014): "A Universal Approach to International Law in Contemporary Constitutions: Does it Exist?", *Cambridge Journal of International and Comparative Law*, vol. 3, N° 4: pp. 1287-320.

Bingham, Tom (2011): *The Rule of Law* (Londres, Penguin Books).

Franck, Thomas, y Thiruvengadam, Arun (2003): "International Law and Constitution-Making", *Chinese Journal of International Law*, vol. 2, N° 2: pp. 467-518.

Ginsburg, Tom (2014): "¿Fruto de la parra envenenada? Algunas observaciones comparadas sobre la Constitución chilena", *Estudios Públicos*, N° 133: pp. 1-36.

Ginsburg, Tom; Chernykh, Svitlana; y Elkins, Zachary (2008): "Commitments and Diffusion: How and Why National Constitutions Incorporate International Law", *University of Illinois Law Review*, N° 1: pp. 201-37.

Hein, Michael (2020): "Do Constitutional Entrenchment Clauses Matter? Constitutional Review of Constitutional Amendments in Europe", *International Journal of Constitutional Law*, vol. 18, N° 1: pp. 78-110.

Heuschling, Luc (2002): *Etat de droit - Rechtsstaat - Rule of Law* (París, Éditions Dalloz).

Ossa, Juan Luis (2020): *Chile Constitucional* (Santiago, Fondo de Cultura Económica).

Roznai, Yaniv (2017): *Unconstitutional Constitutional Amendments: The Limits of Amendment Powers* (Oxford, Oxford University Press).

Verdier, Pierre-Hughes, y Versteeg, Mila (2015): "International Law in National Legal Systems: An Empirical Investigation Exploring Comparative International Law", *American Journal of International Law*, vol. 109, N° 3: pp. 514-33.

Verdier, Pierre-Hugues, y Versteeg, Mila (2017): "Modes of Domestic Incorporation of International Law", en Sandholtz, Wayne, y Whytock, Christopher (eds.), *Research Handbook on the Politics of International Law* (Cheltenham, Edward Elgar Publishing).

Villiger, Mark (2009): *Commentary on the 1969 Vienna Convention on the Law of Treaties* (Leiden, Martinus Nijhoff Publishers).

INSTRUMENTOS CITADOS

Declaración de los Derechos del Hombre y del Ciudadano de 1789

Carta de la ONU de 1945

Constitución de la República Italiana de 1947

Ley Fundamental para la República Federal Alemana de 1949

Declaración Universal de Derechos Humanos de 1948

Convenio Europeo para la Protección de los Derechos Humanos y de las Libertades Fundamentales de 1950

Pacto Internacional de Derechos Civiles y Políticos de 1966

Pacto Internacional de Derechos Económicos, Sociales y Culturales de 1966

Convención Americana sobre Derechos Humanos de 1969

Convención de Viena sobre el Derecho de los Tratados de 1969

Constitución Española de 1978

Convención de Viena sobre el Derecho de los Tratados celebrados entre Estados y Organizaciones Internacionales o entre Organizaciones Internacionales de 1986

Constitución de la República Federativa de Brasil de 1998

Constitución de la República Bolivariana de Venezuela de 2000

Artículos sobre Responsabilidad del Estado por Hechos Internacionalmente Ilícitos de 2001

Constitución Política de la República de Chile de 1980/2005

Constitución de la República del Ecuador de 2008

Constitución Política del Estado Plurinacional de Bolivia de 2009

14

JURISPRUDENCIA REFERENCIADA

Corte Interamericana de Derechos Humanos

Manuel Aguirre Roca, Gullermo Rey Terry y Delia Revoredo Marsano (*"Tribunal Constitucional"*) *c. Perú* (1999): Corte Interamericana de Derechos Humanos, Serie C No. 55, Decisión sobre competencia, 24 de septiembre.

Baruch Ivcher Bronstein c. Perú (1999): Corte Interamericana de Derechos Humanos, Serie C No. 54, Decisión sobre competencia, 24 de septiembre.

§ 1. PROCESO CONSTITUYENTE: IDENTIDAD CONSTITUCIONAL Y DERECHO INTERNACIONAL

Manuel Antonio Núñez Poblete[*]

INTRODUCCIÓN

En un estudio publicado en 1936, Walter Benjamin profundizó en el impacto que tecnologías como el cine y la fotografía tienen sobre la experiencia estética que suscita la obra de arte. Para Benjamin, estas formas de difusión atrofian el "aura" de esta, y desvinculan lo reproducido del ámbito de la tradición.[1] Igual que con las obras de arte, las constituciones modernas han sufrido el embate de los procesos de internacionalización y globalización que progresivamente les han hecho perder esa "aura" que buscaban los procesos revolucionarios durante el siglo XVIII o los independentistas del siglo XIX. Parte de esa "aura" nacía del ejercicio del prodigioso *pouvoir constituant*, o poder constituyente, descrito por Emmanuel-Joseph Sieyès en una de las obras políticas más influyentes que ha tenido el constitucionalismo continental.[2] Esa "aura" definía la identidad del ordenamiento nuevo por negación expresa del poder ordenador de la tradición, y lo distinguía del viejo régimen que se quería abandonar. Esa identidad, a su vez, se encontraba en sintonía con las concepciones imperantes del derecho internacional, que lo concebían como un producto del consentimiento de los estados y como una creación de los mismos.

---

[*] El autor agradece los comentarios del editor, profesor Sebastián López Escarcena, sin cuyo apoyo este trabajo no habría visto la luz.

[1] Ver Benjamin (1989).

[2] Ver Sieyès (2003).

Así, del matrimonio entre el constitucionalismo liberal y las premisas del derecho internacional del siglo XVIII surge una ordenación estatal que concibe de determinada manera la soberanía, el gobierno, los derechos humanos y la distribución territorial del poder. Hoy, sin embargo, esa suerte de *"big bang"*[3] institucional que fue el poder constituyente ya no es lo que era. En el camino de la maquinaria conceptual ideada por Sieyès, bien acompañada de la doctrina preliberal de la soberanía, se interpuso tras la Segunda Guerra Mundial el desarrollo de un derecho internacional que ponía en duda el carácter absoluto de la soberanía estatal. En este nuevo paradigma, como sugiere Anne Peters, los estados ya no son poderes constituyentes, sino *pouvoir constitués*: esto es, poderes constituidos por el derecho internacional.[4] Las Constituciones, por su parte, dejaron de ser "totales" porque no pueden regular eficazmente todos los procesos políticos[5], y porque ellas se incardinan en una red de normas, en las que más de una de ellas tienen aspiraciones constitucionales.

En lo que se refiere a Chile, el proceso constituyente en curso tras las reformas constitucionales y el plebiscito de octubre de 2020 tiene dos grupos de rasgos que lo hacen inédito. En primer lugar, la nueva Carta Fundamental se abre a un proceso de composición paritaria y con participación de pueblos indígenas. En segundo lugar, se da en un contexto en que buena parte de la geografía que configura el ordenamiento internacional ha cambiado. La Constitución Política de la República (CPR), en su versión original de 1980, quiso desmarcarse de su predecesora, afirmando cierto nacionalismo y practicando el dualismo internacional, todo ello en un contexto de escasa presencia del derecho de gentes en el diseño constitucional. El proceso constituyente actual pareciera compartir con el precedente el deseo de romper con la Constitución de origen, pero se diferencia de aquel en el hecho de que encuentra al Estado atado por una red bastante densa de obligaciones internacionales que evidencian la derrota de la pretensión de totalidad y autarquía de las constituciones clásicas. Si bien jamás en la historia de Chile el poder constituyente se había ejercido como se quiere echar andar ahora, tampoco habíamos tenido antes una red tan compleja de deberes internacionales, que fuerzan al político atento al derecho a poner atención a las coordenadas que impone el derecho internacional.

---

3   Tomo la metáfora de PETERS (2007), p. 255.

4   Ver PETERS (2009), p. 179.

5   Ver PETERS (2007), pp. 256-7.

El presente trabajo tiene por objeto reseñar la forma en que la identidad del territorio y de la soberanía se construye mano a mano entre la Constitución y el derecho internacional, y cómo este último imprime, en el caso chileno, un sello autoritario en la configuración territorial de la soberanía. Asimismo, examina algunos aspectos críticos de las relaciones territoriales de poder que deberían ser claves para el futuro proceso constituyente, como son el problema de la inequidad territorial y el impacto que el derecho internacional, liderado por el Convenio N° 169 de la Organización Internacional del Trabajo (OIT) sobre Pueblos Indígenas y Tribales de 1989, genera sobre la organización unitaria del poder. También se examinan las herramientas que, de ser autorizadas por la Constitución, aunque sea genéricamente, permitirían avanzar hacia instrumentos de profundización de la democracia. Hacia el final, este artículo analiza el eventual proceso de aprobación de una nueva Carta Fundamental como uno de renovación de la identidad constitucional, ya sea mediante la negación de la anterior identidad o a través de la configuración de un nuevo catálogo de derechos. Por último, el texto se refiere a las cláusulas constitucionales de limitación del proceso constituyente y de su resultado, identificando el rol que corresponde particularmente al derecho internacional de los derechos humanos en el proceso de interpretación y aplicación de esa norma.

1. IDENTIDAD DEL TERRITORIO Y DE LA SOBERANÍA

La Constitución define el modo como el poder se distribuye a lo largo del territorio, pero no construye, en sí misma, los contornos externos de este. Como se sabe, la configuración de una cuota importante de los elementos que en la teoría tradicional componen el Estado es una obra que combina recíprocamente componentes de derecho internacional y de derecho público doméstico. La subjetividad internacional es reconocida a partir de un estatus de autonomía y del reconocimiento del control efectivo de un territorio mediante el ejercicio de la soberanía y del gobierno de la comunidad a través de una autoridad. Todos esos componentes constitucionales tienen una proyección externa que permite al Estado ser reconocido como un sujeto de derecho internacional y, al mismo tiempo, una proyección interna que es tributaria de ese mismo ordenamiento internacional.

En el terreno de las fronteras y de los territorios, dentro de los cuales se ejerce la soberanía, la autoridad constitucional del Estado se erige históricamente a partir de títulos, como lo fueron durante el siglo XIX la sucesión y la anexión voluntaria, cuya gran manifestación en Chile fue el Acuerdo de Voluntades con los Rapa Nui de 1888, o la accesión por el derecho de guerra de lo que hoy son las regiones del norte, seguida luego por las cesiones convenidas mediante los acuerdos de paz con los países vecinos.[6] Este diseño, conforme con las reglas de la sociedad internacional imperantes en el siglo XIX, permitió que en Chile se configurase constitucionalmente el territorio como un espacio unitario, centralizado y exclusivo de soberanía que no ha reconocido otra forma de compartir el poder que no sea consigo mismo a través de entes descentralizados. Para la jurisprudencia de fines de la década de los 30, la soberanía al sur del Biobío se sustentaba en "la conquista y la captura bélica"[7], mientras que el experimento colonial del acuerdo con los Rapa Nui no podía sino ser poco más que uno de derecho privado para la Corte de Apelaciones de Valparaíso[8], pero nunca un acuerdo que entendiera como subsistente la soberanía de un pueblo que no estaba organizado como un Estado.

El derecho de gentes imprimió entonces, como en todas las repúblicas independientes de América del Sur, un sello doblemente autoritario al constitucionalismo nacional: con el territorio y con los pueblos que lo habitaban antes de la construcción de los estados nacionales.[9] Como apunta la doctrina, lo europeo solía ser el sujeto de la soberanía, mientras que lo no europeo se reducía a su objeto[10], y era en esos términos que se gobernaba la joven república. Este autoritarismo reposaba en una suerte de mitología de la superioridad cultural europea, que se relacionó durante todo el siglo XIX con aquella "contramitología"[11] manifestada en la diplomacia indígena, a lo largo de toda América. El advenimiento del internacionalismo liberal, tras la Segunda Guerra Mundial, fue moderando este rasgo autoritario del constitucionalismo que, en Chile, tardó unos años en impactar la morfología del constitucionalismo nacional, primero al incorporar una limitación a la soberanía de fuente internacional en la reforma constitucional de 1989[12], y segundo con la autorización para aprobar el Estatuto

---

6   Ver KORMAN (1996), pp. 9-18.

7   Ver NÚÑEZ POBLETE (2010), p. 123, citando una sentencia de la Corte Suprema de 4 de noviembre de 1939.

8   Ver *RIROROKO C. FISCO* (2014).

9   Ver GINSBURG (2020), p. 223.

10   Ver ANGHIE (2004), pp. 100-2.

11   Ver en general WILLIAMS (1999).

12   Ver Ley N° 18.825, disponible en https://www.bcn.cl/leychile/navegar?idNorma=30201

de Roma de la Corte Penal Internacional en la reforma constitucional de 2009[13], que tuvo como antecedente los casos *Pinochet* en los tribunales británicos[14] y *"La última tentación de Cristo"* en la Corte Interamericana de Derechos Humanos (CorteIDH)[15]. En este arco de casi dos décadas, el constitucionalismo nacional sufrió, desde la perspectiva que nos importa, una transformación que no había visto en un siglo entero. En efecto, la fisonomía constitucional había cambiado, al punto de someter la soberanía constituyente al derecho internacional de los derechos humanos.

2. LAS RELACIONES TERRITORIALES

El derecho internacional moderno no solo tiene incidencia en la forma de gobierno, sino que también en el rol que la Constitución atribuye al territorio como ámbito espacial de ejercicio de la soberanía y en cómo lo organiza. En el primero de estos ámbitos, las constituciones modernas tienden a reconocer ciertas hipótesis de ejercicio del poder que se acercan a la extraterritorialidad, ampliando su campo de aplicación.[16] Entre estas, puede considerarse el ejercicio de la jurisdicción respecto de sujetos transnacionales, particularmente empresas, o la persecución de ciertos delitos. En el segundo ámbito, que interesa destacar aquí, existen dos modos propios de la configuración territorial centralista que ha caracterizado a nuestro constitucionalismo tradicional, y que podrían verse transformados con el proceso constituyente. Me refiero al rediseño de las relaciones entre las distintas regiones que componen el territorio y a la fragmentación de la unidad del territorio que subrepticiamente ha entrado por las puertas de ciertos tratados de derechos humanos.

---

13   Ver Ley N° 20.352, disponible en https://www.bcn.cl/leychile/navegar?idNorma=1002776

14   Las consecuencias institucionales de estos casos fueron llamadas por el abogado Roberto Garretón, que luego fuera Premio Nacional de Derechos Humanos, "el efecto Pinochet". Para una relación de este fenómeno, ver el trabajo de Sebastián Brett y Cath Collins, titulado "El efecto Pinochet. A diez años de Londres 1998", y disponible en https://www.icso.cl/images/Paperss/tpefinal.pdf

15   Ver *Olmedo Bustos y otros c. Chile* (2001).

16   Ver Peters, pp. 257-8.

2.1. Equidad territorial y relaciones entre las diversas zonas que componen el país

Junto con los problemas de legitimidad y confianza en las instituciones, los conflictos territoriales son posiblemente uno de los problemas políticos más graves que enfrenta la sociedad chilena en general, poniendo en tela de juicio la organización territorial del poder, al generar focos de discriminación "sistémica".[17] Los conflictos en Aysén, el Loa, La Araucanía o en la Bahía de Quintero, por mencionar algunos, demuestran que la desigualdad territorial[18] es un asunto crítico y no resuelto por el mandato genérico de solidaridad interregional que propone la CPR.[19] No es accidental que los informes anuales del Instituto Nacional de Derechos Humanos (INDH) hayan puesto el foco en los conflictos territoriales a partir de 2014[20]; que el Programa de la ONU para el Desarrollo (PNUD) haya abordado el tema en 2018 con un completo informe señalando que "las oportunidades de desarrollo difieren a lo largo del país"[21]; que ese mismo año se haya avanzado con la Política Nacional de Ordenamiento Territorial, que fuera aprobada por la Ley N° 21.074[22]; y que el primer Plan Nacional de Derechos Humanos considerase como objetivo, bajo el título de "equidad territorial", garantizar el territorio armónico y equitativo entre las regiones del país, en sus dos versiones: tanto en el borrador de 2018 como en su texto final de 2019.[23]

---

17   Utilizo el término en el sentido en que lo hace el Comité de Derechos Económicos, Sociales y Culturales de la ONU.
Ver en general La no discriminación y los derechos económicos, sociales y culturales (artículo 2, párrafo 2 del Pacto Internacional de Derechos Económicos, Sociales y Culturales), Observación General N° 20, del Comité de Derechos Económicos, Sociales y Culturales, E/C.12/GC/20, 2 de julio de 2009, párrafo 12.
Disponible en https://www.acnur.org/fileadmin/Documentos/BDL/2012/8792.pdf

18   Ver en general MAC-CLURE Y CALVO (2013).

19   Ver Art. 3 inciso tercero y Art.115 inciso primero de la CPR.

20   Los informes anuales del INDH de los años 2014, 2015 y 2016 incluyeron un capítulo especial dedicado a los derechos humanos en los territorios. Estos informes están disponibles en https://bibliotecadigital.indh.cl/handle/123456789/51

21   Ver en general Desigualdad regional en Chile: ingresos, salud y educación en perspectiva territorial, PNUD, p. 114. Disponible en https://www.desiguales.org/regiones/

22   Si bien el 2 de marzo de 2018 el gobierno de la Presidenta Michelle Bachelet dictó el correspondiente Decreto Supremo N° 320, mientras este se encontraba en proceso de revisión de legalidad en la Contraloría General de la República, el gobierno del Presidente Sebastián Piñera lo retiró.

23   Al igual que la Política Nacional de Ordenamiento Territorial, el Plan Nacional de Derechos Humanos fue preparado por el gobierno de la Presidenta Bachelet y luego revisado y aprobado

Aun cuando el derecho internacional de los derechos humanos no tiene por objeto el enjuiciar, en abstracto, el modo en que se organiza el territorio de los estados, sí es un propósito declarado del Pacto Internacional de Derechos Económicos, Sociales y Culturales de 1966 (PIDESC) fijar estándares de no discriminación en el goce y ejercicio de estos derechos.[24] Por ello, no es descaminado sostener que las recientes modificaciones constitucionales y administrativas en materia de descentralización han obedecido precisamente a ajustar el diseño territorial a esos estándares. Si bien no puede decirse todavía que el impacto de las reformas sea profundo o siquiera significativo, en términos de retórica política las iniciativas a favor de la equidad territorial se han basado en un discurso que reposa más sobre el derecho internacional que sobre el derecho nacional.

2.2. Inter-territorialidad, territorialidad fragmentada y gobierno a través del consenso

Hay un tratado internacional que ha sido ampliamente debatido y que, curiosamente, tiene todavía muy pocas leyes de ejecución. Se trata del Convenio N° 169 de la OIT sobre Pueblos Indígenas y Tribales, que reconoce derechos colectivos sobre tierras y territorios, entre los cuales se cuenta la autodeterminación y la capacidad de organizar instituciones propias, generar un derecho propio, y decidir el modo de desarrollo por el que esos pueblos quieran optar. En lo que aquí importa, este tratado también considera derechos de tránsito y contacto transfronterizo que obligan a los estados a tomar medidas o incluso negociar acuerdos internacionales para facilitar estos usos del territorio que desafían las normas y políticas fronterizas generales. Un fenómeno central que podría alterar la fisonomía unitaria de Chile, de su territorio y población, expresada en el actual artículo 3 de la CPR, es el reconocimiento de los pueblos indígenas y la eventual configuración de alguna forma de autonomía territorial. Un aspecto básico de dicha fisonomía es la inexistencia de sujetos políticos autónomos que puedan disputar el poder estatal en el territorio. Los pueblos indígenas han sostenido, como otras naciones, demandas de reconocimiento, autonomía y participación[25],

---

oficialmente por el Presidente Piñera, por medio del Decreto Supremo N° 329 de 9 de julio de 2019.

24   Ver Art. 1 del PIDESC.

25   Ver Tierney (2004), pp. 183-244.

que en el futuro proceso podrían derivar en diseños puramente multiculturales o bien en estructuras políticamente descentralizadas que fragmenten la unidad nacional, sustituyéndola por un modelo plurinacional que incluso, en la experiencia comparada, puede llevar a diversas ciudadanías y a la ruptura de la igualdad de derechos, como expresión del sistema liberal.[26] Si bien el Convenio N° 169 de la OIT no impone un modelo territorial especial, es un hecho que él ha sido el principal argumento de las organizaciones indígenas para favorecer instituciones de autonomía territorial.

Es importante señalar que el proceso de reconocimiento constitucional de los pueblos indígenas comenzó con la reforma constitucional plasmada en la Ley N° 21.298, que asigna escaños indígenas a la futura Convención Constituyente.[27] El efecto de esta ley, en el plano de los componentes del Estado, ha sido el fragmentar el único pueblo que reconocía la CPR. Al señalar constitucionalmente que existen otros[28], la nación única a que se refieren las bases de la institucionalidad de la CPR pasa a componerse de una pluralidad de pueblos. Con ello, la CPR no alcanza actualmente a transitar a un modelo terminológicamente "plurinacional", pero sí hacia un modelo "pluripopular" que rompe la centenaria tradición de la unidad del pueblo. De hecho, la ruptura de esta tradición podría continuar si el proceso habilita a los pueblos indígenas, o a los territorios que estos habitan, para ejercer alguna forma de autogobierno. Para lo anterior, que la Constitución se declare a sí misma como plurinacional o multicultural será irrelevante. En efecto, más allá de la nomenclatura, el verdadero punto de partida no se halla en los nombres que se le pongan al sujeto colectivo, sino en los derechos que el proceso les atribuya. Del diseño de gobernanza que resulte dependerá uno de los cambios más profundos de nuestra fisonomía constitucional. Esta modificación se podrá referir, por una parte, a la habilitación de dispositivos de autogobierno y, como paso a explicar, a la profundización de modelos polimórficos de organización territorial, por otra.

Hasta la fecha, el modelo constitucional de organización territorial de Chile se resume en el tipo *one size fits all*: una sola modalidad de organización política y administrativa para todo el largo y diverso territorio nacional. Esta característica no cambió con la reforma constitucional de 2007 que creó los territorios especiales, pues no se ha dictado ninguno de los estatutos que el artículo 126

---

26   Ibid., p. 329.

27   La Ley N° 21.298 está disponible en https://www.bcn.cl/leychile/navegar?idNorma=1153843

28   La referencia que hace la Ley N° 21.298 es a "los pueblos reconocidos en la Ley N° 19.253".

bis de la ley correspondiente prometió a la Isla de Pascua o al Archipiélago Juan Fernández.[29] Si el proceso constituyente toma (y no desecha) la figura de los estatutos especiales, será posible encontrar ahí un muy buen punto de partida para dar espacio a alguna forma nueva de autonomía territorial. La ventaja que ofrece el modelo, hasta hoy puramente ideal, del mencionado artículo 126 bis es que remite el diseño de la fórmula de gobierno y administración a una ley especial. Ello le permite a la futura Convención Constitucional, en el escaso tiempo disponible que tiene, no enfrascarse en discusiones que parecen más propias de una discusión legislativa especializada que de un debate constituyente, que debe enfrentar esa y otras tantas cuestiones políticas de la mayor importancia para el país. En ese sentido, un proceso constituyente verdaderamente democrático no tiene por qué aspirar a resolver todas las cuestiones políticas. En las áreas más críticas, es suficiente que abra los procesos para el diseño de futuras soluciones legislativas, en las que, además, van a participar siempre los pueblos afectados a través de los procesos preceptivos de consulta. Estos, y los acuerdos a los que se pueda llegar, abrirán una última fisura en la tradición constitucional chilena.

El proceso legislativo chileno carece de un diseño constitucional que garantice otra forma de participación ciudadana que no sea la agencia del pueblo a través de sus representantes. Las audiencias tienen entidad reglamentaria, y a través de ella no se ejerce una verdadera autoridad constitucional. Con la sola excepción de la Corte Suprema, que más que participar dialoga inter-institucionalmente, el proceso legislativo constitucional es hermético y solo tiene por objetivo la expresión de la voluntad popular a través de sus representantes. El Convenio N° 169, al incorporar la obligación de consultar las medidas legislativas con el objeto de llegar a acuerdos entre el gobierno y los pueblos afectados, introdujo una reforma de proporciones en el diseño y filosofía subyacentes al proceso legislativo.[30] La finalidad de las consultas obligatorias es la de llegar a acuerdos. Por tanto, estas buscan, aunque sea de manera imperfecta, que los

---

29   Ver Ley N° 20.193, disponible en https://www.bcn.cl/leychile/navegar?idNorma=263040

30   El Art. 6 de este tratado establece:
    1. Al aplicar las disposiciones del presente Convenio, los gobiernos deberán:
    a) consultar a los pueblos interesados, mediante procedimientos apropiados y en particular a través de sus instituciones representativas, cada vez que se prevean medidas legislativas o administrativas susceptibles de afectarles directamente;
    b) establecer los medios a través de los cuales los pueblos interesados puedan participar libremente, por lo menos en la misma medida que otros sectores de la población, y a todos los niveles en la adopción de decisiones en instituciones electivas y organismos administrativos y de otra índole responsables de políticas y programas que les conciernan;

pueblos susceptibles de ser afectados presten su consentimiento. De haber alguna forma de acuerdo, total o parcial, la ley va a expresar ese consentimiento, ya no como la sola voluntad de los representantes del pueblo, sino como el verdadero concurso de voluntades entre el Congreso Nacional y el pueblo indígena. Para estos acuerdos, tanto la Declaración de la ONU sobre los Derechos de los Pueblos Indígenas de 2007[31] como la Declaración Americana de Derechos de los Pueblos Indígenas de 2016[32] exigen al Estado garantizar jurídicamente el deber de honrar la palabra empeñada.[33] La Constitución, por su parte, debería

---

c) establecer los medios para el pleno desarrollo de las instituciones e iniciativas de esos pueblos, y en los casos apropiados proporcionar los recursos necesarios para este fin.

2. Las consultas llevadas a cabo en aplicación de este Convenio deberán efectuarse de buena fe y de una manera apropiada a las circunstancias, con la finalidad de llegar a un acuerdo o lograr el consentimiento acerca de las medidas propuestas.

31 Ver Resolución 61/295 de la Asamblea General de la ONU de 13 de septiembre de 2007. El Art. 31 de esta declaración señala:

1. Los pueblos indígenas tienen derecho a que los tratados, acuerdos y otros arreglos constructivos concertados con los Estados o sus sucesores sean reconocidos, observados y aplicados y a que los Estados acaten y respeten esos tratados, acuerdos y otros arreglos constructivos.

2. Nada de lo contenido en la presente Declaración se interpretará en el sentido de que menoscaba o suprime los derechos de los pueblos indígenas que figuren en tratados, acuerdos y otros arreglos constructivos.

32 Ver Resolución 2.888 (XLVI-O/16) de la Asamblea General de la Organización de Estados Americanos (OEA) de 14 de junio de 2016.

El Art. XXIV de esta, titulado "Tratados, acuerdos y otros arreglos constructivos", indica:

1. Los pueblos indígenas tienen derecho al reconocimiento, observancia y aplicación de los tratados, acuerdos y otros arreglos constructivos concertados con los Estados, y sus sucesores, de conformidad con su verdadero espíritu e intención, de buena fe y hacer que los mismos sean respetados y acatados por los Estados. Los Estados darán debida consideración al entendimiento que los pueblos indígenas han otorgado a los tratados, acuerdos y otros arreglos constructivos.

2. Cuando las controversias no puedan ser resueltas entre las partes en relación a dichos tratados, acuerdos y otros arreglos constructivos, estas serán sometidas a los órganos competentes, incluidos los órganos regionales e internacionales, por los Estados o Pueblos Indígenas interesados.

3. Nada de lo contenido en la presente Declaración se interpretará en el sentido que menoscaba o suprime los derechos de los pueblos indígenas que figuren en tratados, acuerdos y otros arreglos constructivos.

33 Ver en general Los derechos humanos de las poblaciones indígenas: estudios sobre los tratados, convenios y otros acuerdos constructivos entre los Estados y las poblaciones indígenas, informe final de Miguel Alfonso Martínez, relator especial de la Subcomisión de Promoción y Protección de los Derechos Humanos, E/CN.4/Sub.2/1999/20.

definir las reglas básicas respecto de: quién negocia; sobre qué se negocia; cómo se negocia; cómo se perfeccionan los acuerdos; cómo se financian los acuerdos; y cómo estos son ejecutados por la autoridad.

Impacto constitucional del Convenio N° 169		
	Hasta 2009	Desde 2009[34]
Población	Unidad de pueblo	Pluralidad de pueblos
Territorio	Unidad de territorio	Pluralidad de territorios
Gobierno	Organización política y administrativa (*one size fits all*)	Posibilidad de formas de autogobierno o de autonomía territorial
Legislación	Proceso legislativo unilateral	Proceso legislativo consensuado

Si bien a la fecha el derecho chileno no se ha adecuado al Convenio N° 169, no cabe duda de que el impacto de este tratado en la fisonomía constitucional ya es significativo y que el proceso constituyente representará una muy buena oportunidad política para profundizar ese impacto. De dar lugar a ciertos espacios de autonomía o a procesos de negociación y acuerdos políticos entre el Estado y los pueblos indígenas, el proceso constituyente permitirá la migración del tradicional modelo de democracia mayoritaria hacia formas de democracia "consociacionales"[35] y a políticas territoriales consensuadas. Esta última posibilidad alteraría drásticamente la fisonomía del sistema político y marcaría una separación profunda con el modelo actual.

Este informe está disponible en https://documents-dds-ny.un.org/doc/UNDOC/GEN/G99/137/76/PDF/G9913776.pdf?OpenElement

34   Este fue el año que el convenio N° 169 entró en vigencia en Chile, por medio del Decreto Supremo N° 236 de 14 de octubre de 2008.

35   Ver LIJPHART (1969); y LIJPHART (1977).

El ámbito internacional ofrece interesantes prácticas de negociación, como las soluciones amistosas propias del sistema interamericano, que suelen estar desprovistas de regulaciones internas detalladas, de donde quizá se siga su éxito, y para las que bien puede anticiparse el modelo interno. Por otra parte, la experiencia comparada, como lo son los procesos de acuerdos que se llevan al interior de instancias oficiales de resolución de conflictos, como lo es por ejemplo el Tribunal de *Waitangi* de Nueva Zelandia, ofrece la experiencia de modelos que han llevado un poco mejor los procesos de reconocimiento, siendo capaces de mitigar las fuerzas políticas centrífugas que suelen desatar los conflictos interétnicos.

3. EL CONTENIDO DE LOS DERECHOS Y EL PROCESO DE LA IDENTIDAD CONSTITUCIONAL

Chile ha ratificado 13 tratados de derechos humanos en el sistema de la ONU, 12 en el interamericano, incluyendo aquellos contra el terrorismo y la corrupción, y más de 50 en el marco de la OIT, por mencionar tres áreas significativas. A ello hay que sumar los instrumentos suscritos en el seno de la UNESCO, los tratados sobre protección de la propiedad intelectual, los de contenido ambiental y más de una decena de sentencias condenatorias en la CorteIDH, más de una de ellas con impacto constitucional en derechos humanos. Nunca en la historia de Chile el ejercicio del poder constituyente había estado más vinculado o constreñido como lo ha estado ahora en esta materia. De allí que en la reforma constitucional aprobada por la Ley N° 21.200 se haya incluido en la CPR un texto como el del artículo 135, que dispone: "El texto de Nueva Constitución que se someta a plebiscito deberá respetar el carácter de República del Estado de Chile, su régimen democrático, las sentencias judiciales firmes y ejecutoriadas y los tratados internacionales ratificados por Chile y que se encuentren vigentes".

A continuación, me voy a referir a dos cuestiones que me parecen relevantes en materia de derecho internacional. La primera es la influencia de los tratados de derechos humanos en la configuración de la identidad constitucional de la república. La segunda, vinculada con la anterior, se refiere a la capacidad de los tratados y sus diseños de *enforcement* para limitar el proceso constituyente.

3.1. Los tratados de derechos humanos y la identidad constitucional

Hace algunos años, tras haber estudiado el modo en que las constituciones nacionales ceden o resisten a los procesos de internacionalización y de integración[36], tuve la oportunidad de presentar un estudio introductorio sobre la identidad constitucional como concepto descriptivo de la singularidad jurídico-política de un Estado de cara a otros miembros de la comunidad internacional.[37] Esa singularidad, expresada en una Constitución, permite plantear o explicar límites a su reforma o al derecho no nacional (internacional o, en su caso, supranacional) y orientar la interpretación constitucional. A la fecha en que se publicó ese trabajo ya había algunas investigaciones, como las de Gary Jacobsohn[38], Michel Rosenfeld[39], Wojciech Sadurski[40] o Armin von Bogdandy[41], pero fue en el último decenio cuando ellas fueron incrementadas a raíz del creciente interés del comparatismo y del constitucionalismo por los procesos de integración e internacionalización. En esta última línea, deben destacarse los aportes de Pierre Bon[42], Elke Cloots[43], Federico Fabbrini y András Sajo[44], y los magníficos libros colectivos de Laurence Burgorgue-Larsen[45] y Alejandro Saiz y Carina Alcoberro[46].

3.1.1. EL PROCESO CONSTITUYENTE COMO RENOVACIÓN IDENTITARIA

Como singularidad relacional, la identidad constitucional es contingente, en el sentido en que admite distintos grados de espesor, además de variable y potencialmente confrontacional. Esto último se advierte tanto cuando ella se

---

36   Son dos los textos fundamentales publicados al respecto en los años '90. Ver en general CARTABIA (1995); y PHELAN (1997).

37   Ver en general NÚÑEZ POBLETE (2008).

38   Ver en general JACOBSOHN (2006); JACOBSOHN (2007); y JACOBSOHN (2010).

39   Ver en general su trabajo titulado "The Problem of 'Identity' in Constitution-Making and Constitutional Reform", disponible en https://papers.ssrn.com/sol3/papers.cfm?abstract_id=870437

40   Ver en general su trabajo titulado "European Constitutional Identity", disponible en https://papers.ssrn.com/sol3/papers.cfm?abstract_id=939674

41   Ver VON BOGDANDY (2005).

42   Ver BON (2014).

43   Ver CLOOTS (2015).

44   Ver FABBRINI Y SAJÓ (2019).

45   Ver BURGORGUE-LARSEN (2011).

46   Ver SAIZ Y ALCOBERRO (2013).

encuentra constituida como cuando se encuentra en proceso de constitución. En efecto, ya constituida esta identidad cumple y explica la criticada función de resistencia del derecho propio frente al derecho no nacional. En cambio, cuando ella se encuentra en construcción constitucional, como ocurre en un momento constituyente, la identidad se levanta como un proceso de continuación o de diferenciación del instrumento constitucional que se abandona. En el caso chileno, este fenómeno es especialmente agudo en algunos sectores que entienden explícitamente el proceso constituyente como uno de construcción de un nuevo "nosotros", puesto que las elecciones de mayo nos permitirán saber cómo el gran porcentaje de aprobación del plebiscito constituyente se transforma y se caracteriza en la Convención Constitucional.[47]

El proceso constituyente, entonces, permite canalizar la negación o abandono de una identidad, que ha generado insatisfacción, y la construcción de otra. Cualquiera sea el espesor de la nueva identidad, ella ya habrá cumplido con el proceso de renovación de la anterior si este se conduce de manera tal que su legitimidad no sea reprochable. En otras palabras, en principio cualquiera que sea el contenido de la nueva Constitución, un proceso bien conducido debería permitir o favorecer la construcción de una Carta Fundamental distinta respecto de la anterior. Ahora bien, es cierto que esta tesis procedimentalista pudiera parecer contradictoria o insuficiente si el contenido de la nueva Constitución fuere, para forzar la explicación, exactamente el mismo que el de la CPR.

3.1.2. Los tratados de derechos humanos, codificación de los derechos e identidad de la Constitución

El acervo de obligaciones internacionales con las que carga el Estado de Chile hace improbable o puramente metafórica la idea del proceso constituyente como uno que parte desde una "hoja en blanco"[48]. A la lista de acuerdos internacionales

---

[47] N. del E.: Al cierre de la edición de este libro aún no se conocía el resultado de dichas elecciones.

[48] Los procesos constituyentes se encuentran bajo la presión o influencia tanto de actores como de reglas internacionales. Sobre ambos, ver los siguientes trabajos de Cheryl Saunders: "International Involvement in Constitution Making", disponible en https://papers.ssrn.com/sol3/papers.cfm?abstract_id=3414698; y "Constitutions and International Law", disponible en https://www.idea.int/sites/default/files/publications/constitutions-and-international-law.pdf

pueden añadirse las recomendaciones sustantivas de los órganos de tratados[49], lo que demostraría que antes que tratarse de una hoja en blanco estaríamos ante un cuaderno en el que tendríamos libertad para escribir, pero sin traspasar las líneas y los márgenes propuestos por el derecho internacional. Ciertamente, los tratados y las sentencias de los tribunales internacionales constituyen una fuente obligatoria inevitable; a menos, claro está, que nos pongamos en el evento improbable de denunciar, por ejemplo, alguno de los tratados de derechos humanos. Las recomendaciones, por otro lado, no son exigibles, aunque bien pueden servir de insumo o de argumento político de autoridad al interior de la Convención Constitucional.

El proceso de construcción de la identidad sustantiva pasará por decidir, primeramente, el diseño de la carta de derechos. En efecto, no es lo mismo configurar esa carta como un listado que se complementa con el derecho internacional, tanto con los tratados como con las normas de *ius cogens* y los principios generales, que integrarla directamente con los tratados que reciben un rango constitucional. En el modelo dualista que caracteriza la CPR, la identidad constitucional de los derechos resulta reforzada si se añade el hecho de haber entendido el Tribunal Constitucional que los tratados carecen de rango constitucional. En cambio, si el derecho internacional de los derechos humanos se integra sin una jerarquía subordinada a las fuentes constitucionales, no será extraño que la identidad de la Carta Fundamental tienda a reducir su espesor frente al lenguaje de los tratados y a la doctrina de sus órganos de interpretación. El proceso constituyente tendrá entonces dos extremos posibles. Uno hará de los derechos constitucionales una réplica de los derechos reconocidos en los tratados, a los que se les concederá algo así como una jerarquía constitucional. Este último debate tendrá todo el interés que implica el pasar de la discusión académica y judicial, usualmente ligado a un caso concreto, al diseño concreto de la mejor forma de regular las relaciones entre el ordenamiento nacional y el internacional. El otro extremo, en cambio, negará la supremacía de los tratados y propiciará una versión propia de los derechos en que estos se subordinan a la Carta Fundamental. De cuánto el proceso constituyente se acerque a estos extremos teóricos, dependerá la consistencia de la identidad del sistema nacional de derechos.

---

49   Ver en general Núñez Poblete (2015). Ver también el trabajo de Andrea Vargas titulado "Tratados internacionales suscritos y ratificados por Chile sobre derechos Humanos. Recomendaciones internacionales con incidencia constitucional", disponible en https://obtienearchivo.bcn.cl/obtienearchivo?id=repositorio/10221/28223/1/Acuerdos_internacionales_e_incidencia_constitucional_rev_BH.pdf

Según las recomendaciones del Alto Comisionado de Naciones Unidas para los Derechos Humanos (ACNUDH), el proceso constituyente no debería poner obstáculos al cumplimiento de los deberes internacionales del Estado ni replicar a la letra todos los derechos contenidos en todos los tratados de derechos humanos ratificados por el Estado.[50]

Diseño del catálogo de derechos (ACNUDH)[51]		
Requerimientos generales	Contenido	Garantías institucionales y procedimentales
– Conformidad con la sociedad – Cumplimiento con los estándares internacionales – Lenguaje claro – Lenguaje normativo – Implementación y limitaciones – Comunicatividad	– Definición del titular de los derechos y de los sujetos obligados – Principios fundamentales (dignidad, libertad, igualdad y no discriminación) – Categorías distintas de derechos – Admisibilidad de las limitaciones – Estados de emergencia – Obligaciones del individuo	– Implementación de la Constitución – Salvaguardias institucionales: separación de poderes, parlamentos comprometidos, poder judicial independiente y mecanismos de control de la ley – Garantías específicas: acceso a la justicia, debido proceso, acciones de tutela, derecho de petición, *accountability* y derecho a la compensación – Acceso a los órganos y procedimientos internacionales

---

50 Ver "Human Rights and Constitution Making", HR/PUB/17/5 de 2018 del ACNUDH, p. 24, disponible en https://www.ohchr.org/Documents/Publications/ConstitutionMaking_EN.pdf

51 Ibid., p. 31.

De seguir las orientaciones de la ACNUDH, que no reposan sino en los principios de *pacta sunt servanda* y de buena fe que recoge la Convención de Viena sobre el Derecho de los Tratados de 1969, sería posible que la identidad de la carta constitucional de derechos se defina en la inclusión de componentes que están ausentes, o a lo sumo se encuentran implícitos en los instrumentos internacionales. Esto puede ocurrir si, por ejemplo, se extiende a los grupos la titularidad de derechos civiles o políticos reconocidos a las persona naturales; se explicitan derechos que los organismos internacionales han entendido como subyacentes a los instrumentos internacionales, como el derecho humano al agua; se codifican derechos completamente nuevos, como el derecho al olvido, los neuroderechos, etc.; se extiende la jurisdicción del Estado a actividades de sujetos transnacionales; o se descentran los derechos respecto de la persona y se radican en la naturaleza o en los animales. En la experiencia comparada regional, esta ha sido la vía diferenciadora de procesos constituyentes recientes, como el ecuatoriano o el boliviano, que han alumbrado cartas fundamentales muy distintas a las que conocíamos, y de las que nadie podría negar su identidad.

4. LOS TRATADOS INTERNACIONALES COMO LÍMITE AL EJERCICIO DEL PODER CONSTITUYENTE

La Ley N° 21.200 introdujo varios dispositivos de ordenación para la elaboración del nuevo texto constitucional. A los *quorum*, competencia limitada de la Convención y procedimiento de reclamación, hecho residir en la Corte Suprema, conforme a lo establecido en el artículo 136 de la CPR, la disposición inmediatamente anterior añadió una cláusula que remite a los tratados internacionales ratificados por Chile y que se encuentran vigentes, como un límite que debe respetar el texto de la nueva Constitución. Junto a dichos tratados, el artículo 135 de la CPR menciona el carácter de república del Estado de Chile, su régimen democrático, y las sentencias judiciales firmes y ejecutoriadas. Como indica el artículo 136 de la CPR, el procedimiento de reclamo tiene por objeto exclusivo velar por las reglas de procedimiento y "en ningún caso se podrá reclamar sobre el contenido de los textos en elaboración", añadiendo en su inciso final que "no podrá interponerse la reclamación a que se refiere este artículo respecto del inciso final del artículo 135".

4.1. El control de constitucionalidad y regularidad reglamentaria de los actos de la Convención Constitucional o de sus órganos: limitación a los vicios formales

La norma que constituye el hoy artículo 135 de la CPR no fue considerada en las iniciativas que dieron origen a la Ley N° 21.200, que reformó la Carta Fundamental: ni en su mensaje, ni en sus mociones. Esta no estaba considerada en el texto del Acuerdo por la Paz Social y la Nueva Constitución de 15 de noviembre de 2019, y se incorporó con la indicación sustitutiva que se presentó durante el primer trámite constitucional. Desde luego, el artículo 135 de la CPR parece querer limitar el ejercicio del poder constituyente originario de un modo similar al que la *Ewigkeitklausel*, o cláusula de eternidad, restringe el poder de reforma en la Ley Fundamental para la República Federal de Alemania, también conocida como Ley Fundamental de Bonn. El artículo 135 de la CPR no es, con todo, una cláusula pétrea tradicional, en la medida en que ella no aspira a restringir el poder de revisión o reforma, sino el poder originario. Hay entonces una distinción inicial entre la infracción de normas sustantivas e infracción de normas de procedimiento. La primera categoría podría ser descrita recurriendo al concepto de vicios de fondo, mientras que la segunda a los vicios de forma. El procedimiento de reclamo se referiría a este último tipo de vicios, pero no a los primeros. Por esta razón, la Corte Suprema debería concentrarse en el escrutinio de aquellos elementos rituales que contiene el epígrafe "Del procedimiento para elaborar una Nueva Constitución de la República", que contengan las futuras normas reglamentarias que se dé la propia Convención Constitucional.

4.2. Objeto y objetivo del control jurisdiccional del artículo 136 de la CPR

Lo que se busca controlar son los actos atribuibles a la Convención; los actos no atribuibles a esta, como cuerpo colegiado, pero sí a una de sus partes; y las propias normas reglamentarias que apruebe la Convención constituyente, las que naturalmente deben respetar los procedimientos fijados por la propia Constitución y están, por lo tanto, subordinadas a ella. Respecto de los actos atribuibles a la Convención, se trata de una atribución material, en la medida en que el acto respectivo pretenda ser una manifestación de voluntad del órgano constituyente. Como es lógico, cuando se impugne una decisión adoptada por un órgano incompetente o por una mayoría insuficiente, el objeto del proceso buscará precisamente declarar el acto irregular y por lo tanto derribar esa atribución, la que inicialmente se presume como consecuencia de la presunción de conformidad de los actos.

Aplicando los criterios generales de las nulidades procesales, administrativas y electorales, el artículo 136 de la CPR exige que la reclamación indique el vicio, "que deberá ser esencial", así como "el perjuicio que se causa". En esas sedes, los vicios esenciales hallan su domicilio en la ley que los declara así o en su naturaleza. Sin embargo, en el caso de un acto vinculado a un proceso constituyente, como sucede con los actos legislativos, los trámites esenciales no siempre son de fácil discernimiento, como tampoco lo es el perjuicio que la infracción genera. En efecto, el diseño del procedimiento debe distinguir y asumir previamente si él es un procedimiento de adjudicación para la defensa de intereses que lesiona el acto impugnado o derechos subjetivos, o, en cambio, un procedimiento de defensa de la legalidad objetiva. Aunque la exigencia del perjuicio pareciera inclinar la naturaleza del proceso hacia el primer tipo de procedimientos, tiendo a pensar que la mayor envergadura del cometido aconseja concebirlo como un procedimiento de control de la legalidad objetiva, donde el perjuicio, más que la lesión a un derecho o interés particular, se predica respecto de un interés que es colectivo o de la definición de un resultado que habría sido sin el vicio, como sucede en materia electoral.

4.3. El control sustantivo de los actos de la Convención y del texto que se someta a plebiscito: estándares internacionales

Ya se ha dicho que el control del texto no forma parte de la competencia revisora de la Corte Suprema, ni de ningún otro órgano doméstico.[52] En este aspecto, la Convención Constitucional es soberana, y su reconocimiento del carácter de república democrática, de las sentencias judiciales firmes y de los tratados internacionales vigentes queda solo sujeto al control político ciudadano, que aprobará o rechazará ese texto, y al control que pudieren ejercer los organismos internacionales como la Comisión Interamericana de Derechos Humanos (CIDH) o la CorteIDH. Salvo que se produjera una improbable terminación de

---

[52] El penúltimo inciso del artículo 136 señala perentoriamente: "Ninguna autoridad, ni tribunal, podrán conocer acciones, reclamos o recursos vinculados con las tareas que la Constitución le asigna a la Convención, fuera de lo establecido en este artículo".

los tratados, estas últimas instancias, a las cuales se añade la Asamblea General de la OEA, en conformidad con su Carta Democrática, mantienen sus competencias sobre el Estado[53] y la Convención Constituyente, que en última instancia actúa como parte del Estado. No debe olvidarse que sobre constituciones y procesos constituyentes hay práctica en la región.[54] Cobran sentido entonces los estándares internacionales de participación, separación de poderes, Estado de derecho, pluralismo político, transparencia, responsabilidad y rendición de cuentas[55] que la literatura, los órganos de tratados y algunas autoridades internacionales han identificado a partir de los tratados y declaraciones, y que debe cumplir el producto que la Convención Constituyente ofrecerá a la ciudadanía. En lo sustantivo, entre los tratados y las sentencias pasadas en autoridad de cosa juzgada hay una coincidencia parcial, pues la cosa juzgada es parte del derecho al debido proceso y, como tal, está contenido en los tratados de derechos humanos. La norma, sin embargo, no distingue y se refiere a los tratados internacionales en general.

Por último, cabe comentar que la limitación anotada, al haber sido validada por una mayoría importante en el plebiscito nacional del 26 de octubre de 2020, adquiere una suerte de legitimación popular que caracteriza limitadamente el encargo que recibe la Convención Constituyente de la CPR y del pueblo. Este encargo, en sí mismo, no es un encargo desvinculado de la voluntad popular. Es, por el contrario, una responsabilidad fiduciaria.

---

53 Ver en general ARRIGHI (2009).

54 En 2017, la CIDH expresó preocupación por los actos de la Asamblea Nacional Constituyente de Venezuela, al igual que el Consejo Permanente de la OEA en su CP/Res. 1078 (2108/17). La CIDH, hace más de dos décadas se había pronunciado respecto de las instituciones democráticas de la CPR. Ver en general su informe 137/99, caso 11.863, *ANDRÉS AYLWIN AZÓCAR Y OTROS C. CHILE*, de 27 de diciembre de 1999.

55 Ver "Human Rights and Constitution Making", HR/PUB/17/5 de 2018 del ACNUDH, pp. 9-10. Ver también "Guidance Note of the Secretary-General on Democracy", de la Secretaría General de la ONU, disponible en https://www.un.org/democracyfund/sites/www.un.org.democracyfund/files/un_sg_guidance_note_on_democracy.pdf. Ver en general FARER (2004); y el trabajo de Nils Meyer-Ohlendorf titulado "Overview of State Obligations Relevant to Democratic Governance and Democratic Elections", disponible en http://democracy-reporting.org/wp-content/uploads/2016/03/Report.pdf

CONCLUSIÓN

Walter Benjamin asoció la pérdida del aura de la obra de arte y la irrepetibilidad de objeto y su experiencia a la reproducción masiva. En los tiempos de la globalización y la internacionalización, el ejercicio del poder constituyente fue despojado de esa aura y de los rituales que lo fundamentaban. Las constituciones han comenzado a abandonar, junto con las pretensiones de totalidad, la aspiración de ser el depósito exclusivo de la voluntad soberana, libre y total del poder constituyente ilimitado. Con ello, al tiempo que se promueve cierta forma de convergencia constitucional, se reduce el valor épico que tuvieron los instrumentos dados en pleno apogeo de la doctrina del poder constituyente. Como se ha dicho en este trabajo, citando a Anne Peters, el poder constituyente también es un poder constituido por el derecho internacional. Este conjunto de normas jurídicas es el que con mayor densidad orienta la forma de gobierno, la distribución territorial del poder y el sistema de derechos humanos. De este modo, la identidad constitucional resulta de la combinación de estos elementos, y de las opciones que se tomen respecto de aquellos aspectos en los que hay libertad de acción. En otras palabras, no es solo producto del poder constituyente ni es únicamente obra de estándares internacionales que operen de manera automática. Desde esta perspectiva, el proceso constituyente que comenzó con la reforma constitucional que introdujo de la Ley N° 21.200, y el plebiscito que la sucedió, abre tanto la observación de la renovación de la identidad constitucional, donde me ubico, como la disputa política por la conformación de esa identidad, donde parecen querer estar varios colegas. El resultado del proceso constituyente, comparado con los parámetros que ofrece el derecho internacional y el derecho comparado, nos permitirá constatar cuán fuerte o espesa es la identidad de la nueva Carta Fundamental en el plano normativo. La identidad real solo la podremos observar cuando los operadores de la nueva Constitución la pongan en marcha.

BIBLIOGRAFÍA

Anghie, Antony (2004): *Imperialism, Sovereignty and the Making of International Law* (Cambridge, Cambridge University Press).

Arrighi, Jean Michel (2009): "El sistema interamericano y la defensa de la democracia", *Agenda Internacional*, vol. 16, N° 27: pp. 69-94.

Benjamin, Walter (1989): *Discursos Interrumpidos I* (Buenos Aires, Taurus).

Bon, Pierre (2014): "La identidad nacional o constitucional, una nueva noción jurídica", *Revista Española de Derecho Constitucional*, vol. 100: pp. 167-88.

Burgorgue-Larsen, Laurence (ed.) (2011): *L'identité constitutionnelle saisie par les juges en Europe* (París, Éditions Pedone).

Cartabia, Marta (1995): *Principi inviolabili e integrazione europea* (Milán, Giuffrè).

Cloots, Elke (2015): *National Identity in EU Law* (Oxford, Oxford University Press).

Fabbrini, Federico, y Sajó, András (2019): "The Dangers of Constitutional Identity", *European Law Journal*, vol. 25, N° 4: pp. 457-73.

Farer, Tom (2004): "The Promotion of Democracy: International Law and Norms", en Newman, Edward, y Rich, Roland (eds.), *The UN Role in Promoting Democracy: Between Ideals and Reality* (Nueva York, United Nations University Press).

Ginsburg, Tom (2020): "Authoritarian International Law", *American Journal of International Law*, vol. 114, N° 2: p. 221-60.

Jacobsohn, Gary (2006): "Constitutional Identity", *Review of Politics*, vol. 68, N° 3: pp. 361-97.

Jacobsohn, Gary (2007): "Constitutional Identity and the European Courts", *European Constitutional Law Review*, vol. 3, N° 2: pp. 177-81.

Jacobsohn, Gary (2010): *Constitutional Identity* (Cambridge, Massachusetts, Harvard University Press).

Korman, Sharon (1996): *The Right of Conquest: The Acquisition of Territory by Force in International Law and Practice* (Oxford, Clarendon Press).

Lagos Erazo, Jaime (1999): *El "caso Pinochet" ante las cortes británicas* (Santiago, Editorial Jurídica de Chile).

Lijphart, Arend (1977): *Democracy in Plural Societies. A Comparative Exploration* (New Haven, Yale University Press).

Lijphart, Arend (1969): "Consociational Democracy", *World Politics*, vol. 21, N° 2: pp. 207-25.

Mac-Clure, Óscar, y Calvo, Rubén (2013): "Desigualdades sociales y tipos de territorios en Chile", *Polis: Revista Latinoamericana*, vol. 34: pp. 1-27.

Núñez Poblete, Manuel (2008): "Introducción al concepto de identidad constitucional y su función frente al derecho supranacional e internacional de los derechos de la persona", *Ius et Praxis*, vol. 14, N° 2: pp. 331-72.

Núñez Poblete, Manuel (2015): "La Constitución en la mira. Observaciones de los órganos de los tratados de derechos humanos y revisión de la Constitución", en Núñez Poblete, Manuel (ed.), *La internacionalización del derecho público* (Santiago, Thomson Reuters).

Peters, Anne (2007): "The Globalization of State Constitutions", en Nijman, Janne, y Nollkaemper, André (eds.), *New Perspectives on the Divide Between National & International Law* (Oxford, Oxford University Press).

Peters, Anne (2009): "Membership in the Global Constitutional Community", en Klabbers, Jan, Peters, Anne, y Ulfstein, Ulf, *The Constitutionalization of International Law* (Oxford, Oxford University Press).

Phelan, Diarmuid (1997): *Revolt or Revolution: The Constitutional Boundaries of the European Community* (Dublin, Round Hall).

Saiz, Alejandro, y Alcoberro, Carina (eds.) (2013): *National Constitutional Identity and European Integration* (Cambridge, Intersentia).

Sieyès, Emmanuel-Joseph (2003): *¿Qué es el Tercer Estado? Ensayo sobre los privilegios* (Madrid, Alianza Editorial).

Tierney, Stephen (2004): *Constitutional Law and National Pluralism* (Oxford, Oxford University Press).

Von Bogdandy, Armin (2005): "Identidad constitucional. Exploración de un fenómeno ambiguo con ocasión de la política de identidad europea *de lege lata* y *lege ferenda*", *Revista Española de Derecho Constitucional*, vol. 75: pp. 9-32.

Williams, Robert (1999): *Linking Arms Together: American Indian Treaty Visions of Law and Peace, 1600-1800* (Nueva York, Routledge).

INSTRUMENTOS CITADOS

Pacto Internacional de Derechos Económicos, Sociales y Culturales de 1966

Convención de Viena sobre el Derecho de los Tratados de 1969

Convenio n° 169 de la OIT sobre Pueblos Indígenas y Tribales de 1989

Estatuto de Roma de la Corte Penal Internacional de 1998

Constitución Política de la República de Chile de 1980/2005

Declaración de la ONU sobre los Derechos de los Pueblos Indígenas de 2007

Declaración Americana de Derechos de los Pueblos Indígenas de 2016

JURISPRUDENCIA REFERENCIADA

Corte Interamericana de Derechos Humanos

Olmedo Bustos y otros ("La última tentación de Cristo") c. Chile (2001): Corte Interamericana de Derechos Humanos, Serie C No. 73, sentencia, 5 de febrero.

Corte de Apelaciones de Valparaíso

Riroroko c. Fisco (2014): Corte de Apelaciones de Valparaíso, Rol N° 628-2014, sentencia (apelación), 24 de julio.

§ 2. LA INSTITUCIONALIDAD CHILENA DE RELACIONES EXTERIORES

Martín Loo Gutiérrez

INTRODUCCIÓN

En el presente capítulo se describirá la organización de las instituciones que intervienen en las relaciones exteriores de Chile, con el objeto de someterla a un examen crítico de cara a una nueva Constitución Política. Para ello, se pondrá atención al equilibrio entre las tareas encomendadas a este respecto al Presidente de la República y al Congreso Nacional, buscando determinar si la institucionalidad actualmente en vigor respondería adecuadamente a un eventual fortalecimiento de las competencias del Parlamento chileno en este tema. A este fin, el trabajo se dividirá en cuatro secciones. En primer término, analizaré concisamente las competencias constitucionales del Presidente en materia de relaciones exteriores, recordando aquellas que le correspondían de acuerdo con las Constituciones Políticas de la República de Chile de 1833 y de 1925. En seguida, se efectuará un recuento histórico de la regulación del Ministerio de Relaciones Exteriores, también conocido como Cancillería, analizándose especialmente las reformas introducidas a su organización por la Ley N° 21.080 de 2018. En la sección siguiente, pondré de relieve la labor que desempeña, más o menos informalmente, el Congreso Nacional a través de las comisiones parlamentarias y de la así llamada "diplomacia parlamentaria". Finalmente, se realizarán una serie de reflexiones *de lege ferenda*.[1]

A modo de conclusión, este capítulo plantea que, en atención a la extendida y consolidada tradición presidencialista chilena en el campo de las relaciones exteriores, reforzada por la regulación establecida en la Constitución Política de la República de Chile (CPR) y consolidada por las modificaciones de

---

[1] Esto es, para su futura reforma jurídica.

la mencionada Ley N° 21.080, se deberá ser cautelosos al momento de diseñar un eventual nuevo estatuto constitucional, especialmente si se pretende alterar el protagonismo del que siempre ha gozado el Presidente de la República en la conducción de las relaciones exteriores.

1. LAS COMPETENCIAS CONSTITUCIONALES DEL PRESIDENTE EN MATERIA DE RELACIONES EXTERIORES

En la CPR, el papel rector de las relaciones exteriores compete, sin contrapeso alguno, al Presidente de la República, quien en su calidad de jefe de Estado, diseña y dirige estas. Su protagonismo en esta área de la vida nacional, y de tantas otras, es indiscutible.[2] Las múltiples y amplias competencias que la CPR asigna a nuestro jefe de Estado permite ubicar al sistema de gobierno chileno dentro de los regímenes presidencialistas. En Chile, la política exterior "ha sido un campo de tradicional predominio del Ejecutivo […]. La Constitución de 1980 y sus sucesivas reformas no mermaron el papel central del Jefe de Estado en materias internacionales".[3]

A pesar de que la literatura politológica desaconseja formarse una opinión acerca del funcionamiento de un sistema institucional recurriendo únicamente al análisis de las disposiciones constitucionales[4], la preponderancia del jefe de Estado en esta materia se hace evidente con la sola lectura de las normas atributivas de potestades presidenciales. Y si se comparan dichas facultades con las competencias del Congreso Nacional sobre la misma materia, no cabe duda de que a este último le cabe desempeñar solo un papel de segundo plano en la conducción de las relaciones exteriores de Chile. En efecto, basta considerar los artículos 32 N°s 8 y 15 de la CPR para percatarse de la preeminencia del Presidente en esta materia. El último de estos numerales del artículo 32 establece como una de las atribuciones especiales de nuestro jefe de Estado la de "conducir las relaciones políticas con las potencias extranjeras y organismos internacionales, y llevar a cabo las negociaciones; concluir, firmar y ratificar los tratados que estime convenientes para los intereses del país, los que deberán ser sometidos a la aprobación del Congreso". Esta facultad de "conducción de

---

2   Ver Troncoso Repetto (2011), p. 7.

3   Aranda y Riquelme (2011), p. 3.

4   Huneeus y Berríos (2005), 352-353.

las relaciones políticas" se traduce, en la práctica, en la formulación exclusiva de la política exterior del Estado chileno. Cabe recordar que en el seno de la Comisión de Estudios de la Nueva Constitución (CENC) se discutió el rol que debería tener el Senado en esta área, idea que finalmente no prosperó. Incluso se pensó en darle un rol más importante, asignándole la función de asesorar al Presidente de la República en esta tarea. Como señalara entonces el comisionado Sergio Diez:

[l]a dirección de la política internacional que la Carta de 1925 entrega al Presidente de la República en el nuevo ordenamiento constitucional debe quedar sujeta al Consejo y el conocimiento previo del Senado", para lo cual "la Comisión de Relaciones Exteriores de esa Cámara deberá tener más atribuciones que las que tuvo en el pasado, porque los problemas son cada día más complejos".[5]

La facultad de conducir las relaciones políticas con las potencias extranjeras no es una novedad de la CPR, toda vez que ella ya se encontraba presente, en términos bastante similares, en las Constituciones Políticas de 1833 y 1925. De acuerdo al artículo 73 de la carta de 1833: "son atribuciones especiales del Presidente: 19.° Mantener las relaciones políticas con las potencias extranjeras, recibir sus ministros, admitir sus cónsules, conducir las negociaciones, hacer las estipulaciones preliminares, concluir y firmar todos los tratados de paz, de alianza, de tregua, de neutralidad, de comercio, concordatos y otras convenciones". De la misma manera, conforme al artículo 72 de la Carta de 1925: "son atribuciones especiales del Presidente: 16ª Mantener las relaciones políticas con las potencias extranjeras, recibir sus Agentes, admitir sus Cónsules, conducir las negociaciones, hacer las estipulaciones preliminares, concluir y firmar todos los tratados de paz, de alianza, de tregua, de neutralidad, de comercio, concordatos y otras convenciones". Respecto al texto de estas normas constitucionales, corresponde indicar que el Presidente de la República se encontraba facultado para "mantener" las relaciones políticas con las potencias extranjeras. En la CPR, en cambio, se refuerza el rol presidencial al encomendársele la labor de "conducir" dichas relaciones. Dicho fortalecimiento de las potestades presidenciales en materia de

---

[5] Acta de la 344ª sesión de 4 de abril de 1978.
Estas actas están disponibles en
https://www.bcn.cl/lc/cpolitica/actas_oficiales-r

relaciones exteriores se aprecia, también, en la facultad de designación de los representantes de Chile en el extranjero, tarea en la que actualmente no cabe participación alguna de ningún otro órgano. Como señala el artículo 32 N° 8 de la CPR, el Presidente debe "designar a los embajadores y ministros diplomáticos, y a los representantes ante organismos internacionales". Estos son funcionarios de su exclusiva confianza, por lo que el cuerpo legislativo no participa en su designación o remoción.[6]

A este respecto, hay una importante diferencia entre la CPR y las cartas de 1833 y 1925. En el artículo 73 N° 6 de la Constitución Política de 1833, se contaba entre las atribuciones del Presidente la de:

> Nombrar y remover a su voluntad a los Ministros del Despacho y oficiales de sus secretarías, a los Consejeros de Estado de su elección, a los Ministros diplomáticos, a los Cónsules y demás agentes exteriores, a los Intendentes de provincia y a los Gobernadores de plaza.
>
> El nombramiento de los Ministros Diplomáticos deberá someterse a la aprobación del Senado, o en su receso, al de la Comisión Conservadora.[7]

Acerca de esta facultad, José Victorino Lastarria sostuvo que:

> Los ministros diplomáticos i cónsules, sin embargo de que los primeros son representantes de la nación en el extranjero, se consideran ajentes del Ejecutivo en cuanto este se halla encargado de mantener las relaciones internacionales, i es propio encomendarle el nombramiento de aquellos

---

6   Puede notarse en este punto el gran contraste que existe con otro régimen presidencial, como el de EE.UU. En este país, en virtud de la *appointments clause* del artículo II sección II de la Constitución de los Estados Unidos, es el Senado el que debe prestar su consenso para el nombramiento de altos oficiales civiles, entre ellos los embajadores y cónsules. Como señala esta disposición:

    Con el consejo y consentimiento del Senado, el Presidente estará facultado para celebrar tratados, contando con la anuencia de dos terceras partes de los senadores presentes; además, designará, por obra y concurso del consejo y consentimiento del Senado, a los embajadores, a otros ministros públicos y cónsules, a los jueces de la Corte Suprema y todos los demás funcionarios de los Estados Unidos cuyo nombramiento no esté especificado aquí que haya de realizarse en otra forma o que deba quedar determinado por la ley. Empero, el Congreso, según lo estime pertinente, podrá encomendar legalmente la designación de esos funcionarios menores al Presidente, a los Tribunales de Justicia o a los titulares de las distintas Secretarías.

    La Constitución de EE.UU. está disponible en castellano en

    https://www.constituteproject.org/constitution/United_States_of_America_1992?lang=es

7   El segundo inciso de esta norma fue incorporado por el artículo único de la Ley de Reforma a la Constitución de 12 de diciembre de 1891.

funcionarios, porque teniendo la responsabilidad de este negociado, es también el único que tiene interés i capacidad para apreciar las cualidades de las personas que elija.[8]

Por su lado, el artículo 72 N° 5 de la Constitución Política de 1925 disponía que el Presidente debía:

> [...] nombrar a su voluntad a los Ministros de Estado y Oficiales de sus Secretarías, a los Agentes Diplomáticos, Intendentes y Gobernadores. El nombramiento de los Embajadores y Ministros Diplomáticos se someterá a la aprobación del Senado; pero éstos y los demás funcionarios señalados en el presente número, son de la confianza exclusiva del Presidente de la República y se mantendrán en sus puestos mientras cuenten con ella.

La vasta competencia presidencial en materia de relaciones exteriores en Chile se apoya en un aparato burocrático que ha sido calificado como "avasallador, dotado de numerosas capacidades para controlar la agenda [... por parte de...] la presidencia, sus ministerios y sus instituciones relacionadas".[9] Como se puede apreciar de las normas transcritas, el Presidente de la República es el encargado de conducir las relaciones exteriores y de designar al personal que colaborará en tal tarea, para lo cual cuenta con la colaboración de la Cancillería y sus organismos dependientes y relacionados.

En fuerte contraste con este protagonismo del Presidente, el Parlamento solo tiene facultades residuales y más bien circunscritas en este ámbito. De esta manera, el artículo 54 N° 1 de la CPR encomienda al Congreso Nacional "aprobar o desechar los tratados internacionales que le presentare el Presidente de la República antes de su ratificación". De acuerdo con esta norma constitucional, el Parlamento solo puede "sugerir la formulación de reservas y declaraciones interpretativas a un tratado internacional" y no participará en modo alguno en la elaboración de los tratados celebrados por el Presidente en ejercicio de la potestad reglamentaria. Las limitadas atribuciones del Congreso Nacional en materia de relaciones exteriores tienen como efecto que este mantiene "un bajo

---

8 LASTARRIA (1865), p. 344.

9 VALDIVIESO (2007), p. 162.

perfil, cumpliendo un papel de colaboración y asesoría con las instancias del Ejecutivo, principalmente, mediante sus comisiones parlamentarias".[10]

No es de extrañar que, para la doctrina nacional:

> el Presidente de la República constituye 'el verdadero rector de la política internacional del país, y quien fija sus líneas directrices, estando facultado, en consecuencia, para imprimir el curso que él desee a su accionar hacia el exterior'. Lo anterior se fundamenta en que '[…] para la conducción de los asuntos externos se requiere unidad de propósitos, discreción en su desarrollo, agilidad y eficiencia en su ejecución, tenacidad para ir salvando con paciencia las diversas etapas de las negociaciones y permanencia en la realización de los fines propuestos, cualidades todas que se han considerado siempre más probables de reunirse en una sola persona que en un cuerpo colegiado'.[11]

A la luz de esta aseveración, corresponde analizar el brazo institucional que permite este protagonismo presidencial: el Ministerio de Relaciones Exteriores.

2. ORÍGENES Y ACTUAL REGULACIÓN ORGÁNICA DE LA CANCILLERÍA

2.1. El nacimiento del Ministerio de Relaciones Exteriores

La Cancillería es el órgano de la administración pública encargado de colaborar con el Presidente en la formulación y ejecución de la política exterior de Chile. Su regulación orgánica ha tenido una larga evolución. Originalmente, la tarea de mantener las relaciones exteriores correspondió al Congreso Nacional. En este sentido, la disposición tercera del Reglamento para el Arreglo de la Autoridad Ejecutiva Provisoria en Chile, de 14 de agosto de 1811, dispuso que "las relaciones exteriores son privativas del Estado en su entable, cuya representación sólo reside en el Congreso; por consiguiente y para atender tan delicado objeto con el interés a que empeña, deberá corresponder al Congreso la apertura de la correspondencia exterior, llevándola al Poder Ejecutivo, como la interior del reino que consultará

---

10 Ibid., p. 157.
11 García Pino y Contreras Vásquez (2014), 786.

sólo en los casos de gravedad". Poco más de un año después, el artículo 3° del Reglamento Constitucional Provisorio, de 26 de octubre de 1812, radicó las relaciones exteriores del país en la Junta de Gobierno, en estos términos: "su Rey [de Chile] es Fernando VII, que aceptará nuestra Constitución en el modo mismo que la de la Península. A su nombre gobernará la Junta Superior Gubernativa establecida en la capital, estando a su cargo el régimen interior y las relaciones exteriores".

Los Reglamentos Constitucionales de 1811 y 1812 no solo encomendaron a autoridades colegiadas el mantenimiento de las relaciones exteriores, sino que ninguno de estos creó una secretaría de Estado o ministerio encargado de proveer dichas funciones. No fue sino hasta la dictación del Reglamento para el Gobierno Provisorio, de 17 de marzo de 1814, que se produjeron dos fenómenos simultáneos: se concentró la autoridad ejecutiva en la figura unipersonal del Director Supremo y se crearon, en virtud del artículo 10 de dicho Reglamento, las secretarías "de Gobierno, Hacienda y Guerra". No obstante, la concentración de facultades en el Director Supremo, este debía consultar al Senado en lo relativo a las relaciones con las potencias extranjeras. En este sentido, es muy expresivo el artículo 2° del Reglamento para el Gobierno Provisorio que, en relación con el Director Supremo, establecía que "sus facultades son amplísimas e ilimitadas, a excepción de tratados de paz, declaraciones de guerra, nuevos establecimientos de comercio, y pechos o contribuciones públicas generales, en que necesariamente deberá consultar y acordarse con su Senado".

La Constitución Provisoria para el Estado de Chile de 1818 es la primera en contener una regulación sobre las secretarías de Estado, estableciendo tres en su artículo 1°: Estado, Hacienda y Guerra. Con posterioridad, el artículo 124 de la Constitución Política del Estado de Chile de 1822 establecería "tres Ministros Secretarios de Estado para el despacho de los negocios, de Gobierno y Relaciones Exteriores, de Hacienda, de Guerra y Marina". Como se puede advertir, en las Constituciones de 1818 y de 1822, las relaciones exteriores se encontraban radicadas en el Ministerio de Gobierno. Igual situación se habría de repetir en la Constitución Política y Permanente del Estado de Chile de 1823 y en la Constitución Política de la República de Chile de 1828. Fue la Constitución Política de 1833 la primera en encomendar al legislador la determinación del número y las competencias de los ministerios. Así, el artículo 84 de esta Carta estableció que "el número de los Ministros i sus respectivos Departamentos serán determinados por la lei". De esta forma, por medio de la Ley Orgánica de Ministerios, de 1 de febrero de 1837, se establecieron cuatro carteras: Interior, Justicia, Hacienda y Guerra. El artículo 2° encomendó al Ministerio del Interior el mantenimiento de las relaciones exteriores, disponiendo que este:

abraza los ramos de gobernación interior, relaciones esteriores, policía y todos los que no estén espresamente señalados en esta resolución a los otros Ministerios. Por consecuencia, corresponde a su despacho: 1.° Todo lo relativo a mantener las relaciones políticas con las potencias estranjeras, al recibimiento de sus Ministros diplomáticos, i a la admisión de sus cónsules i otros ajentes comerciales; 2.° La formación, observancia i ejecución de todos los tratados de paz, de alianza, de tregua, de neutralidad, de comercio, concordatos i otras cualesquiera convenciones con las potencias estranjeras; 3.° La propuesta y publicación de la declaración de guerra; 4.° La correspondencia con los embajadores, Ministros residentes, cónsules y demás ajentes diplomáticos o comerciales de las potencias estranjeras cerca del Gobierno de la República, i del Gobierno de la República cerca de los gobiernos estranjeros; 5.° El nombramiento de Ministros, cónsules i demás ajentes esteriores diplomáticos, o comerciales, i de todos los individuos destinados al servicio de las legaciones chilenas; 6.° Los permisos para residir en país estranjero por más de diez años, con arreglo a lo prevenido en la parte quinta, artículo 11 de la Constitución; 7.° La legalización de los documentos que deben obrar en el esterior.

Comentando esta disposición, Lastarria daba cuenta de la composición del departamento de relaciones exteriores: "Los ministerios tienen para su espedición i trabajos, oficiales mayores, que son jefes de la oficina; jefes de sección, oficiales de número i auxiliares. En el departamento de Relaciones Esteriores [del Ministro del Interior] tiene un oficial mayor, un jefe de sección, un intérprete i cuatro oficiales de número".[12]

Las tareas relativas a las relaciones exteriores se mantuvieron asignadas al Ministerio del Interior hasta la dictación de la ley de 2 de diciembre de 1871. En virtud de ella se creó el cargo de "un quinto Ministro del despacho, denominado de Relaciones Esteriores", al cual se le atribuyeron las facultades ya conferidas al Ministro del Interior en los numerales 1° a 7° de la ley de 1 de febrero de 1837. A este respecto, la doctrina ha llamado la atención sobre el hecho de que el Ministerio de Relaciones Exteriores haya sido creado solo 70 años después de producida la independencia del país. No obstante, como da cuenta Mark Petersen, la preocupación por las relaciones exteriores se manifestó

---

12 LASTARRIA (1865), p. 388.

en Chile desde el inicio de su vida republicana, como puede observarse en las disposiciones de sus primeros reglamentos constitucionales.[13]

No fue sino hasta el 5 de diciembre de 1927, fecha de dictación del DFL N° 7912 que organizó las secretarías de Estado, que se fijaron las atribuciones del Ministerio de Relaciones Exteriores del modo que conocemos hoy. Dicho decreto da cuenta de los cambios que el crecimiento económico del país y del comercio internacional había obligado a introducir en la organización del mismo. De esta manera, junto a las clásicas funciones relativas a las relaciones exteriores, en términos genéricos, la letra h) del artículo 4° del DFL N° 7912/1927 encomendó al Ministerio "el estudio y fomento del comercio exterior". Esto dará pie para que la sucesiva legislación relativa al Ministerio de Relaciones Exteriores fuera creando una serie de servicios y organismos encargados de la promoción del comercio internacional de Chile, sin perjuicio del establecimiento de algunas direcciones de gran relevancia, como la Dirección de Fronteras y Límites, el año 1966. Ya durante la dictadura cívico-militar, el Ministerio es objeto de una serie de importantes reformas en virtud de los DFL N° 161 de 1978, y los DFL N°ˢ 33 y 53 de 1979 que, respectivamente, establecieron su estructura orgánica, regularon el estatuto de su personal y crearon la Dirección General de Relaciones Económicas Internacionales (Direcon). Este fue el último cambio significativo realizado a la Cancillería hasta nuestros días.[14]

Desde entonces y hasta el año 2017, se sucedieron numerosos proyectos para reformar tanto el estatuto del personal como la organización del Ministerio de Relaciones Exteriores.[15] Sin embargo, a pesar del consenso político existente en orden a la necesidad de adecuar la fisonomía institucional de la Cancillería a los cambios vividos por las relaciones internacionales y económicas del país en las últimas décadas, estos no llegaron a transformarse en un texto legislativo.[16] Solo recientemente se ha logrado aprobar una profunda reforma a la institucionalidad del Ministerio, necesaria para adaptar la estructura organizacional de esta secretaría de Estado a las circunstancias políticas y económicas actuales, ya que, en lo fundamental, conservaba las mismas características y diseño institucional

---

13 Ver PETERSEN (2017), pp. 173 et seq. Cf. FUENTES (2008), p. 57.

14 Ver FUENTES (2008), p. 56.

15 El texto de los proyectos de ley presentados entre 1990 y 2014 se puede consultar en CHAHUÁN (2017), pp. 112-221.

16 Estos intentos de cambio han producido ciertas resistencias por parte del *establishment* funcionario. Ver en general FUENTES (2008).

de fines de los años 70. Esta reforma a la estructura orgánica y al estatuto de personal de la Cancillería refuerza su rol de colaboración con el Presidente de la República, y consolida la primacía de este en la conducción de las relaciones exteriores de Chile.

2.2. La nueva regulación de la Cancillería en la Ley N° 21.080

Publicada en el Diario Oficial de 20 de marzo de 2018, como lo señala su título, la Ley N° 21.080 modifica diversos cuerpos legales, con el objeto de modernizar el Ministerio de Relaciones Exteriores. Esta ley fue la manifestación normativa de un proceso de reforma ampliamente debatido y necesario. A pesar de que la Cancillería había liderado la fuerte internacionalización económica y política del país, desde el regreso de la democracia, esta se había mantenido sin cambios de consideración.[17] La extensión de la Ley N° 21.080, dividida en nueve títulos, da cuenta del prolongado período de discusión y de la amplitud de las enmiendas que introduce. Su tramitación comenzó con un mensaje de la entonces Presidenta de la República, Michelle Bachelet, ingresado a la Cámara de Diputados el 8 de septiembre de 2008. Luego de una lenta tramitación en su primer trámite constitucional, y ya durante el segundo mandato de la Presidenta Bachelet, se presentó el 17 de abril de 2017 una serie de indicaciones que ampliaron el ámbito de modificaciones que terminaría introduciendo la nueva ley. El trámite parlamentario concluyó, menos de un año después, el 5 de marzo de 2018. La Ley N° 21.080 fue promulgada el 7 de marzo de ese año.

Su título I contiene las normas relativas a la organización del Ministerio de Relaciones Exteriores. Los títulos II y III crean la Dirección General de Promoción de Exportaciones (ProChile), y el Consejo de Política Antártica, respectivamente. Los títulos IV a VIII introducen modificaciones al Estatuto del Personal del Ministerio, al estatuto orgánico del Instituto Antártico Chileno, al estatuto orgánico y de personal de la Dirección Nacional de Fronteras y Límites, a la Agencia Chilena de Cooperación Internacional para el Desarrollo (AGCID), y a la Ley N° 19.999 sobre mejoramiento institucional del Ministerio de Relaciones Exteriores. El título IX contiene normas misceláneas. El artículo 67 de la Ley N° 21.080 deroga orgánicamente el DFL N° 161 de 1978, cuya regulación queda

---

17 FUENTES (2008), 54.

sustituida íntegramente por los artículos 1 a 35 de esta ley. Su primer artículo define al Ministerio de Relaciones Exteriores como:

> la Secretaría de Estado encargada de colaborar con el Presidente de la República en el diseño, planificación, prospección, conducción, coordinación, ejecución, control e información de la política exterior que éste formule, proponiendo y evaluando las políticas y planes orientadas a fortalecer la presencia internacional del país, y velando por los intereses de Chile, con el propósito de elevar la calidad del desarrollo, seguridad y bienestar nacional.

El mismo artículo establece que "la representación de Chile ante otros Estados, organizaciones y foros internacionales de competencia de esta Secretaría de Estado se ejercerá a través de las misiones diplomáticas, representaciones permanentes ante organizaciones internacionales y misiones especiales en el exterior de su dependencia". Los organismos que cuenten con competencias de representación del Estado, que no dependan del Ministerio de Relaciones Exteriores, deben coordinarse con este para el ejercicio de sus funciones. El artículo 2 de la Ley N° 21.080 se refiere a las funciones de la Cancillería en los siguientes términos:

> Al Ministerio de Relaciones Exteriores le corresponde, entre otras materias, coordinar e integrar a los distintos ministerios y demás órganos de la Administración del Estado en todos los asuntos que inciden en la política exterior, comprendiendo entre ellos, la cooperación internacional, la promoción cultural en el extranjero, la vinculación y atención de los connacionales en el exterior, la seguridad y paz internacional, además de las relaciones económicas internacionales considerando asimismo el rol de distintos actores de la sociedad civil, generando así un Sistema Nacional de Política Exterior.
>
> Además, el Ministerio intervendrá en lo relacionado con todas las cuestiones que atañen a las fronteras y límites del país, a las zonas fronterizas, a los espacios aéreos y marítimos en general, y a los asuntos relativos al territorio antártico y a la política antártica.

En esta disposición queda en evidencia la importancia de la actuación armónica de la administración del Estado en materia internacional, asignándose a la Cancillería la tarea de coordinar e integrar las actividades de los demás organismos estatales.

Una novedad de singular relevancia es la creación de dos subsecretarías que reemplazan a la única que contemplaba el viejo estatuto orgánico. El artículo 3 de la Ley N° 21.080 establece que "el Ministerio contará con [...] una Subsecretaría de Relaciones Exteriores, una Subsecretaría de Relaciones Económicas Internacionales y con las demás áreas funcionales que se establecen en este título o de conformidad al mismo". De acuerdo con el artículo 11 de esta ley, la Subsecretaría de Relaciones Exteriores es el órgano de colaboración inmediata del Ministro de Relaciones Exteriores en esta materia, al que le corresponde coordinar las acciones de los órganos y servicios públicos del sector. Como señala el artículo 14 inciso final, cuando el subsecretario de Relaciones Exteriores desempeña su cargo en el exterior tiene el rango protocolar de Viceministro de Relaciones Exteriores. Por su parte, el artículo 27 agrega que la Subsecretaría de Relaciones Económicas Internacionales es el órgano de colaboración inmediata del ministro de Relaciones Exteriores en este tema, al que le corresponde la coordinación con los órganos de la administración del Estado con competencia en dicho asunto. La creación de esta subsecretaría da cuenta de la gran importancia que ha adquirido la economía internacional dentro de las tareas que cumple la Cancillería. Esto se evidencia en el artículo 28 N° 4, que dispone que entre las funciones de la Subsecretaría de Relaciones Económicas Internacionales se encuentra la de "colaborar con el Ministro de Relaciones Exteriores en la promoción y negociación de tratados y demás acuerdos internacionales de carácter económico". Esta tarea correspondía antes a la Dirección General de Relaciones Económicas Internacionales (Direcon), la cual fue disuelta por la Ley N° 21.080.

Junto con la creación de una subsecretaría especialmente dedicada a las relaciones económicas internacionales, esta ley estableció una Dirección General de Promoción de Exportaciones, que según el artículo 49 puede operar bajo la denominación de "ProChile". De acuerdo con el artículo 36, este es un:

> servicio público centralizado sometido a la dependencia del Presidente de la República a través de la Subsecretaría de Relaciones Económicas Internacionales del Ministerio de Relaciones Exteriores, al que le corresponderá ejecutar la política que éste formule relativa a la participación en el comercio exterior, de acuerdo a directivas impartidas por dicho Ministerio en lo relativo a la promoción, diversificación y estímulo de las exportaciones de bienes y servicios.

A ProChile le corresponde, de conformidad con el artículo 37 N° 2, "[p] romover, facilitar y colaborar, en el marco de la política de comercio exterior, con el desarrollo de las exportaciones, incluido el posicionamiento de la imagen de Chile en el exterior, proponiendo las líneas de acción que estime convenientes". Cabe destacar que, en virtud del artículo 61 de la ley, la Subsecretaría de Relaciones Económicas Internacionales y ProChile son las continuadoras legales de la Direcon, que fue suprimida por el artículo 68, norma que derogó el DFL N° 53 de 1979, su estatuto orgánico. La Direcon fue un órgano de gran relevancia política y técnica, pero su existencia era criticada por ser un ejemplo de burocracia paralela, que gozaba de una mayor autonomía, por lo cual era vista con distancia por parte de los mismos funcionarios de la Cancillería, al punto que se consideraba como uno de los grandes desafíos de su reforma reconducir los temas de economía internacional al Ministerio de Relaciones Exteriores.[18]

Otras importantes áreas de competencia de la Cancillería que regula la Ley N° 21.080 son la posibilidad de crear mediante decreto una unidad de asesoría especializada "encargada de velar por los intereses de Chile en los procesos internacionales", que el artículo 8 le da al ministro de Relaciones Exteriores como consecuencia de las recientes controversias en que Chile se ha visto involucrado ante tribunales internacionales, y el establecimiento de un Consejo de Política Antártica, órgano interministerial cuya "función [es] proponer al Presidente de la República, entre otras, las bases políticas, jurídicas, científicas, económicas, medioambientales, logísticas, deportivas, culturales y de difusión de la acción nacional en la Antártica, y proponer los grandes lineamientos de la Política Antártica Nacional", como lo indica el artículo 50 de esta ley.

Las reformas introducidas por la Ley N° 21.080 son un reflejo del importante rol que desempeña el Ministerio de Relaciones Exteriores para Chile. Gracias a esta, el Poder Ejecutivo cuenta hoy con una Cancillería más robusta y organizada de un modo acorde a los desafíos que la política exterior impone actualmente a nuestro Estado. Sin embargo, este reforzamiento del rol del jefe de Estado en la política exterior nacional no significa que el Congreso Nacional no tenga una participación de importancia en este, como podría concluirse de la simple lectura de las normas constitucionales vigentes.

---

18 Ver FUENTES (2008), pp. 61-2. Ver también CHAHUÁN (2017), p. 75.

3. EL CONGRESO NACIONAL EN LAS RELACIONES EXTERIORES CHILENAS

El Parlamento es una institución central para el correcto funcionamiento de la democracia. Es la sede donde se legitiman las decisiones políticas, entre las cuales se cuentan, por cierto, aquellas relativas a la política exterior de Chile.[19] Existen pocos estudios sobre la manera en que el Congreso Nacional desarrolla sus funciones, y menos aún sobre sus formas de intervención en el establecimiento y diseño de la política exterior chilena.[20] La premisa de la cual parten algunos estudios es que el Congreso Nacional es menos débil de lo que la consolidada cultura presidencialista de nuestro país podría hacernos presumir.[21] Carlos Huneeus y Fabiola Berríos, por ejemplo, destacan que las reformas a la CPR, especialmente aquellas introducidas en 2005, han fortalecido al Parlamento, específicamente al Senado, y le han "restado atribuciones al presidente".[22]

La doctrina ha identificado al menos tres dimensiones, en las que el Congreso Nacional logra influir en la formulación de la política exterior nacional. La primera es su evidente rol en la institucionalidad democrática del país: esto es, su papel legitimador de las acciones del Poder Ejecutivo en esta materia. La segunda corresponde a la labor que realizan las comisiones parlamentarias de relaciones exteriores. La tercera se refiere a la actividad que el Congreso Nacional desarrolla a través de la así denominada "diplomacia parlamentaria".[23] Dado que a pesar de las escasas facultades que se le han asignado normativamente al Parlamento en materia de relaciones exteriores, el rol que efectivamente tiene no deja de ser relevante, por lo que Mauricio Burgos y José Luis Riffo han señalado que "la coordinación del Presidente con los parlamentarios es una cuestión fundamental, porque los legisladores poseen una mayor autonomía para incorporar temas a la agenda legislativa, situación que permite matizar las caracterizaciones del Congreso chileno como una institución débil en el marco del presidencialismo".[24]

---

19   Ver Aranda y Riquelme (2011), p. 20.

20   Ver Valdivieso (2007), p. 154.

21   Ver e.g. Aranda Bustamante y Riquelme Rivera (2011); Valdivieso (2007); Nolte (2003).

22   Huneeus y Berríos (2005), p. 346.

23   Troncoso Repetto (2011), p. 6.

24   Burgos y Riffo (2014), p. 22.

Atendida la circunstancia de que el Parlamento es el foro donde se discuten los asuntos públicos, sus decisiones otorgan legitimidad a las políticas implementadas por el Poder Ejecutivo. Esta consideración se hace extensiva a las relaciones exteriores. Como indican Gilberto Aranda y Jorge Riquelme:

> En Chile, es en el ámbito legislativo donde se discuten, aprueban o rechazan cuestiones esenciales de la política doméstica y exterior. En tal contexto, el análisis del papel del Congreso en el terreno de las relaciones internacionales del país reviste una especial trascendencia, sobre todo desde la perspectiva de una institución esencial de la legitimidad de la democracia.[25]

En este contexto se inserta la facultad que el artículo 54 N° 1 de la CPR le confiere al Congreso Nacional, cuando dispone que:

> Son atribuciones del Congreso: 1) Aprobar o desechar los tratados internacionales que le presentare el Presidente de la República antes de su ratificación. La aprobación de un tratado requerirá, en cada Cámara, de los quórum que corresponda, en conformidad al artículo 66, y se someterá, en lo pertinente, a los trámites de una ley.

Como asamblea deliberativa, el Congreso Nacional debe "aprobar o desechar" los tratados internacionales que le presente el Presidente de la República, quien según el inciso 2 del mismo número de este artículo "debe informar al Congreso sobre el contenido y el alcance del tratado, así como de las reservas que pretenda confirmar o formularle". Si bien la CPR hace participar al Parlamento en el proceso de adopción de los tratados, dicha participación es limitada: primero, porque el Congreso no toma parte en la elaboración, negociación o discusión de los acuerdos internacionales, los cuales una vez concluidos son solo "presentados" al Parlamento por el Presidente, para que aquel los apruebe o rechace; y segundo, porque el Presidente únicamente tiene el deber de informar al Parlamento del contenido del tratado y de las reservas que se pretenda formular o confirmar.

En cuanto a las comisiones parlamentarias de relaciones exteriores, pese a carecer de un rol formal en un área dominada por la iniciativa del Poder Ejecutivo, estas son parte del entramado de instituciones relevantes para la formulación

---

25 ARANDA Y RIQUELME (2011), 2. Ver BURGOS QUEZADA Y RIFFO MUÑOZ (2014), 22; TRONCOSO REPETTO (2011), p. 6.

de la política exterior nacional.[26] Al respecto, ya en la CENC Sergio Diez había señalado ser partidario de la existencia en el Senado de "una Comisión de Relaciones que sea realmente un Consejo de Relaciones Exteriores, que puede tener perfecta coordinación con el Consejo que se cree en el propio Ministerio, con los ex Ministros, etcétera".[27]

Aun cuando nuestro actual diseño constitucional no considera una entidad como la imaginada por Diez, las comisiones de relaciones exteriores de la Cámara de Diputados y del Senado gozan de algunas características que las convierten en un importante interlocutor con el Poder Ejecutivo, en el proceso de definición de la política exterior. Para Aranda y Riquelme, la competencia, especialización y permanencia por varios períodos de los legisladores en dichas comisiones les permiten a estas establecer diálogos con el Poder Ejecutivo, transformándose en un efectivo contrapeso en el protagonismo de este último en el ámbito internacional.[28] Esto no quiere decir que el Congreso Nacional, a través de sus comisiones, logre determinar la política exterior chilena, porque:

> [a pesar del] trabajo profesional y especializado que han mostrado los legisladores de las Comisiones de Relaciones Exteriores, en esta materia la agenda se encuentra todavía liderada de manera predominante por el Ejecutivo, sin una intervención determinante del Congreso Nacional. La base de esta situación estaría en las profundas asimetrías de recursos, conocimientos e información con que cuentan separadamente las esferas del Ejecutivo y el Legislativo.[29]

La reforma a la Cancillería que introdujo la Ley N° 21.080 no ha hecho más que consolidar las asimetrías de las cuales dan cuenta estos autores. El fortalecimiento organizacional y competencial, que incluye la creación de una nueva subsecretaría, hace pensar que el desarrollo institucional de nuestro país va en una dirección contraria al otorgamiento de un mayor rol al Parlamento en esta materia.

Por último, la tercera dimensión del papel jugado por el Congreso Nacional en la formulación de la política exterior chilena, conocido como "diplomacia

---

26 Ver en general ARANDA Y RIQUELME (2011); VALDIVIESO (2007).

27 Acta de la 339ª de 14 de marzo de 1978.

28 Ver ARANDA Y RIQUELME (2011), 14.

29 Ibid., 17.

parlamentaria", se refiere al conjunto de actividades que realizan los legislado-res en el ámbito internacional, en forma autónoma a las que le corresponden al Poder Ejecutivo.[30] Esta labor es puesta de relieve en los estudios realizados por el Senado de la República, que destacan la importancia y el aumento de la participación de los parlamentarios en misiones internacionales y la relevancia de la colaboración interinstitucional con el Poder Ejecutivo.[31]

4. REFLEXIONES *DE LEGE FERENDA*

Las relaciones internacionales se encuentran íntimamente entrelazadas con la visión que el Estado y sus nacionales tienen de sí mismos. En nuestro caso, como indica Mark Petersen, "la política exterior ha sido un medio para definir el Estado chileno y el rol que le toca desempeñar en la sociedad".[32] El prestigio y la percepción internacional de Chile han sido forjados por un conjunto de comportamientos institucionales que se han plasmado a lo largo de la historia de la Cancillería, cuya diplomacia ha estado marcada por su carácter legalista y pragmático.[33] En este apartado final nos preguntaremos si es conveniente alterar la regulación constitucional del Ministerio de Relaciones Exteriores, alterando el fuerte rol que compete al Presidente de la República en la conducción de las relaciones internacionales. Al respecto, corresponde especular si el excepcio-nalismo chileno, en el contexto de la historia reciente de América Latina, no proviene en parte de la fuerte conducción de la política exterior desarrollada desde el Poder Ejecutivo, y que ha dado frutos relevantes, al menos, a nivel de las relaciones económicas internacionales.[34]

De acuerdo con Myriam Colacrai y María Elena Lorenzini, la política exterior de Chile se encuentra determinada por una serie de factores, que ellas llaman 'fuerzas profundas', consistentes en las condiciones económicas, demográficas, psicológicas que contribuyen a perfilar las mentalidades colectivas. Uno de estos factores que identifican estas autoras es el presidencialismo que ha determinado nuestras relaciones exteriores y ha caracterizado el escenario político chileno

---

30 Ver en general Stavridis (2019).

31 Ver Burgos y Riffo (2014), p. 28.

32 Petersen (2017), p. 203. Ver Rojas Aravena (1997), p. 398.

33 Ver Colacrai y Lorenzini (2005), p. 47.

34 Ver Wilhelmy y Durán (2003), p. 274.

desde 1925 hasta hoy.[35] Destacan, asimismo, que este presidencialismo se instala ya durante la vigencia de la Constitución Política de 1833, y ha pasado a constituir un sello de larga tradición en la historia institucional del país que con la CPR se ha reforzado. Como advierten Colacrai y Lorenzini, no es posible aislar ninguno de estos factores, o intentar explicaciones monocausales, por lo que corresponde preguntarse si alguna de dichas fuerzas profundas permitiría argumentar a favor o en contra de un cambio en la realidad institucional chilena en materia de política exterior.[36] Por su parte, Francisco Rojas Aravena coincide en que el presidencialismo es una constante en la definición de relaciones internacionales. Según él, "la política exterior en el sistema político chileno posee un fuerte sello presidencial. Las normas constitucionales señalan que el presidente es el actor central y quien formula la política en este campo".[37] A pesar de la ampliación del número de actores, públicos y privados, que tienen voz en las relaciones internacionales, el lugar central sigue perteneciendo al Presidente de la República.[38]

Los recientes e importantes cambios introducidos a la Cancillería dan cuenta del papel protagónico que tiene, y ha tenido, el presidencialismo en Chile en materia de relaciones exteriores. Luego de más de cuatro décadas con la misma estructura orgánica, el Ministerio de Relaciones Exteriores ha sido fortalecido para robustecer el rol del Presidente de la República en la conducción de la política exterior. Estas modificaciones aumentan la cantidad de instituciones bajo la dirección jerárquica del Presidente, revelando que sus equipos ministeriales son claves en la realización de la política exterior, especialmente en materia económica. Con el regreso de la democracia, esta ha sido el área de mayor desarrollo de la política exterior chilena, lo cual además de constituir un éxito para el país ha sido celebrado interna y externamente. Y ello se ha debido a que uno de los factores característicos de la política internacional chilena es el férreo control que ejerce el Presidente de la República en estas materias, con una participación muy menor del Congreso Nacional.

El presidencialismo reforzado en materia de relaciones exteriores se ha visto consolidado por la nueva estructura orgánica de que, con la Ley N° 21.080, se ha dotado a la Cancillería. La creación de dos subsecretarías y la coordinación de la

---

35   Ver Colacrai y Lorenzini (2005), p. 46.

36   Ibid.

37   Rojas Aravena (1997), 401.

38   Ver ibid.

política comercial exterior no son sino un reflejo de la relevancia de las relaciones económicas internacionales, lo cual se ha plasmado en esta nueva legislación que las pone bajo la dirección presidencial. En consecuencia, cualquiera sea el modelo político que surja en una nueva Constitución política, todo indica que la Cancillería, como aparato colaborador del Presidente de la República, debiera seguir al mando de tan relevante sector para la política nacional.

CONCLUSIÓN

En este capítulo se ha analizado el rol que cumplen los principales actores políticos en el diseño e implementación de la política exterior nacional. Para ello, se han reseñado las principales atribuciones que la CPR le ha conferido al Presidente de la República en materia de relaciones exteriores, cuya preponderancia en esta área no es una novedad de la actual regulación constitucional, ya que proviene de las Constituciones Políticas de 1833 y de 1925. También hemos visto el significativo reforzamiento institucional que ha vivido la Cancillería, como consecuencia de la aprobación de la Ley N° 21.080, que ha transformado este ministerio, dotándolo de nuevos órganos y competencias más precisas, especialmente en lo referido a las relaciones económicas internacionales. Asimismo, se ha podido advertir que el Congreso Nacional, a pesar de estar desprovisto de funciones relevantes en materia de relaciones internacionales, ha logrado influir en su diseño e implementación por medio de las comisiones de relaciones exteriores y de la actividad diplomática desarrollada por los miembros del Parlamento. No obstante, al carecer de la infraestructura organizativa de la Cancillería, estos tienen un mínimo espacio de influencia en la formación de la política exterior chilena.

El fuerte desequilibrio en el rol que desempeñan los actores principales de la política nacional permite explicar en parte el hecho de que Chile haya sido percibido tanto interna como externamente como una excepción dentro de América Latina. Ello se debe, precisamente, a la fortaleza del rol presidencial en el manejo de las relaciones exteriores. Por eso, ante la pregunta de si cabría introducir modificaciones relevantes en el equilibrio de poderes en la materia, y teniendo como antecedente el reciente fortalecimiento de la Cancillería, cabe ser cautelosos al momento de hacer reformas que alteren la idiosincrasia fuertemente presidencialista de nuestro país en la conducción de sus relaciones exteriores.

BIBLIOGRAFÍA

Aranda, Gilberto y Riquelme, Jorge (2011): "Los actores de la política exterior: el caso del Congreso Nacional de Chile", *Polis*, vol. 28: pp. 2-24.

Burgos, Mauricio, y Riffo, José Luis (2014): "Introducción", en Burgos, Mauricio, y Riffo, José Luis (eds.), *Diplomacia parlamentaria* (Valparaíso, Senado de Chile).

Chahuán, Francisco (2017): *Modernización del Ministerio de Relaciones Exteriores: un paso necesario* (Santiago, Editorial El Periodista).

Colacrai, Myriam, y Lorenzini, María Elena (2005): "La política exterior de Chile: ¿excepcionalidad o continuidad? Una lectura combinada de 'fuerzas profundas' y tendencias", *CONfines*, vol. 1-2: pp. 45-63.

Fuentes, Claudio (2008): "Resistencias a un cambio organizacional: el caso de la Cancillería de Chile", *Revista de Ciencia Política*, vol. 28, N° 2: pp. 53-76.

García Pino, Gonzalo y Contreras, Pablo (2014): *Diccionario constitucional chileno.* (Santiago, Tribunal Constitucional de Chile).

Huneeus, Carlos, y Berríos, Fabiola (2005): "El Congreso en el presidencialismo. El caso de Chile", *Revista SAAP*, vol. 2, N° 2: pp. 345-91.

Lastarria, José Victorino (1865): *Elementos de derecho público constitucional teórico, positivo i político* (Santiago, Gante).

Nolte, Detlef (2003): "El Congreso chileno y su aporte a la consolidación democrática en perspectiva comparada", *Revista de Ciencia Política*, vol. 23, N° 2: pp. 43-67.

Petersen, Mark (2017): "Instituciones e imágenes: política internacional y el Estado chileno", en Jaksic, Iván, y Rengifo, Francisca (eds.), *Historia política de Chile, 1810-2010* (Santiago, Fondo de Cultura Económica).

Rojas Aravena, Francisco (1997): "Chile: cambio político e inserción internacional 1964-1997", *Estudios Internacionales*, vol. 119-120: pp. 376-406.

Stavridis, Stelios (2019): "La diplomacia parlamentaria: el papel de los parlamentos en el mundo", *Revista Española de Derecho Internacional*, vol. 71, N° 1: pp. 187-206

Troncoso, Claudio (2011): *Parlamento y política exterior de Chile: un balance de veinte años (1990-2010)* (Santiago, Konrad Adenauer-Stiftung).

Valdivieso, Patricio (2007): "Congreso Nacional y política exterior chilena", *Estudios Internacionales*, vol. 158: pp. 149-77.

Wilhelmy, Manfred, y Durán, Roberto (2003): "Los principales rasgos de la política exterior chilena entre 1973 y 2000", *Revista de Ciencia Política*, vol. 23, N° 2: pp. 273-86.

§ 3. LA INCORPORACIÓN DE LOS TRATADOS INTERNACIONALES EN CHILE

Osvaldo Urrutia S.[*]

INTRODUCCIÓN

La Constitución Política de la República (CPR) carece de reglas que normen sistémicamente las relaciones entre el derecho internacional y el derecho interno. Pese a ello, no es extraño que los jueces recurran a tratados internacionales para resolver los asuntos que conocen, incluso dándoles una aplicación preferente por sobre el derecho chileno aplicable. En los hechos, hoy existen pocas dudas de que los tratados, una vez incorporados, tienen –en principio– efecto directo y cierta jerarquía en el ordenamiento jurídico chileno. Cualquiera sea el juicio que se tenga frente a estas consecuencias extraordinarias, es evidente que la forma y requisitos para la incorporación de los tratados en el derecho interno es relevante. Es por esta razón que la presente contribución revisa dicho proceso, poniendo énfasis en el rol del Congreso Nacional. Además de la introducción y conclusión, este trabajo tiene dos secciones. La primera ofrece, a modo de contexto, algunas consideraciones generales sobre las relaciones entre el derecho internacional y el derecho interno, junto con una breve introducción a la regulación constitucional sobre la materia. La segunda, en tanto, aborda la incorporación de los tratados desde la perspectiva del rol del Congreso en el trámite de aprobación. Este artículo expone críticamente las etapas del proceso, incluyendo la definición de tratados en forma simplificada y de ejecución, el mensaje presidencial, el *quorum* de aprobación y la interposición de reservas y denuncias. Se constata el desbalance de poderes entre el Parlamento y las

---

[*] Mis agradecimientos al profesor Sebastián López Escarcena por sus comentarios sobre una versión inicial de esta contribución. Desde luego, todos los errores son de mi exclusiva responsabilidad.

potestades presidenciales, así como algunas deficiencias en el ejercicio de estas últimas. Considerando los importantes efectos del derecho internacional en el ordenamiento chileno y la creciente necesidad de legitimar el ejercicio de las facultades internacionales del Estado, este trabajo subraya la necesidad de reforzar el rol del Congreso sin pretender alterar radicalmente el actual esquema de distribución de competencias en la CPR.

El presente artículo no tiene por objeto reivindicar un nuevo diseño constitucional para la incorporación de tratados en Chile. Tampoco se sugiere que todas las cuestiones aquí discutidas ameritan necesariamente cambios al texto constitucional. Y aunque existen aspectos cuestionables en la práctica nacional respecto de la extensión del efecto directo y la jerarquía, ellos no forman parte del presente trabajo. En sintonía con la finalidad del libro en el cual se inserta, esta contribución se propone analizar críticamente la etapa más relevante del proceso de incorporación, para así aportar a un debate constitucional constructivo.[1]

1. LAS RELACIONES ENTRE EL DERECHO INTERNACIONAL Y EL DERECHO INTERNO

Parece un lugar común afirmar que los ámbitos de regulación del derecho internacional han crecido exponencialmente desde la creación de la ONU. Regímenes construidos a partir de tratados son los que ordenan materias tan disímiles como la protección de los derechos humanos, uso de la fuerza y derecho humanitario, medio ambiente global, explotación y conservación de recursos marinos, comercio, inversiones y seguridad marítima. Su objeto y técnicas también han cambiado. Es frecuente la creación de normas que se espera otorguen derechos e impongan obligaciones y responsabilidades de manera directa a las personas, como ilustra el desarrollo del derecho internacional de los derechos humanos, el de las inversiones y el derecho penal internacional, regulando materias que antes eran propias del derecho nacional. Si bien el derecho internacional sigue

---

[1] Por razones de espacio, el artículo se refiere únicamente a la incorporación de los tratados como fuente de derecho internacional y no aborda la situación de las normas consuetudinarias ni las normas perentorias o de *ius cogens*. Por las mismas razones, tampoco aborda las resoluciones de organismos internacionales, de creciente importancia práctica, aun cuando están íntimamente relacionadas con los efectos de las obligaciones convencionales. Tampoco se trata el control de constitucionalidad preventivo, pese a formar parte del proceso de incorporación, pues será abordado en otras contribuciones de este libro.

siendo un derecho generado por estados, es imposible sostener, como hace medio siglo, que regula relaciones puramente interestatales.

Todo esto ha tenido impactos en las interacciones entre el derecho internacional y el derecho interno, y Chile no ha sido la excepción. La creciente influencia del derecho internacional en nuestro país comenzó a intensificarse con el retorno a la democracia.[2] Luego del fin de la dictadura, Chile realizó evidentes esfuerzos por reincorporarse a la comunidad internacional, lo que se manifestó en la progresiva ratificación de tratados sobre derechos humanos, comercio e inversiones.[3] Al mismo tiempo, debido a la falta de acuerdo político durante la década de los noventa para hacer justicia a las graves violaciones a los derechos humanos ocurridas en dictadura, especialmente visible en la vigencia en plena democracia del DL N° 2191 de 1978, conocido como la ley de amnistía, los tribunales nacionales recurrieron a los tratados, la costumbre e incluso a la noción de normas perentorias o *ius cogens* como una forma de sortear tales cerrojos.[4] Nuevos compromisos internacionales asumidos en los años siguientes, que incluyeron asuntos como pueblos indígenas y medio ambiente, intensificaron la discusión sobre el valor del derecho internacional en nuestro ordenamiento. La tensión entre el derecho internacional y el derecho interno se convirtió gradualmente en un asunto frecuente en nuestra doctrina y práctica, acentuado por la falta de normas constitucionales específicas para dar respuesta a las preguntas más fundamentales.

1.1. Las cuestiones relevantes

Son tres los asuntos principales que cruzan las relaciones entre el derecho internacional y los ordenamientos nacionales, y que desde luego se presentan en el caso chileno: incorporación, efecto directo y jerarquía. ¿Debe el derecho internacional necesariamente incorporarse en el derecho nacional, y cómo? ¿Deben las disposiciones de un tratado tener efecto o aplicación directa, de manera que los particulares, la administración o el juez puedan invocarlas? ¿Debe el derecho

---

2 Ver e.g. Núñez Poblete (2009), p. 488.

3 Descritos recientemente por un negociador chileno como "una política para poner el nombre de Chile en la comunidad internacional, de vuelta de la dictadura".
Poulsen y Aisbett (2016), p. 87.

4 Ver e.g. Nogueira (2005); y Nash y Núñez (2017), pp. 35-7. Ver también la jurisprudencia citada por Aguilar (2009).

internacional tener una posición especial respecto de las normas nacionales? La pregunta que resume a las tres anteriores es tal vez la siguiente: ¿se considera al derecho internacional parte del ordenamiento interno? Es decir, ¿está disponible en el derecho nacional?[5]

Durante más de un siglo la doctrina internacional buscó explicaciones teóricas a estas preguntas.[6] Queda poco de tales debates, cuya utilidad también ha disminuido. En algunos ámbitos, como el enfoque que los tribunales nacionales han desarrollado frente al derecho internacional y la forma en que lo aplican, el apelativo de monista o dualista no tiene un correlato estable, y dice muy poco sobre su recepción en la práctica.[7] La literatura nacional también reconoce la pérdida de importancia de este debate, aunque vuelve a él con frecuencia.[8] La tendencia moderna aborda y explica las relaciones entre el derecho internacional y el derecho interno desde la perspectiva de la asignación de competencias, buscando soluciones pragmáticas y alejándose de las teorías omnicomprensivas y de las relaciones de jerarquía o conflicto entre ambos sistemas.[9] El análisis comparado así también lo demuestra.[10] Esto no sorprende, porque la relación entre ambos sistemas debiera siempre apuntar a lograr un balance entre la exigencia de dar cumplimiento a las obligaciones internacionales, que un estado asume bajo sanción de incurrir en responsabilidad internacional, con la necesidad de que la aplicación del derecho internacional no colisione con las normas existentes en el ordenamiento interno, especialmente los límites constitucionales.

Lo anterior explica que la práctica de los estados haga concesiones a la necesidad de interacción entre ambos sistemas jurídicos.[11] Por ejemplo, las jurisdicciones consideradas tradicionalmente dualistas, que exigen transformar los tratados en derecho nacional a través de un acto parlamentario, aceptan que

---

5   Ver CRAWFORD (2012), p. 55.

6   Para un resumen relativamente reciente sobre las principales posiciones doctrinarias, ver BJORGVINSSON (2015), pp. 19-38.

7   Ver e.g. SLOSS (2009), p. 8.

8   Ver e.g. MONTT (2005), pp. 19-78; MONTT Y MATTA (2011), pp. 150-2; y RIBERA Y GORNIG, (2016), pp. 18-29.

9   Ver McLACHLAN (2014), pp. 219-20; y McLACHLAN (2019).
La doctrina nacional también lo ha reconocido, y lo sugiere desde hace tiempo.
Ver NÚÑEZ POBLETE (2009), pp. 490-1; MONTT Y MATTA (2011), p. 153; y BECA (2014a), pp. 491-3.

10   Ver en general VERDIER Y VERSTEEG (2015); y NOLLKAEMPER (2018).

11   Ver CRAWFORD (2014), p. 219.

la costumbre puede servir directamente como fuente de derecho interno.[12] Ellas también reconocen frecuentemente enfoques flexibles en cuanto a los tratados, como la necesidad de interpretar la ley interna intentando evitar que contradiga las obligaciones internacionales del estado en cuestión, o en algunos casos aceptando que el tratado ratificado, pero aún no incorporado, tenga un efecto persuasivo al momento de interpretar el derecho nacional.[13] Por otra parte, el efecto directo de los tratados, propio de las tradiciones más cercanas al monismo, como las europeas, ha sido paulatinamente limitado mediante diversos mecanismos técnicos o políticos que intentan evitar efectos radicales en la aplicación del derecho internacional, como es por ejemplo la distinción entre cláusulas autoejecutables y no autoejecutables.[14] Por ello, tal vez lo mejor que se puede decir sobre la categorización de los sistemas nacionales a partir de las doctrinas dualistas y monistas es que no se trata de una cuestión absoluta, sino de grados.[15]

Dicho lo anterior, las respuestas a las preguntas de la incorporación, el efecto directo y la jerarquía no se encuentran en el derecho internacional, sino en el derecho nacional y especialmente en el ordenamiento constitucional. Salvo norma específica en contrario, la decisión sobre las medidas para dar cumplimiento a obligaciones internacionales, incluyendo modificar normas vigentes u otorgar efecto directo al derecho internacional, es una cuestión que incumbe a cada estado. El derecho internacional tampoco exige una particular forma de incorporación.[16] Aunque a estas alturas parezca sorprendente insistir, la invocación en este contexto del artículo 27 de la Convención de Viena sobre el Derecho de los Tratados (CVDT) es jurídicamente errónea. Esta norma señala que una parte no podrá invocar las disposiciones de su derecho interno como justificación del incumplimiento de un tratado. Nada en el artículo 27 implica un juicio *a priori* a la validez del derecho interno. La consecuencia del incumplimiento de una obligación internacional es la responsabilidad del estado, y acarrea la obligación

---

12 En cuanto al Reino Unido, ver *e.g. O'Keefe (2008)*.

13 Respecto de Nueva Zelandia, ver Hopkins (2011), pp. 437-8; y Keith (2013), p. 364.

14 Ver Shelton (2011), p. 4.
La distinción entre normas autoejecutables y no autoejecutables se origina en EE.UU., pero también ha sido utilizada en jurisdicciones europeas, como la alemana, la holandesa y la polaca.
Ver Sloss (2012).

15 Ver Crawford (2014), p. 218.

16 La doctrina nacional en general así lo acepta.
Ver e.g. Benavides (2011), p. 489.

de ejecutar acciones tales como la cesación y la reparación. Sin embargo, el deseo de evitar dicho incumplimiento puede inducir a un estado a adoptar ciertos enfoques en su ordenamiento interno, como por ejemplo permitir el efecto directo u otorgar jerarquía normativa a los tratados.

1.2. Ausencia de regulación explícita en la Constitución chilena

En Chile, ni la Constitución Política de 1833, ni la de 1925, y tampoco la de 1980, abordaron de manera orgánica las relaciones entre el derecho internacional y el derecho interno. La CPR, incluso después de la reforma de 2005[17], contiene normas sobre diversos asuntos del derecho internacional solo de manera disgregada, en relación a cómo debe ejercerse la soberanía; a las atribuciones del Presidente de la República; a las atribuciones exclusivas del Congreso Nacional; y a las atribuciones del Tribunal Constitucional (TC).[18] La consecuencia de esta inexistencia de bases sólidas en el derecho positivo chileno es que la construcción teórica de la recepción del derecho internacional ha sido principalmente obra de la doctrina y la jurisprudencia.[19] Tradicionalmente, estas últimas han aceptado que los tratados tengan efecto en el derecho interno, en la medida que ellos hayan sido previamente promulgados y publicados en el Diario Oficial. Asimilando normativamente los tratados a la ley, se sigue que las normas del Código Civil se les apliquen por analogía.[20] Este enfoque, común a la usanza continental europea y reproducido en casi toda Latinoamérica, se ha mantenido en el tiempo.[21]

Hoy en Chile se acepta que el derecho internacional, y específicamente los tratados, tengan efecto directo.[22] Nuestra jurisprudencia ha reconocido además

---

17   Ver en general Ley N° 20.050 de 2005.

18   Ver, respectivamente, Art. 5 inciso 2 de la CPR; Art. 32 N° 15 de la CPR; Art. 54 N° 1; y Art. 93 N°s 1, 3 y 6.

19   Ver Montt (2005), p. 27.

20   Ver citas en ibid., pp. 28-9.

21   Así ocurre, por ejemplo, en Brasil, Perú y Uruguay.
Ver Ribera y Gornig (2016), pp. 108-11, 145-6 & 153-4.
En España los tratados también gozan de incorporación o recepción automática, una vez publicados.
Ver Torrecuadrada (2013), pp. 956-62.

22   Ver e.g. Nash y Núñez (2017); y Aguilar (2009).
Para una visión crítica, ver Fuentes Torrijo (2018).

que los tratados, o al menos algunos de ellos, tienen una jerarquía especial en el sistema de fuentes chileno.[23] En estas dos materias (efecto directo y jerarquía normativa), nuestro país sigue el modelo propio de las tradiciones de raigambre más bien monista o dualista moderada.[24] Se trata en cualquier caso de efectos extraordinarios que se encuentran asentados en la práctica nacional, aun cuando no están explícitos en el texto constitucional. Por ello adquiere relevancia el proceso de incorporación de los tratados; es decir, los requisitos, el procedimiento y las formas a través de las cuales ingresan a nuestro ordenamiento jurídico las normas internacionales convencionales.

Así como la regulación constitucional no es explícita en las cuestiones del efecto directo y de la jerarquía, no existe tampoco norma específica en la CPR que indique cómo se incorporan los tratados en el ordenamiento jurídico chileno: ni siquiera si deben incorporarse. Dicho eso, hay normas a partir de las cuales se ha construido una práctica constitucional bastante asentada, y que ha sido corroborada parcialmente por reformas constitucionales posteriores, especialmente la de 2005. Este proceso consiste en el sometimiento al Congreso Nacional de ciertos tratados para su aprobación, como requisito previo a la posterior ratificación en el plano internacional, y de la promulgación y publicación nacional, todo ello sin perjuicio del rol que deba o pueda jugar el TC de acuerdo con el artículo 93 N° 1 y 3 de la CPR.[25] El siguiente acápite aborda críticamente una de las etapas fundamentales del proceso de incorporación de los tratados en Chile: la aprobación del Parlamento.[26]

---

23 Desde hace tiempo la doctrina nacional y comparada han mostrado caminos alternativos a la pregunta de la jerarquía, intentando armonizar ambos sistemas normativos.

Ver Núñez Poblete (2009), pp. 490-2; y Beca (2014b), pp. 33-6.

Para una posición crítica de la forma en que nuestra doctrina y práctica han entendido este asunto, ver Fuentes Torrijo (2015), pp.173-9.

24 Como muestra el análisis comparado de Ribera y Gornig (2016).

25 La promulgación consiste, en el caso de un tratado, en la orden del Presidente de la República mediante decreto supremo para que se publique y cumpla.

26 En el proceso de incorporación de los tratados, el régimen nacional tiene similitudes con los modelos francés y español, aunque sin contar con las disposiciones expresas que tienen estos ordenamientos constitucionales.

Ver e.g. Decaux (2011); y Torres Cazorla (2013), pp. 653-62.

2. ROL DEL CONGRESO EN LA INCORPORACIÓN DE TRATADOS: DESEQUILIBRIO DE COMPETENCIAS

El papel que juega el Congreso Nacional en la incorporación de los tratados es bastante acotado en nuestro ordenamiento constitucional. Según el artículo 54 N°1 de la CPR, a este le corresponde aprobar o desechar los tratados internacionales que le presentare el Presidente de la República antes de su ratificación; norma que no ha cambiado en su redacción desde el artículo 43 N° 5 de la Constitución Política de 1925. Esta aprobación, cuando ella es necesaria, es un requisito previo para que el tratado pueda incorporarse en el derecho chileno, en principio con efecto directo, y también para que Chile pueda manifestar su consentimiento internacional en obligarse.

La aprobación del Congreso es entonces fundamental, pero la propia CPR prevé excepciones a esta regla en los llamados tratados en forma simplificada y los acuerdos de ejecución, que se discuten a continuación. En realidad, la sola lectura del artículo 54 N° 1 y otras normas pertinentes del actual esquema constitucional permite apreciar que el rol del Congreso Nacional en el proceso de incorporación se encuentra especialmente disminuido frente a las potestades presidenciales, y no solo en el tipo de tratados que se someten a aprobación. En su calidad de conductor de las relaciones internacionales, es resorte exclusivo del Presidente de la República negociar y suscribir tratados.[27] No existe deber de reportar al Congreso sobre dichas negociaciones, y en general el flujo de información está desregulado y sometido a la discreción presidencial, cuyo margen es amplio en ciertas atribuciones que inciden en la capacidad de deliberación del Parlamento, como la elaboración del mensaje, y en las facultades relativas a las reservas y la denuncia. Los siguientes acápites desarrollan el rol del Congreso, con énfasis en estos desbalances.

2.1. Tratados que requieren la aprobación del Congreso

Todo tratado ya concluido, y que verse sobre materias de ley, debe ser aprobado por el Congreso Nacional. Esto se desprende de la redacción del artículo 54 N°

---

27 De acuerdo con el Art. 32 N° 15 de la CPR, el Presidente tiene a su cargo conducir las relaciones políticas con las potencias extranjeras y organismos internacionales, y llevar a cabo las negociaciones de un tratado, así como concluirlos, firmarlos y ratificarlos.

1 inciso cuarto de la CPR, cuando señala que no requieren de tal aprobación los acuerdos que el Presidente de la República celebre "para el cumplimiento de un tratado en vigor, a menos que se trate de materias propias de ley", o acuerdos de ejecución. La reforma constitucional de 2005 agregó que tampoco requieren de aprobación los tratados celebrados por el Presidente "en el ejercicio de su potestad reglamentaria", o acuerdos en forma simplificada.[28] En el reconocimiento expreso de este último criterio probablemente incidió el único fallo del TC que se había referido directamente a la pregunta sobre los límites de la facultad presidencial de ratificar un tratado sin contar con la aprobación del Congreso.[29] El TC se pronunció en 1999 sobre la constitucionalidad del DS N° 1412 de 1998, que promulgó el Décimo Protocolo Adicional al Acuerdo de Complementación Económica entre Chile y Bolivia N° 22, que son instrumentos que otorgan rebajas arancelarias.[30] El vicio de constitucionalidad reclamado fue la omisión del trámite de la aprobación. El TC, en resumen, constató que se trataba de acuerdos que se celebraron bajo el marco de la Asociación Latinoamericana de Integración (ALADI).[31] En su sentencia, el tribunal razonó como si este último fuese una ley, y tanto el Acuerdo de Complementación Económica como el Décimo Protocolo fuesen actos de implementación, propios de los reglamentos de ejecución.[32] Puesto que se consideró a las materias reguladas por el Protocolo como propias de la potestad reglamentaria, el TC concluyó que podía prescindirse del trámite de aprobación. Aunque los votos disidentes cuestionaron este enfoque, es evidente que la postura mayoritaria se solidificó con el tiempo y encontró su reconocimiento en la redacción del actual artículo 54 N° 1 inciso cuarto, luego de la reforma constitucional de 2005.

El reconocimiento de estas dos categorías de tratados que no requieren someterse a la aprobación del Congreso Nacional ha sido aceptado por la doctrina

---

28   La redacción es poco afortunada. Si bien se entiende que la norma apunta a la ratificación de tratados que no recaen sobre materias de ley, el Presidente no celebra ni ratifica tratados "en ejercicio de su potestad reglamentaria", sino en virtud de la potestad reconocida en el Art. 32 N° 15 de la CPR. Esto ya lo observaba ALDUNATE (2010), p. 195.

29   Ver en general *Decreto Supremo N° 1.412 de 1998, que promulgó el Décimo Protocolo Adicional y su Anexo al Acuerdo de Complementación Económica con Bolivia N° 22* (282-2009).

30   Ver en general el Acuerdo de Complementación Económica Chile-Bolivia de 1993 y su Décimo Protocolo Adicional de 1998.

31   Ver en general el Tratado de la Asociación Latinoamericana de Integración de 1980.

32   Ver *Decreto Supremo N° 1.412 de 1998, que promulgó el Décimo Protocolo Adicional y su Anexo al Acuerdo de Complementación Económica con Bolivia N° 22* (282-2009), considerandos 30-3.

sin mayores cuestionamientos.[33] La razón para excluirlos parece sencilla: si ellos versan sobre materias propias del ejercicio de la potestad reglamentaria, no se percibe razón para impedir al Presidente de la República su ratificación y promulgación directa. El fundamento último se encuentra en el diseño presidencialista de nuestra CPR, que confiere una marcada preponderancia del Ejecutivo sobre los restantes poderes del Estado.[34] Sin embargo, las categorías de tratados simplificados y de ejecución no siempre aparecen con total claridad. Aunque los casos de desavenencias entre poderes del Estado sobre si un tratado debe someterse a la aprobación parlamentaria no parecen ocurrir con frecuencia, es posible encontrar algunos ejemplos en donde han surgido dudas sustantivas. Uno de ellos se refiere al Entendimiento sobre el Pez Espada entre Chile y la Unión Europea, celebrado en octubre de 2008 con la intención de poner fin a una larga disputa sobre dicho recurso en alta mar y terminar con las demandas de acceso a puertos chilenos por parte de la flota pesquera española.[35] No estaba claro si el Entendimiento debía someterse a la aprobación del Congreso, a pesar de recaer sobre materias que podían calificarse como propias de la potestad reglamentaria, como son los compromisos de adoptar o levantar ciertas medidas de administración pesquera, o si su celebración podía considerarse como parte de la ejecución del Tratado de Libre Comercio entre ambas partes.[36] En principio, parecía que tanto Chile como la Unión Europea asumieron que bastaba con el intercambio de notas diplomáticas para que el Entendimiento entrara en vigor.[37] No obstante, como el tratado indirectamente le otorgaba poderes regulatorios a una comisión bilateral conformada entre las partes, en Chile surgieron dudas sobre la necesidad de aprobación parlamentaria.

---

33 Ver e.g. GARCÍA BARZELATTO (2006), pp.74-5 & 78.

34 Ver HENRÍQUEZ (2007), p. 316.

35 El así llamado *Understanding concerning the Conservation of Swordfish Stocks in the South-Eastern Pacific Ocean* fue celebrado en 2008 y modificado en 2009. Chile y la Unión Europea habían llegado a entablar contenciosos paralelos bajo el alero del Tribunal Internacional del Derecho del Mar y del Mecanismo de Solución de Diferencias de la Organización Mundial de Comercio.
Sobre esta disputa, ver en general HERVÉ Y FUENTES TORRIJO (2004).

36 Ver en general el Acuerdo de Asociación Chile-Unión Europea de 2002.

37 Ver en general la Propuesta de Decisión del Consejo de la Unión Europea relativa a la celebración del Acuerdo en forma de Canje de Notas con Chile para la celebración del Entendimiento sobre la Conservación de las Poblaciones de Pez Espada en el Océano Pacífico Sudeste, disponible en
https://eur-lex.europa.eu/LexUriServ/LexUriServ.do?uri=COM:2010:0154:FIN:ES:PDF

En paralelo, la autoridad administrativa nacional pronto constató que obtener dicha aprobación era improbable, y prescindir del trámite en el Congreso Nacional generaría un problema de legitimidad aún mayor. Por estas razones, el Entendimiento finalmente no prosperó.

Otro ejemplo, cuya lectura permite formular algunas preguntas sobre el rol del Congreso, es que se relaciona con el DS N° 272 de 2017. Este promulgó, sin aprobación parlamentaria, el tratado entre Chile y EE.UU. que contiene normas disciplinarias para el personal militar chileno mientras se encuentre en dicho país.[38] Por este tratado, Chile también aceptó la renuncia de acciones civiles en lo que respecta a lesiones y fallecimiento de personal civil y militar nacional. Es probable que se trate de normas en las cuales Chile tenía escaso margen de negociación. Sin embargo, cabe preguntarse si un tratado de esta naturaleza debe contar con la aprobación o al menos algún grado de participación previa del Congreso Nacional. Incluso si no quedara duda de que este acuerdo está íntegramente cubierto por la potestad reglamentaria de ejecución, parece prudente que ambas cámaras pudieran conocer formalmente de la existencia de este tipo de compromisos, previo a su entrada en vigor, especialmente a través de las comisiones de defensa respectivas. Se trata, después de todo, de un compromiso internacional del Estado y no de un gobierno puntual, y que limita derechos de Chile y de ciudadanos chilenos en el extranjero.

A lo anterior se suma que la identificación precisa de los acuerdos en forma simplificada y los de ejecución se ha hecho más difícil con la masificación en el uso internacional de formas jurídicas que no siempre encajan con claridad en la definición de tratado. El ejemplo típico es la figura del memorando de entendimiento, conocido como "MOU", por la abreviación de *memorandum of understanding*. El que a un acuerdo se le llame MOU nada dice acerca de su naturaleza jurídica u obligatoriedad.[39] Hay MOUs que son tratados, pues contienen normas vinculantes y se encuentran regidos por el derecho internacional, pero hay otros que, también llamándose MOUs, no tienen la intención de generar obligaciones entre estados y no están sometidos al derecho internacional. De la misma manera, si un acuerdo es identificado como MOU y resulta ser un tratado, nada garantiza que se trate de aquellos que pueden evitar la aprobación parlamentaria. Aunque los MOUs y los acuerdos similares que es posible encontrar en

---

38   Ver en general el Acuerdo sobre la Asignación de Personal de la Defensa de Chile al Ejército de EE.UU. de 2017.

39   Ver Aust (2013), pp. 29-32.

los sitios web gubernamentales recaen en materias que son propias de ejecución de otros tratados o de la potestad reglamentaria, esto no quiere decir que no haya razones para mantener informado al Congreso sobre estos actos, con cierta periodicidad y sistematicidad en la información, incluyendo el diálogo con las comisiones parlamentarias respectivas.

Sin proponer cambios radicales en el actual sistema de competencias constitucionales en esta materia, y a sabiendas de que el TC tendrá la última palabra[40], parece prudente asegurar que el Congreso Nacional cuente con una instancia formal para tomar conocimiento oportuno y eventualmente formular preguntas que el Poder Ejecutivo deba responder con anterioridad a la entrada en vigor de los tratados simplificados y de ejecución. No resulta adecuado concluir que solo porque un tratado no recae sobre materias de ley el Congreso no deba tener conocimiento o no pueda requerir las aclaraciones gubernamentales en una instancia formal, de manera tal que pueda reaccionar a tiempo si estima que el Presidente de la República ha excedido sus atribuciones. En tal sentido, el texto original de la propuesta de reforma constitucional de 2005 contemplaba una norma que valdría la pena considerar, y que señalaba que cuando el Presidente celebrare acuerdos simplificados o de ejecución, debía informar sobre ellos al Congreso Nacional treinta días antes de su promulgación.[41]

2.2. El proceso de aprobación

Junto con señalar que el rol del Congreso es aprobar o desechar un tratado, el artículo 54 N°1 de la CPR también dispone que su aprobación "se someterá, en lo pertinente, a los trámites de una ley". Los siguientes párrafos abordan brevemente el mensaje del proyecto aprobatorio de un tratado, el *quorum* de aprobación, y algunos aspectos de las reservas y denuncias.

---

40 El artículo 93 N° 3 de la CPR señala que el TC puede "[r]esolver las cuestiones sobre constitucionalidad que se susciten durante la tramitación [...] de los tratados sometidos a la aprobación del Congreso". El N° 16 de la misma disposición indica que el TC es competente para "[r]esolver sobre la constitucionalidad de los decretos supremos, cualquiera sea el vicio invocado", a requerimiento de cierto número de parlamentarios y en plazos acotados.

41 La historia de la Ley N° 20.050 de 2005 está disponible en
https://www.bcn.cl/historiadelaley/nc/historia-de-la-ley/6131/

2.2.1. El mensaje

El artículo 54 N° 1 de la CPR dice que el Presidente de la República "informará sobre el contenido y el alcance del tratado" al Congreso Nacional. Los hechos demuestran que los mensajes presidenciales que someten un tratado al Congreso están lejos de contener la información necesaria para un análisis de fondo sobre la necesidad de aprobación. Ejemplos abundan. El mensaje presidencial que remitió el Acuerdo de París sobre cambio climático ilustra la falta de información adecuada sobre materias cuya deliberación es por definición compleja, como es el caso de la determinación de las contribuciones nacionalmente determinadas.[42] Para Chile esto representaba, y aún representa, un ejercicio sustantivo en el que inciden múltiples factores, incluyendo políticas ambientales de largo aliento sobre nuestra matriz energética, protección de sumideros y otros mecanismos de mitigación. El mensaje no se hace cargo de ellos y se limita a explicar someramente la técnica regulatoria del tratado.[43] Tampoco hay un examen de costos y beneficios. Algo similar ocurrió con el mensaje sobre el Tratado Integral y Progresista de Asociación Transpacífico (CPTPP por las siglas en inglés de *Comprehensive and Progressive Agreement for Trans-Pacific Partnership*), en donde capítulos que fueron negociados durante años y que resultaron en dificultosos textos comerciales son resumidos en algunos breves párrafos.[44] Es difícil concluir que mensajes de este tipo sean suficientes para permitir una deliberación informada del Congreso Nacional sobre la necesidad de aprobación, menos para que la opinión pública nacional participe de ella.

El mensaje presidencial puede convertirse en una herramienta que justifique la necesidad de aprobación y en un mecanismo de información y transparencia. Un referente es lo que hace Nueva Zelandia mediante el llamado análisis de interés nacional, documento que debe preparar el gobierno antes de ratificar.[45]

---

42   Conforme al artículo 4.2 del Acuerdo de París de 2015 cada parte debe preparar, comunicar y mantener las contribuciones determinadas que se proponga lograr. Es decir, las reducciones de emisiones que pretende alcanzar en ciertos plazos, reflejando "la mayor ambición posible". Como indica la misma disposición, cada estado debe después adoptar las medidas de mitigación con el fin de alcanzar los objetivos de dichas contribuciones.

43   El Mensaje Presidencial N° 196-364 de 2016 está disponible en https://www.senado.cl/appsenado/templates/tramitacion/index.php?boletin_ini=10939-10

44   El Mensaje Presidencial N° 112-366 de 2018 está disponible en https://www.camara.cl/legislacion/ProyectosDeLey/tramitacion.aspx?prmID=12717&prmBOLETIN=12195-10

45   Considerado por la doctrina local como "el pilar del proceso de examen de un tratado". Costi (2013), p. 689.

En ese país, como en otros de la Mancomunidad de Naciones, la ratificación de un tratado es prerrogativa del Poder Ejecutivo, pero el tratado no tiene efecto interno sino hasta que el Parlamento aprueba la legislación que lo implementa. Con anterioridad a la ratificación, el gobierno tiene la obligación de presentar al Parlamento este análisis en el cual se abordarán en detalle las ventajas y desventajas de adherir al tratado y los futuros mecanismos de implementación. Su contenido está fuertemente regulado, así como lo están los órganos administrativos responsables.[46]

Esta crítica no es nueva. Alguna doctrina nacional, también citando el ejemplo neozelandés, ha sugerido que este examen debiera incluir al menos una relación de los costos económicos y políticos de las políticas públicas necesarias para adecuarse a los estándares del instrumento internacional, entre otros aspectos.[47] Nueva Zelandia no es el único caso, y en jurisdicciones similares se considera que con este tipo de acciones anteriores a la aprobación y ratificación es posible avanzar en la democratización del proceso de incorporación.[48] Un mensaje presidencial consistente podría también coadyuvar en otros aspectos, como por ejemplo prevenir las posibles incertezas derivadas de la distinción entre las cláusulas autoejecutables y no autoejecutables en un tratado. Como es sabido, el TC recogió esta distinción originada en la doctrina norteamericana hace ya dos décadas, utilizándola originalmente para definir la extensión del control de constitucionalidad preventivo de las normas internacionales.[49] Al igual que en EE.UU., la distinción ha probado ser confusa y algunos fallos contradictorios del TC no han otorgado claridad doctrinaria ni práctica.[50] De la misma manera, la complicación se mantiene una vez que los tratados se incorporan al derecho chileno, pues entonces será el juez, la administración u otro operador jurídico quienes deberán determinar si una o más normas de un tratado pueden invocarse directamente para dirimir un asunto específico.

El debate constitucional en ciernes puede dar cuenta de mecanismos para reducir las incertidumbres mencionadas. Prevenir los efectos negativos derivados de las incertezas que acarrea la incorporación de normas no autoejecutables no

---

46   Ver Orden Permanente 397 del Parlamento de Nueva Zelandia, disponible en: https://www.parliament.nz/en/pb/parliamentary-rules/standing-orders/

47   Ver Núñez (2011), pp. 6-8.

48   En este sentido, ver e.g. la experiencia de la tradición anglosajona en Harrington (2006), pp.121-60.

49   Ver en general *Convenio N° 169, sobre Pueblos Indígenas y Tribales de la OIT* (309-2000).

50   Ver Montt (2005), pp. 29-36.

debiese ser una competencia del TC, sino del Presidente de la República y del Congreso Nacional, pues ellos cuentan con la facultad y legitimidad para adoptar reglas de carácter general en tal sentido. En la discusión entre Poder Ejecutivo y Parlamento, propia del proceso de incorporación, al menos dos opciones son posibles. Primero, aquellos tratados cuyas normas resulten autoejecutables o no, bien podrían contar con una declaración o reconocimiento expreso. La práctica norteamericana reconoce esta posibilidad.[51] En Chile esto ha ocurrido en ciertos casos, como lo ilustra la discusión sobre la aprobación del CPTPP, en donde la Cámara de Diputados concluyó que, en relación con las normas sobre arbitraje contenidas en el tratado: "se resuelve que dichas normas no requieren ser complementadas internamente por la vía legal o reglamentaria, siendo auto-ejecutables o 'self-executing' entrando en efecto inmediatamente sin necesidad de implementación normativa adicional".[52]

Segundo, si el Presidente y el Congreso concluyen que el tratado necesita regulación para implementarlo, pues una o más de sus normas no son autoeje-cutables, habrá distintos caminos a tomar dependiendo del asunto respectivo. En aquellos casos en que las normas del tratado demanden implementación mediante normas de rango legal no delegables, se deberá preparar el proyecto de ley correspondiente. En caso contrario, el Congreso debiera facultar al Presidente para que dicte los decretos con fuerza de ley a que se refiere el artículo 54 N° 1 inciso final de la CPR. Si las normas de carácter administrativo son suficientes para implementar las cláusulas no autoejecutables de un tratado, entonces esta constancia debiera resultar de la tramitación del acuerdo aprobatorio y el Presidente tendría que proceder acorde con ello. Para efectos de este acápite, lo que importa es que en todos estos casos la calificación inicial respecto de si una norma es o no autoejecutable debiera proponerse explícitamente en el mensaje presidencial.

2.2.2. QUORUM EN LA APROBACIÓN DE TRATADOS

Tal como en la tramitación de la ley, la aprobación de tratados conlleva una votación con *quorum* especiales dependiendo del contenido de sus normas. La tensión entre la necesidad de aprobación del tratado como un paquete y la de

---

51 Ver Instituto de Derecho Americano, *Restatement (Third) of Foreign Relations Law of the United States* (1987), párrafo 111, disponible en https://h2o.law.harvard.edu/collages/41732

52 Ver Primer Informe de la Comisión de Constitución, Legislación, Justicia y Reglamento de la Cámara de Diputados, de 9 de abril de 2019, p. 38, disponible en: https://www.senado.cl/appsenado/templates/tramitacion/index.php?boletin_ini=12195-10

aplicar dichos *quorum* fue durante años objeto de debate. Por una parte, si los tratados tienen efecto directo en el ordenamiento chileno, parece injustificado no aplicar las reglas de *quorum* igual como se exige para cualquier otra ley. Por otro lado, considerando que ellas imponen una carga extraordinaria que restringe la regla fundamental de la mayoría, la interpretación debe hacerse de manera restrictiva, y solo con muy buenas razones es dado exigir que un tratado sea aprobado con *quorum* más elevado. Hace casi dos décadas, el TC intentó solucionar esta contradicción en su fallo del año 2000 sobre el Convenio N° 169 de la OIT sobre Pueblos Indígenas y Tribales, sin éxito.[53] En esa oportunidad, el tribunal señaló que la forma de conciliar la obligación de aplicar las reglas de *quorum* a la aprobación de tratados era aprobar o rechazar cada disposición según la mayoría correspondiente, y que el tratado se entendería aprobado cuando todas las disposiciones lo hubieren sido según su *quorum* respectivo.[54] El problema es que el criterio del TC imponía al Congreso Nacional votaciones sucesivas en sala y sobre cada norma en particular, lo que no encajaba con la práctica parlamentaria de votar un "proyecto de acuerdo" con un artículo único que contiene el texto del tratado.[55]

La reforma constitucional del 2005 refrendó solo parcialmente el criterio del TC, señalando que la aprobación de un tratado requerirá, en cada Cámara, del *quorum* que corresponda según lo exige el artículo 66 de la CPR. Algunos años más tarde se modificó el artículo 59 de la Ley Orgánica Constitucional del Congreso Nacional, el cual señala en su texto actual que "las Cámaras se pronunciarán sobre la aprobación o rechazo del tratado, en votación única y con el quórum más elevado que corresponda a las materias reguladas por sus normas".[56] De esta manera, cuando un tratado ingresa al Congreso, se identifican las normas que requieren *quorum* especial, lo que generalmente ocurre sobre la base de lo informado por la comisión respectiva. Luego de la discusión en comisiones, la sala vota el así llamado "proyecto de acuerdo", con el texto del tratado sometido a aprobación. Esta votación se hace conforme al *quorum* más alto que corresponda, y sobre dicho texto como un todo. Si, por ejemplo, el tratado tiene alguna norma de *quorum* calificado, entonces todo el texto

---

53   Ver en general *Convenio N° 169, sobre Pueblos Indígenas y Tribales de la OIT* (309-2000).

54   Ver ibid., considerando 25.

55   Como lo ha observado la doctrina nacional.
Ver e.g. Troncoso (2012), pp. 735-7.

56   Ver en general Ley N° 20.447 de 2010.

debe aprobarse con dicha exigencia, en votación única. Luego de terminada la votación general, se va dejando constancia de las normas que requirieron un *quorum* especial. En caso de que la sala no esté de acuerdo con la calificación informada por la comisión respectiva, se procede a votar en sala el *quorum* que necesita el tratado, lo que se resuelve por mayoría simple, sin perjuicio de lo que pueda fallar eventualmente el TC en aplicación del artículo 93 N° 1 y N° 3 de la CPR.

La práctica parlamentaria posterior a 2005 parece demostrar que el uso de normas de *quorum* aplicado en la aprobación de tratados se encuentra bien asentado. Es frecuente que se aprueben tratados en que todas sus disposiciones caen en una misma categoría, pero no es extraño que exista alguna norma que requiera un *quorum* especial. Esto ha ocurrido con algunos tratados de libre comercio, atendidas sus implicancias con la regulación del Banco Central en materia de encaje, la que de conformidad con el artículo 108 de la CPR es de rango constitucional. Asimismo, se han presentado ciertos requerimientos de inconstitucionalidad contra algunos tratados por una supuesta falta de aprobación con *quorum* especial.[57] A pesar de la necesidad de aplicar estas reglas con prudencia, los riesgos de interpretaciones expansivas en la aprobación de tratados también existen. Un ejemplo reciente es la discusión para la aprobación del CPTPP, recién indicado. En abril de 2019, la Mesa Directiva de la Cámara de Diputados solicitó a su Comisión de Constitución que se pronunciara sobre el proyecto de acuerdo de este tratado, en atención a la consulta formulada por una diputada.[58] Ella recaía en el *quorum* de votación y se insinuaba que las normas sobre sometimiento de una reclamación a arbitraje (Capítulo 9 del CPTPP) y ciertas normas del capítulo sobre solución de controversias (Capítulo 28 de dicho tratado) podrían ser consideradas como normas propias de ley orgánica constitucional. La Comisión señaló que el tratado solo requería *quorum* simple, descartando los cuestionamientos sobre las normas de solución de controversias, como había hecho en ocasiones anteriores.[59] El CPTPP fue finalmente aprobado

---

57 Ver e.g. *Proyecto de Acuerdo Aprobatorio de la Convención Internacional para la Protección de Todas las Personas contra las Desapariciones Forzadas* (1483-2009).

58 Ver Oficio N° 14.585 de la Comisión de Constitución, Legislación, Justicia y Reglamento de la Cámara de Diputados, de 2 de abril de 2019, disponible en https://www.senado.cl/appsenado/templates/tramitacion/index.php?boletin_ini=12195-10

59 Ver Primer Informe de la Comisión de Constitución, Legislación, Justicia y Reglamento de la Cámara de Diputados, de 9 de abril de 2019, p. 37.

en la Cámara de Diputados con *quorum* de mayoría simple.[60] El debate relativo a este tratado permite suponer cierto consenso parlamentario en la necesidad de interpretar restrictivamente la aplicación de las normas de *quorum*, con independencia de las legítimas diferencias en cuanto al fondo del asunto; es decir, la necesidad de aprobar o no el acuerdo internacional. No obstante, en el Senado nuevamente surgieron cuestionamientos a partir de la supuesta necesidad de *quorum* especiales.[61]

2.2.3. RESERVAS Y DENUNCIAS

La formulación de reservas y la terminación de tratados son aspectos en los cuales se aprecia el desbalance en los roles del Presidente de la República y del Congreso Nacional. El inciso tercero del artículo 54 N° 1 de la CPR señala que el Congreso solo puede sugerir al Presidente la formulación de reservas y declaraciones interpretativas a un tratado durante el trámite de su aprobación, siempre que ellas procedan de conformidad con lo previsto en el propio tratado o en las normas generales de derecho internacional. Nuestro país ha interpuesto reservas al momento de ratificar tratados multilaterales[62], aunque los ejemplos a sugerencia del Congreso son difíciles de encontrar. Un caso interesante ocurrió durante la aprobación de la Convención sobre la Protección de los Derechos de los Trabajadores Migratorios. El mensaje no había anunciado reservas ni declaraciones. La reserva interpuesta por Chile, al ratificar dicho tratado en 2005, surgió de una observación del Ministerio de Justicia en el primer trámite constitucional, aceptada prontamente por la Cámara de Diputados y por el Senado. Dicha reserva se hizo al artículo 22 N° 5, el cual sostiene que "[c]uando una decisión de expulsión ya ejecutada sea ulteriormente revocada, la persona

---

60   Ver Boletín N° 12.195-10, Sesión N° 16 Ordinaria de la Cámara de Diputados, de 17 de abril de 2019.
      A la fecha del presente trabajo, este tratado se encuentra en segundo trámite constitucional en el Senado.

61   El TC decidió tener por no presentado el requerimiento de un grupo de senadores que alegaba la existencia de reglas de *quorum* especial para efectos de la votación del CPTPP. Ver en general *ARTÍCULO ÚNICO DEL PROYECTO DE LEY QUE APRUEBA EL TRATADO INTEGRAL Y PROGRESISTA DE ASOCIACIÓN TRANSPACÍFICO* (6662-2020).

62   Ver e.g. el compendio elaborado por Andrea Vargas para la Biblioteca del Congreso Nacional, disponible en
      https://www.bcn.cl/obtienearchivo?id=repositorio/10221/28223/1/Acuerdos_internacionales_e_incidencia_constitucional_rev_BH.pdf

interesada tendrá derecho a reclamar indemnización conforme a la ley, y no se hará valer la decisión anterior para impedir a esa persona que vuelva a ingresar en el Estado de que se trate".[63] Este ejemplo sirve para ilustrar cómo la discusión parlamentaria puede ser una instancia útil para sugerir, discutir y acordar reservas que no estuvieron presentes en el mensaje original.

En cuanto a la terminación de tratados, los incisos sexto y séptimo del artículo 54 N°1 de la CPR indican que el Presidente de la República tiene la facultad exclusiva para denunciar un tratado o retirarse de él, para lo cual debe pedir la opinión de ambas cámaras del Congreso Nacional, si el respectivo tratado fue aprobado por este. Un caso reciente del que pueden extraerse algunas lecciones es la denuncia al tratado constitutivo de la Unión de Naciones Suramericanas (UNASUR).[64] El Presidente comunicó en 2019 tanto al Senado como a la Cámara de Diputados que había "decidido proceder a la denuncia, por razones de Estado" del tratado constitutivo de la UNASUR, para lo cual venía en "solicitar la opinión" de ambas corporaciones.[65] La discusión en el Senado se cerró con una votación en favor de la decisión presidencial.[66] Por el contrario, en la Cámara de Diputados la mayoría votó por rechazarla. Si bien los debates parlamentarios dan cuenta de que fueron más los representantes que coincidieron con el diagnóstico de la pérdida de credibilidad y relevancia de la UNASUR, también permiten apreciar una posición crítica frente al hecho de que la decisión del Presidente ya parecía estar tomada al momento de la consulta.[67]

Esta facultad de poner término a los tratados es discutible, tanto en el fondo como en la forma en que debiera ejercerse. De hecho, el texto original del

---

63   La historia del Decreto N° 84 de 2005, que promulgó este tratado, está disponible en https://www.bcn.cl/historiadelaley/nc/historia-de-la-ley/5314/

64   Ver en general el Tratado Constitutivo de la Unión de Naciones Suramericanas de 2008. Hecha la denuncia mediante nota diplomática el 13 de junio de 2019, el retiro de Chile se materializó el 14 de diciembre del mismo año.

65   Las comunicaciones se realizaron mediante Oficios N° 564 y N° 565, ambos del Gabinete de la Presidencia, de abril de 2019, disponible en: https://www.senado.cl/appsenado/templates/consultas_as_oa/listadoAS.html?boletin=2061-14

66   Ver Oficio N° 102/SEC/19 del Senado, por la cual este "acordó no objetar la decisión adoptada por el Supremo Gobierno", de 15 de mayo de 2019. Ver también comunicado de prensa de la Cámara de Diputados, de 15 de mayo de 2019, disponible en: https://www.senado.cl/senado-no-objeta-el-retiro-unilateral-del-tratado-constitutivo-de/senado/2019-05-15/175450.html

67   Ver comunicado de prensa de la Cámara de Diputados, de 28 de mayo de 2019, disponible en: https://www.camara.cl/prensa/sala_de_prensa_detalle.aspx?prmid=137025

proyecto de reforma constitucional de 2005 señalaba que para la denuncia de tratados que fueron aprobados por el Congreso "se utilizará el mismo procedimiento previsto para su aprobación". Dicho lo anterior, es interesante constatar que durante la discusión sobre el retiro de la UNASUR no parece que haya habido cuestionamientos de fondo a esta norma constitucional. Sin embargo, y aun cuando ella pueda tener un fundamento coherente con el rol primordial del Presidente de la República en las relaciones internacionales, se trata de una facultad que debe ejercerse con prudencia, pues también representa un abierto desequilibrio en su favor. Esta prudencia debiera manifestarse en una genuina solicitud al Congreso Nacional. Vale decir, una que tenga la finalidad de contar con una opinión relevante anterior a la toma de decisión.

2.2.4. Tramitación posterior a la aprobación parlamentaria

Si el tratado es aprobado y no se somete al control preventivo del TC, o si habiéndose sometido a este es declarado constitucional, entonces la tramitación seguirá su curso. En Chile, al igual que en muchos otros regímenes comparados, la sola aprobación por el Congreso Nacional no basta para establecer el consentimiento del Estado en obligarse, el cual requiere ratificación mediante el depósito correspondiente u otro acto internacional. La aprobación del Parlamento no vincula al Presidente de la República, quien puede o no proceder a la ratificación o adhesión.[68] De la misma manera, el Presidente tiene la facultad exclusiva para decidir cuándo hacer esto, una vez que el Congreso ha aprobado aquellos tratados que así lo requieren. Este enfoque es común en varios ordenamientos jurídicos extranjeros, y se puede encontrar en diversas constituciones latinoamericanas.[69]

Como se indicó al comienzo de esta segunda parte, tampoco la aprobación es suficiente para que el tratado se incorpore en el derecho nacional. Este debe promulgarse y el decreto respectivo publicarse en el Diario Oficial, previa toma de razón por la Contraloría General. Solo así el tratado tendrá efectos como ley de la República. En la práctica nacional, el decreto de promulgación se publica una vez que el tratado se encuentre vigente en el orden internacional, aun cuando Chile lo haya ratificado antes de que esto ocurra. Esto se realiza, presumiblemente,

---

68   Así también lo reconoce la doctrina nacional.
Ver e.g. RIBERA (2007), p. 512.

69   Por ejemplo, en el caso de Brasil.
Ver RIBERA Y GORNIG (2018), p. 109.

para evitar situaciones como la que ocurrió con la ratificación del Convenio de Torremolinos.[70] En este caso, Chile depositó el respectivo instrumento de adhesión, lo promulgó y luego publicó en el Diario Oficial en 1985, cuando el tratado no alcanzaba el número de ratificaciones necesarias para entrar en vigor, lo que finalmente nunca ocurrió. El Convenio de Torremolinos fue después reemplazado, y el efecto fue que los estándares que imponía se convirtieron en norma nacional, sin que otro país haya resultado obligado por efecto del tratado. Por situaciones como esta, y salvo excepciones fundadas, resulta sensato que los tratados aprobados por el Congreso Nacional, y ya ratificados internacionalmente, se publiquen una vez que estos estén en vigor internacionalmente.

La CPR nada dice sobre la publicación de los tratados, pero la práctica nacional es que ello se haga íntegramente en el Diario Oficial o bajo las condiciones que estipula la Ley N° 18.158, la cual señala en su artículo 1 que la publicación de los tratados "que sean de gran extensión, podrá efectuarse mediante el depósito de un ejemplar en el Ministerio de Relaciones Exteriores y de otro en la Contraloría General de la República, debidamente autenticados con las firmas del Presidente de la República y del Ministro de Relaciones Exteriores". Esta ley, de 1982, resulta difícil de justificar en plena era digital, pero aún existen casos en los cuales se invoca. Por ejemplo, el Acuerdo con el Programa de la ONU sobre el Apoyo a la Estrategia de Cambio Climático, de 2017, fue publicado en la forma establecida en la Ley N° 18.158.[71] No hay razón que impida modernizar este enfoque, y que todo tratado sea publicado de manera íntegra en un formato electrónico que otorgue adecuada publicidad.

CONCLUSIÓN

La presente contribución ha revisado la forma y el proceso a través del cual los tratados se incorporan en el ordenamiento jurídico chileno, con especial énfasis en el rol del Congreso Nacional en la aprobación de los tratados. Los acápites anteriores, salvo el análisis sobre las reglas de *quorum*, demuestran que el presidencialismo de nuestro sistema constitucional también se aprecia en las normas

---

70   Ver en general el Convenio Internacional de Torremolinos para la Seguridad de Buques Pesqueros de 1977.

71   DS N° 175, publicado en el Diario Oficial del 20 de diciembre de 2017.
El autor de este trabajo no pudo encontrar su texto íntegro en la web. El enlace en Gobierno Transparente no lleva al convenio, sino solo al decreto promulgatorio.

sobre incorporación, donde la participación del Congreso es limitada. No todos los tratados se someten a su aprobación y ni siquiera existe una obligación de informar sobre aquellos que no están sujetos a dicho trámite. Lo mismo ocurre con la capacidad de incidir en las reservas y el rol consultivo en la terminación de un tratado. Otros aspectos que este artículo ha discutido son la casi nula capacidad que tiene el Congreso de influir en la negociación de un tratado, y que el contenido del mensaje presidencial, entregado a la discrecionalidad del Presidente de la República, resulta insuficiente para contribuir a una apropiada deliberación. Muchos ordenamientos comparados admiten y reconocen las prerrogativas exclusivas del Presidente o del Poder Ejecutivo en las relaciones internacionales.[72] Reconociendo que el actual esquema tiene algunas ventajas, también es cierto que la intervención del Congreso Nacional es clave para la función de democratizar las relaciones internacionales.[73] A partir de lo expuesto en los acápites anteriores es posible ofrecer elementos de discusión que, sin alterar radicalmente el actual esquema de incorporación, permitan equilibrar el rol del Congreso frente a las atribuciones presidenciales.

En primer lugar, parece pertinente discutir cómo mejorar la capacidad de deliberación e información del Congreso Nacional frente a la aprobación de un tratado. Una de ellas es la conveniencia de exigir ciertos estándares al mensaje presidencial, tal como se ejemplificó con el análisis de interés nacional neozelandés, y la obligación de informar aquellos tratados que no se someten a la aprobación parlamentaria con antelación a su ratificación y promulgación. En el mismo sentido, esta contribución también ha llamado la atención sobre el rol que el Congreso podría jugar en la calificación de las normas de un tratado como autoejecutables o no autoejecutables. Esta materia influye directamente en los efectos de la incorporación del derecho internacional en el orden interno. Como se ha expuesto, el mensaje presidencial y la discusión parlamentaria podrían contribuir significativamente a reducir las incertezas derivadas de la confusa jurisprudencia del TC, sea a través de la declaración de autoejecutabilidad o mediante la decisión de tramitar o delegar la normativa de implementación de aquellas cláusulas no autoejecutables.

El segundo aspecto que merece discutirse es el rol del Congreso Nacional en la negociación de un tratado. Reconociendo las prerrogativas presidenciales en la materia, no es posible concebir que el Congreso participe directamente de las

---

72   Para el caso de Latinoamérica y España, ver e.g. RIBERA Y GORNIG (2016).

73   Ver HENRÍQUEZ (2007), p. 323.

negociaciones. Sin embargo, no son un secreto los cuestionamientos que se han hecho al déficit democrático existente en la negociación de algunos tratados, como lo ilustra la discusión reciente en torno al CPTPP. Si los tratados tienen efectos cada vez más relevantes en el derecho interno nacional, parece prudente exigir elementos que equilibren dicho déficit, donde participación y transparencia se convierten en ejes fundamentales. En este contexto, el Congreso Nacional puede jugar un rol asesor más activo, aun cuando no sea vinculante, imponiendo al Poder Ejecutivo al menos un deber de mantenerlo constantemente informado de las negociaciones.[74] Igualmente, el Congreso también podría adoptar directrices de negociación, como también poner en evidencia una eventual negociación o conducción negligente.[75] Lo que se propone, entonces, es un diálogo fluido y formalizado, donde cada una de las corporaciones que lo componen, a través de las comisiones respectivas, sea frecuente y adecuadamente informada no solo de los avances, sino de las posiciones nacionales y de las que adoptan otros estados.

Ninguno de los elementos de discusión presentados en este artículo altera radicalmente el actual esquema de distribución de competencias en la CPR, ni pretenden reivindicar un nuevo diseño constitucional para la incorporación de los tratados en Chile. Sin embargo, al mismo tiempo, estos pueden contribuir a mejorar aspectos donde nuestro sistema de incorporación exhibe ciertas carencias, algunas de las cuales son evidentes, tal como este trabajo ha comprobado. Se requiere mejor información, más participación y un diálogo más fluido entre los dos principales poderes del Estado, para que el derecho internacional tenga en Chile un efecto adecuadamente legitimado.

BIBLIOGRAFÍA

Aguilar, Gonzalo (2009): "La Corte Suprema y la aplicación del derecho internacional: un proceso esperanzador", *Estudios Constitucionales*, vol. 7, N° 1: pp. 91-136.

Aldunate, Eduardo (2010): "La posición de los tratados internacionales en el sistema de fuentes del ordenamiento jurídico chileno a la luz del derecho positivo", *Ius et Praxis*, vol. 16, N° 2: pp. 185-210.

---

74   Como ocurre, por ejemplo, en Holanda, donde los efectos de la incorporación del derecho internacional no son muy distintos a los que en la práctica contempla nuestro ordenamiento jurídico.
Ver Crawford (2012), p. 100.

75   Ver Henríquez (2007), p. 323.

Aust, Anthony (2013): *Modern Treaty Law and Practice* (Cambridge, Cambridge University Press).

Beca, Juan Pablo (2014a): "El uso de tratados internacionales por parte del Tribunal Constitucional al resolver recursos de inaplicabilidad en el período 2011-2012", *Revista de Derecho de la Pontificia Universidad Católica de Valparaíso*, vol. XLIII: pp. 467-93.

Beca, Juan Pablo (2014b): "De la discusión sobre jerarquía de los tratados internacionales a la idea de pluralismo constitucional", *Revista Chilena de Derecho y Ciencia Política*, vol. 5, N° 3: pp. 23-38.

Benavides, María Angélica (2011): "Aplicación del derecho internacional por los tribunales nacionales: especial referencia a las normas convencionales", en Núñez Leiva, José Ignacio (ed.), *Nuevas perspectivas de derecho público* (Santiago, Editorial Librotecnia).

Bjorgvinsson, David (2015): *The Intersection of International Law and Domestic Law: A Theoretical and Practical Analysis* (Cheltenham, Edward Elgar Publishing).

Crawford, James (2012): *Brownlie's Principles of Public International Law* (Oxford, Oxford University Press).

Crawford, James (2014): *Chance, Order, Change: The Course of International Law. General Course on Public International Law* (Leiden, Brill Publishers).

Costi, Alberto (2013): "Reception of International Law in New Zealand Law: Beyond the Monism/Dualism Divide", en Novakovic, Marko (ed.), *Basic Concepts of Public International Law: Monism and Dualism* (Belgrado, University of Belgrade).

Decaux, Emmanuel (2011): "France", en Shelton, Dinah (ed.), *International Law and Domestic Legal Systems: Incorporation, Transformation, and Persuasion* (Oxford, Oxford University Press).

Fuentes Torrijo, Ximena, y Pérez Farías, Diego (2018): "El efecto directo del derecho internacional en el derecho interno", *Revista de Derecho de la Universidad Católica del Norte*, vol. 25, N° 2: pp.119-56.

Fuentes Torrijo, Ximena (2015): "Una nueva Constitución para Chile y el diseño de un esquema de incorporación del derecho internacional al sistema jurídico chileno", en Chía, Eduardo, y Quezada, Flavio (eds.), *Propuestas para una nueva Constitución (originada en democracia)* (Santiago, Instituto Igualdad; Facultad de Derecho, Universidad de Chile; y Friedrich Ebert-Stiftung).

García Barzelatto, Ana María (2006): "Tratados internacionales según la reforma constitucional de 2005", *Revista de Derecho Público,* N° 68: pp. 72-84.

Harrington, Joanna (2006): "Scrutiny and Approval: The Role for Westminster-Style Parliaments in Treaty-Making", *International and Comparative Law Quarterly*, vol. 55, N° 1: pp. 121-60.

Henríquez, Miriam (2007): "Los tratados internacionales en la Constitución reformada", *Revista de Derecho Público*, N° 69: pp. 313-23.

Hervé, Dominique, y Fuentes Torrijo, Ximena (2004): "El caso del pez espada: una controversia de jurisdicción y de derecho sustantivo, y los diversos argumentos para inclinar la balanza", *Estudios Internacionales*, vol. 37, N° 145: pp. 83-121.

Hopkin, John (2001): "New Zealand", en Shelton, Dinah (ed.), *International Law and Domestic Legal Systems: Incorporation, Transformation, and Persuasion* (Oxford, Oxford University Press).

Keith, Kenneth (2013): "International Law is Part of the Law of the Land: True or False?", *Leiden Journal of International Law*, vol. 26, N° 2, pp. 351-68.

McLachlan, Campbell (2014): *Foreign Relations Law* (Cambridge, Cambridge University Press).

McLachlan, Campbell (2019): "Five Conceptions of the Function Foreign Relations Law", en Bradley, Curtis A. (ed.) *The Oxford Handbook of Comparative Foreign Relations Law* (Oxford, Oxford University Press).

Montt, Santiago (2005): "Aplicación de los tratados bilaterales de protección de inversiones por tribunales chilenos. responsabilidad del Estado y expropiaciones regulatorias en un mundo crecientemente globalizado", *Revista Chilena de Derecho*, vol. 32, N° 1: pp. 19-78.

Montt, Santiago, y Matta, Manuel (2011): "Una visión panorámica al Convenio OIT 169 y su implementación en Chile", *Estudios Públicos*, vol. 121: pp. 150-2.

Nash, Claudio, y Núñez Donald, Constanza (2017): "Los usos del derecho internacional de los derechos humanos en la jurisprudencia de los tribunales superiores de justicia en Chile", *Estudios Constitucionales*, vol. 15, N° 1: pp. 15-54.

Nogueira, Humberto (2005): "Decreto Ley de Amnistía 2.191 de 1978 y su armonización con el derecho internacional de los derechos humanos", *Revista de Derecho de la Universidad Austral de Chile*, vol. 23, N° 2: pp. 107-30.

Nollkaemper, André (2018): "General Aspects", en Nollkaemper, André et al (ed.), *International Law in Domestic Courts: A Casebook* (Oxford, Oxford University Press).

Núñez Poblete, Manuel (2009): "La función del derecho internacional de los derechos de la persona en la argumentación de la jurisprudencia constitucional", *Revista de Derecho de la Pontificia Universidad Católica de Valparaíso*, vol. 32: pp. 487-529.

Núñez Poblete, Manuel (2011): "Principios metodológicos para la evaluación de los acuerdos aprobatorios de los tratados internacionales de derechos humanos y de las leyes de ejecución de obligaciones internacionales en la misma materia", *Hemiciclo*, N° 4: pp. 1-26.

O'Keefe, Roger (2008): "The Doctrine of Incorporation Revisited", *British Yearbook of International Law*, vol. 79, N° 1: pp. 7-85.

Poulsen, Lauge, y Aisbett, Emma (2016): "Diplomats Want Treaties: Diplomatic Agendas and Perks in the Investment Regime", *Journal of International Dispute Settlement*, vol. 7, N° 1: pp. 72–91.

Ribera, Teodoro (2007): "La incorporación de los tratados internacionales al orden jurídico chileno", *Revista de Derecho Público*, N° 69: pp. 511-28.

Ribera, Teodoro, y Gornig, Gilbert (2016): *Relaciones entre el derecho internacional público y el derecho interno en Europa y Sudamérica* (Cizur Menor, Editorial Aranzadi).

Shelton, Dinah (2011): "Introduction", en Shelton, Dinah (ed.), *International Law and Domestic Legal Systems: Incorporation, Transformation, and Persuasion* (Oxford, Oxford University Press).

Sloss, David (2009): "Treaty Enforcement in Domestic Courts", en Sloss, David (ed.), *The Role of Domestic Courts in Treaty Enforcement. A Comparative Study* (Cambridge, Cambridge University Press).

Torrecuadrada, Soledad (2013): "La aplicación del derecho internacional en España", en Novakovic, Marko (ed.), *Basic Concepts of Public International Law: Monism and Dualism* (Belgrad, University of Belgrade).

Torres Cazorla, María Isabel (2013): "¿Monismo o dualismo en el sistema español de recepción de tratados internacionales? Un análisis a la luz de la doctrina y practica española más reciente", en Novakovic, Marko (ed.), *Basic Concepts of Public International Law: Monism and Dualism* (Belgrado, University of Belgrade).

Troncoso, Claudio (2012): "Tribunal Constitucional y tratados internacionales. Análisis de su jurisprudencia relevante", en Llanos Mardones, Hugo, y Picand, Eduardo (eds.): *Estudios de derecho internacional. Libro homenaje al profesor Hugo Llanos Mansilla* (Santiago, Abeledo Perrot), Tomo II.

Verdier, Pierre-Hugues, y Versteeg, Mila (2015): "International Law in National Legal Systems: An Empirical Investigation", *American Journal of International Law*, vol. 109, N° 3: pp. 514-33.

INSTRUMENTOS CITADOS

Convenio Internacional de Torremolinos para la Seguridad de los Buques Pesqueros de 1977

Tratado de la Asociación Latinoamericana de Integración de 1980

Convención Internacional sobre la Protección de los Derechos de los Trabajadores Migratorios y de sus Familiares de 1990

Acuerdo de Complementación Económica entre Chile y Bolivia N° 22 de 1993

Décimo Protocolo Adicional al Acuerdo de Complementación Económica entre Chile
y Bolivia N° 22, de 1998
Acuerdo de Asociación Chile-Unión Europea de 2002
Tratado Constitutivo de la Unión de Naciones Suramericanas de 2008
Acuerdo de París de 2015
Acuerdo sobre la asignación de personal de la Defensa de Chile al Ejército de los EE.UU.
de 2017

JURISPRUDENCIA REFERENCIADA

Tribunal Constitucional de Chile

*Requerimiento de inaplicabilidad por inconstitucionalidad del Decreto Supremo N° 1.412
de 1998, que promulgó el Décimo Protocolo Adicional y su Anexo al Acuerdo de
Complementación Económica con Bolivia N° 22* (1999): Tribunal Constitucional
chileno, Rol N° 282, sentencia, 28 de enero.

*Requerimiento de inconstitucionalidad del Convenio N° 169, sobre Pueblos Indígenas y Tribales
en Países Independientes de la Organización Internacional del Trabajo, de 1989* (2000):
Tribunal Constitucional chileno, Rol N° 309, sentencia, 4 de agosto.

*Proyecto de Acuerdo Aprobatorio de la Convención Internacional para la Protección de todas
las Personas contra las Desapariciones Forzadas* (2009): Tribunal Constitucional
chileno, Rol N° 1483, sentencia, 29 de septiembre.

*Requerimiento de inconstitucionalidad del artículo único del proyecto de ley que aprueba el Tratado
Integral y Progresista de Asociación Transpacífico* (2020): Tribunal Constitucional
chileno, Rol N° 6662, sentencia, 28 de junio de 2020.

§ 4. LA JERARQUÍA NORMATIVA EN CHILE FRENTE AL CONTROL DE CONVENCIONALIDAD

Sebastián López Escarcena

INTRODUCCIÓN

La Constitución Política de la República (CPR) no regula cómo se relaciona el derecho internacional con el sistema jurídico nacional más que en disposiciones aisladas, a propósito de otros asuntos. De acuerdo con estas normas, la mayoría de los tratados requieren aprobación parlamentaria, antes de su ratificación, para entrar en vigor en Chile. Una vez adoptados, los tratados adquieren una jerarquía intermedia entre la ley y la CPR, al menos según lo señalado por el Tribunal Constitucional (TC) en su escasa jurisprudencia sobre la materia. Esto incluiría a los tratados de derechos humanos. Los tribunales ordinarios y la doctrina chilena actualmente tienden a disentir de este criterio, asignándoles por lo general un rango constitucional a dichos acuerdos internacionales. Como sea, conforme a lo planteado por la mayoría de la jurisprudencia y la doctrina nacional, ni siquiera los tratados de derechos humanos alcanzarían una jerarquía superior a la de la CPR. El problema está en que Chile es parte del sistema interamericano de derechos humanos, y ahí se han propuesto ciertas soluciones que alterarían lo anteriormente señalado, en el sentido de ubicar no solo a algunos tratados, sino que a la jurisprudencia de cierto tribunal internacional que los interpreta, en la cima de la pirámide normativa nacional. Me refiero al control de convencionalidad, figura pretoriana que viene desarrollando la Corte Interamericana de Derechos Humanos (CorteIDH) desde su sentencia recaída en el caso *Almonacid c. Chile*, del 2006, y que no es otra cosa que un examen de conformidad o compatibilidad que deben realizar tanto la CorteIDH como todo órgano de los estados partes del Pacto de San José de Costa Rica, entre el ordenamiento jurídico interno, por un lado, y la interpretación que tal tribunal internacional le ha dado a la Convención Americana sobre Derechos Humanos (CADH) y los otros tratados del sistema interamericano que le confieren jurisdicción, en sus decisiones judiciales y opiniones consultivas, por otro. A través de este mecanismo, tanto el Pacto de San José como la jurisprudencia de la CorteIDH pasan a ser obligatorios *erga omnes*, adquiriendo en la práctica un carácter supraconstitucional que entraría en conflicto con la jerarquía que el TC y los tribunales ordinarios les han asignado a los tratados en Chile. ¿Cómo solucionar esta colisión normativa? Una alternativa, inconveniente y políticamente inviable, es que Chile le ponga término al Pacto de San José de Costa Rica y a los otros tratados antes señalados. Otra, más realista, consiste en agregar criterios interpretativos en la nueva Constitución que le permitan al Estado chileno evitar ser responsable internacionalmente por incumplir lo dispuesto en la CADH, según la interpretación que le ha dado la CorteIDH a este acuerdo internacional.

La presente contribución pretende dilucidar el rango jerárquico de los tratados en Chile. Para este fin, comienza por hacer un breve recuento de cómo se incorporan estos al sistema jurídico nacional, asunto que ofrece el contexto necesario para comprender el que le sigue: las distintas soluciones que han dado la jurisprudencia de los tribunales chilenos y la doctrina especializada a la colisión normativa entre tratado y ley, y entre tratado y CPR. A continuación, se reseña la evolución que ha tenido el control de convencionalidad, de acuerdo con lo expuesto por la CorteIDH en su jurisprudencia sobre el tema. Dado que este control produce en la práctica un desajuste en la jerarquía de las fuentes formales chilenas, que gran parte de la jurisprudencia y doctrina nacionales han planteado, este artículo se cuestiona cómo solucionar este problema, aprovechando la oportunidad que una nueva Carta Fundamental nos ofrece. De este modo, el presente trabajo termina por responder a la pregunta de qué hacer con los tratados en esta, haciendo algunas propuestas *de lege ferenda*, con la esperanza de que se transformen en *lex lata*.

1. ¿CÓMO SE INCORPORAN LOS TRATADOS EN CHILE?

La CPR habla de tratados internacionales, pero no los define.[1] La que sí lo hace es la Convención de Viena sobre el Derecho de los Tratados (CVDT) de 1969, cuyo

---

[1]   Salvo la CPR de 1925, que hacía referencia a "tratados" y "otras convenciones", los otros textos constitucionales chilenos previos a 1980 también utilizaron la expresión "tratados internacionales".
Ver ORREGO VICUÑA Y ORREGO BAUZÁ (2005), pp. 123-4.

artículo 2.1 letra a) señala que se entiende por tratado "un acuerdo internacional celebrado por escrito entre Estados y regido por el derecho internacional, ya conste en un instrumento único o en dos o más instrumentos conexos y cualquiera que sea su denominación particular".[2] Puesto que los tratados son expresiones de la voluntad política de los estados, su celebración queda en manos del más dinámico de sus poderes: el Ejecutivo, que lleva a cabo las negociaciones correspondientes y manifiesta el consentimiento estatal en obligarse internacionalmente. A fin de conferirle mayor legitimidad a los compromisos así asumidos, las constituciones políticas de numerosos estados les dan a sus poderes legislativos la oportunidad de pronunciarse a este respecto, que es justamente lo que ocurre en Chile.[3] De acuerdo con el artículo 32 N° 15 de CPR, es una atribución exclusiva del Presidente de la República "[c]onducir las relaciones políticas con las potencias extranjeras y organismos internacionales, y llevar a cabo las negociaciones; concluir, firmar y ratificar los tratados que estime convenientes para los intereses del país, los que deberán ser sometidos a la aprobación del Congreso conforme a lo prescrito en el artículo 54 N° 1".[4] La regla general es, por tanto, que los

---

2   La CVDT está vigente en Chile desde 1981. Sobre la definición de tratado en este acuerdo internacional ver e.g. Aust (2007), pp. 16-57.

3   Ver Orrego Vicuña y Orrego Bauzá (2005), pp. 125-6. Ver también Verdier y Versteeg (2015), pp. 518-22.

4   La misma disposición agrega que: "Las discusiones y deliberaciones sobre estos objetos serán secretos si el Presidente de la República así lo exigiere".
     El Art. 32 N° 8, por su parte, señala que el Presidente puede:
     [d]esignar a los embajadores y ministros diplomáticos, y a los representantes ante organismos internacionales. Tanto estos funcionarios como los señalados en el N° 7° precedente [i.e., los ministros de estado, subsecretarios, intendentes y gobernadores], serán de la confianza exclusiva del Presidente de la República y se mantendrán en sus puestos mientras cuenten con ella.
     Ambos numerales de esta disposición formaban parte, en lo esencial, del Art. 72 N° 5 y 16 de la CPR de 1925. La única diferencia de alguna relevancia con la regulación actual es que el Art. 72 N° 5 requería la aprobación del Congreso para la designación de embajadores y agentes diplomáticos.
     Se pueden encontrar antecedentes de estas disposiciones en el Art. 82 de la CPR de 1833, que regulaba las atribuciones especiales del Presidente de la República. Concretamente, en sus números "6: Nombrar i remover a su voluntad a [...] los Ministros diplomáticos a los cónsules i demás ajentes exteriores [...]"; y
     19: Mantener las relaciones políticas con las naciones estranjeras, recibir sus Ministros, admitir sus cónsules, conducir las negociaciones, hacer las estipulaciones preliminares, concluir i firmar todos los tratados de paz, de alianza, de tregua, de neutralidad, de comercio, concordatos i otras convenciones. Los tratados, antes de su ratificación, se presentarán a la aprobación del Congreso. Las discusiones i deliberaciones sobre estos objetos serán secretas, si así lo exige el Presidente de la República.

tratados requieren de aprobación parlamentaria antes de su ratificación. Como indica el artículo 54 N° 1 de la CPR, es una de las atribuciones del Congreso Nacional "[a]probar o desechar los tratados internacionales que le presentare el Presidente de la República antes de su ratificación". La doctrina ha calificado a esta atribución exclusiva del Congreso como una formalidad habilitante, sin la cual el Presidente no puede proceder a dictar el acto administrativo posterior de ratificación del tratado.[5] Esta no se encuentra regulada en la CPR, sino que en la CVDT, como una de las formas de manifestar el consentimiento para obligarse por un tratado.[6] En la práctica chilena, la ratificación es un acto solemne mediante el cual el Estado expresa justamente esa voluntad. Siendo de carácter discrecional, no hay un plazo establecido para ratificar, ni existe una obligación de hacerlo, por lo que el Estado no contrae responsabilidad internacional alguna si no ratifica un tratado, incluso si se trata de uno que ya fue aprobado por el Congreso Nacional.[7]

A partir de la reforma constitucional del 2005, el inciso primero del artículo 54 N° 1 agrega que la aprobación parlamentaria requerirá del *quorum* que corresponda, de acuerdo con el artículo 66. Esto quiere decir que el *quorum* respectivo va a depender de las normas que contenga el tratado en cuestión. Podrá ser, por consiguiente, de 3/5 de los diputados y senadores en ejercicio, si estas corresponden a una ley interpretativa de la CPR; de 4/7 de los diputados y senadores en ejercicio, si son propias de ley orgánica constitucional; de la mayoría absoluta de los diputados y senadores en ejercicio, si estas corresponden a una ley de *quorum* calificado; o de la mayoría de los miembros presentes de cada

---

El Art. 31 N°ˢ 8 y 15 del proyecto de CPR, enviado por el gobierno de Michelle Bachelet al Congreso a principios del 2018, replica lo dispuesto por el actual Art. 32 N°ˢ 8 y 15 de la CPR.

5   Ver e.g. Ribera y Gornig (2016), pp. 116-7 & 118.
El Art. 54 N° 1 inc. 10 de la CPR agrega que:
[e]n el mismo acuerdo aprobatorio de un tratado podrá el Congreso autorizar al Presidente de la República a fin de que, durante la vigencia de aquél, dicte las disposiciones con fuerza de ley que estime necesarias para su cabal cumplimiento, siendo en tal caso aplicable lo dispuesto en los incisos segundo y siguientes del artículo 64.
Esta última disposición limita esta facultad del Presidente respecto de la nacionalidad y de las facultades del Poder Judicial, del Congreso, del Tribunal Constitucional o de la Contraloría General de la República.

6   Sobre la capacidad para concluir tratados, los procedimientos de celebración, y su entrada en vigor en el derecho internacional ver e.g. Aust (2007), pp. 58-177 & 324-51.

7   Ver Orrego Vicuña y Orrego Bauzá (2005), pp. 126-7 & 128-9.

cámara del Congreso, si son propias de ley simple.[8] Someter un tratado a aprobación parlamentaria es una atribución exclusiva del Presidente de la República. Podrá hacerlo tanto a la Cámara de Diputados como al Senado, donde el comité de relaciones exteriores respectivo emite un informe, el cual se discute en sala.[9] En este proceso, ambas cámaras del Congreso deberán pronunciarse sobre el tratado en votación única, conforme al *quorum* más elevado de las normas que regula.[10] Puesto que un tratado no es propiamente una ley, por más que su tramitación se someta a la de esta, el TC ha señalado que un tratado debe aprobarse o desecharse como un todo, sin que se le puedan introducir modificaciones.[11] Excepcionalmente, los acuerdos de ejecución y los acuerdos en forma simplificada no precisan de aprobación parlamentaria.[12] Como indica el Art. 54 N° 1 inc. 4, "[l]as medidas que el Presidente de la República adopte o los acuerdos que celebre para el cumplimiento de un tratado en vigor no requerirán nueva aprobación del Congreso, a menos que se trate de materias propias de ley".[13] El mismo inciso señala, tras su reforma del 2005, que "[n]o requerirán de aprobación del Congreso los tratados celebrados por el Presidente de la República en el ejercicio de su potestad reglamentaria".[14]

Los tratados se incorporan al derecho interno chileno de la misma manera que entran en vigencia las leyes nacionales. De acuerdo al artículo 54 N° 1 inc. 1 de la CPR, se someten "en lo pertinente, a los trámites de ley".[15] O sea, requieren que se promulgue el decreto respectivo, y se publique en el Diario Oficial, conforme a los artículos 6 y 7 del Código Civil. Solo a contar de entonces, un tratado producirá efectos jurídicos en Chile.[16] En principio,

---

8   Art. 66 de la CPR.

9   Ver ORREGO VICUÑA Y ORREGO BAUZÁ (2005), pp. 128-9.

10   Ver ARÉVALO Y TRONCOSO (2010), pp. 16-7.

11   Ver *Convenio N° 169, sobre Pueblos Indígenas y Tribales de la OIT* (309-2000), considerando 11.
     Esta sentencia fue dictada en virtud del control de constitucionalidad preventivo que consagra el Art. 93 N° 3 de la CPR.

12   Ver ORREGO VICUÑA Y ORREGO BAUZÁ (2005), pp. 124, 127, 128 & 129-30.

13   La inclusión de esta frase en el articulado que regula las atribuciones del Congreso fue una innovación que introdujo la CPR de 1980 respecto de la norma correspondiente de la CPR de 1925.

14   Ver ARÉVALO Y TRONCOSO (2010), pp. 18-9.

15   Originalmente, y siguiendo al Art. 43 N° 5 de la CPR de 1925, el Art. 50 N° 1 de la CPR de 1980 decía: "La aprobación de un tratado se someterá a los trámites de una ley".

16   Ver ORREGO VICUÑA Y ORREGO BAUZÁ (2005), pp. 136-8.

estos actos internos de promulgación y publicación incorporan los tratados al sistema jurídico nacional como normas domésticas: es decir, transformándolos en derecho interno. Sin embargo, la mención "en lo pertinente", agregada el 2005 al artículo 54 N° 1, permite concluir que los tratados y las leyes tienen en Chile una naturaleza jurídica distinta, lo cual es relevante para determinar la fecha de entrada en vigencia del tratado, las normas de interpretación que le son aplicables, y su jerarquía en el ámbito interno, entre otros asuntos.[17] Esto significa que en Chile los tratados se adoptan, sin transformarse en derecho interno.[18] Así, por ejemplo, lo estimó el TC cuando declaró el 2009, a partir del texto modificado de esta disposición, que los tratados "no son propiamente una ley".[19] En la misma sentencia, el TC añadió que el actual inciso quinto que se incluyera el 2005 al artículo 54 N° 1 confirma lo anterior, cuando señala que "[l]as disposiciones de un tratado sólo podrán ser derogadas, modificadas o suspendidas en la forma prevista en los propios tratados o de acuerdo a las normas generales de derecho internacional".[20]

---

17   Ver HENRÍQUEZ (2015), pp. 198 & 200. Ver también NASH (2012), pp. 16-8.

18   Respecto a la diferencia entre la transformación y la adopción del derecho internacional en el ámbito interno, ver e.g. DUPUY (2011), párrafos 46-64. Ver también RIBERA Y GORNIG (2016), pp. 32-4 & 34-40.

19   *Ley N° 17.997, Orgánica Constitucional del TC* (1288-2009), considerando 43.
Esta sentencia fue emitida de conformidad a lo establecido en el Art. 96 N° 1 de la CPR.

20   Ver ibid., considerando 52. Ver también ibid., considerandos 53 & 55.
Este inciso es, en lo esencial, idéntico a la segunda frase del Art. 96.1 de la Constitución Española de 1978.
En la reforma constitucional del 2005 se incluyó, asimismo: la obligación del Presidente de la República de informar al Congreso Nacional las reservas que pretenda formular; la facultad del Congreso de sugerir reservas y declaraciones interpretativas a un tratado, durante la tramitación de su aprobación parlamentaria; la facultad exclusiva del Presidente de denunciar o retirarse de un tratado, previa consulta al Congreso, si dicho tratado fue aprobado en su momento por este; y la facultad del Presidente de retirar una reserva, previo acuerdo del Congreso, si dicha reserva fue aprobada en su momento por este, en cuyo caso, el Congreso tendrá un plazo de 30 días para pronunciarse, y si no lo hiciere, se tendrá por aprobado el retiro de la reserva; y la obligación estatal de dar debida publicidad a los hechos que digan relación con un tratado, como su entrada en vigor, formulación y retiro de reservas, objeciones a reservas y declaraciones interpretativas, su nulidad, suspensión o terminación.
Ver Art. 54 N° 1 inc. 2, 3, 6, 7, 8 & 9. Ver también HENRÍQUEZ (2015), pp. 200-1.

2. EL DISCUTIDO RANGO DE LOS TRATADOS EN EL SISTEMA JURÍDICO NACIONAL

En cuanto a la jerarquía de los tratados, se debe volver a distinguir, esta vez entre tratado y ley, de un lado, y tratado y CPR, de otro. En el primer caso, la postura mayoritaria es que los tratados prevalecen sobre las leyes, tanto sobre las dictadas con anterioridad a su promulgación y publicación, como sobre las dictadas con posterioridad. Cualquier duda que quedaba al respecto, fue aclarada por la reforma constitucional del 2005, que añadió el hoy inciso quinto del artículo 54 N° 1 de la CPR, que no solo confirma que los tratados retienen su naturaleza internacional en Chile, sino que consagra implícitamente el principio de *lex superior* en lo relativo a la terminación, suspensión o modificación de estos.[21] En el segundo caso, la CPR prevalece sobre los tratados, al menos a contar de la reforma del 2005 que estableció el control de constitucionalidad *ex ante* o preventivo de carácter obligatorio, para ciertos acuerdos internacionales. En efecto, como indica actualmente el artículo 93 N° 1 de la CPR, es una atribución del TC ejercer el control de constitucionalidad de las normas de un tratado que versen sobre materias propias de ley orgánica constitucional, antes de su promulgación.[22] Este control de constitucionalidad de los tratados se vino a sumar al ya existente para el resto de los tratados, consagrado en el N° 3 del mismo artículo. Como señala este numeral, es una atribución del TC resolver las cuestiones sobre constitucionalidad que se susciten durante la tramitación de los tratados sometidos a la aprobación del Congreso.[23] De acuerdo al inciso tercero de esta disposición, podrán requerir este control preventivo los Presidentes de la República, de la Cámara de Diputados o del Senado, o 1/4 de sus miembros en ejercicio, no después de cinco días de haberse otorgado la aprobación parlamentaria al tratado respectivo. A diferencia del control obligatorio del N° 1, este control de constitucionalidad *ex ante* del N° 3 es facultativo y, por ende, eventual, pues procede en la medida que se presente una cuestión de esta naturaleza.[24]

---

21   Ver e.g. NASH (2012), pp. 16-8 & 20.

22   Ver e.g. VARGAS CARREÑO (2007), pp. 216-9.
      El proyecto de nueva CPR del 2018 recogió este control preventivo obligatorio de los tratados en su Art. 94 N° 1, pero exigiendo un *quorum* de 4/5 de los miembros del TC para que uno de estos acuerdos internacionales sea declarado inconstitucional.

23   Esta misma disposición puede encontrarse en el Art. 78.b letra a de la CPR de 1925. La reforma de 1970 introdujo este control de constitucionalidad preventivo en Chile.

24   El proyecto de nueva CPR del 2018 no incluyó el control preventivo facultativo de los tratados entre las atribuciones del TC que establece su Art. 94.

Cabe señalar que, en no pocos casos, el TC ha utilizado derechos contenidos en tratados como parámetro de control preventivo de constitucionalidad.[25]

A propósito del control de constitucionalidad preventivo facultativo, el TC pareciera haber excepcionalmente optado por la tesis de la transformación de los tratados en derecho interno, alejándose así de su contraparte, la adopción de estos, que se puede encontrar en otras de sus decisiones judiciales que aceptan la incorporación de los tratados en Chile, en su calidad de tales. Vale decir, sin que pierdan la naturaleza jurídica internacional que les es propia. Un ejemplo de esto ocurrió en el 2000, cuando el TC señaló que para efectos de la aplicación de los tratados en el ámbito interno debe distinguirse entre sus cláusulas autoejecutables o *self-executing*, y no autoejecutables o *non-self-executing*.[26] En esta sentencia, el TC declaró que son cláusulas *self-executing* "las que tienen el contenido y la precisión necesarias […] para ser aplicadas sin otro trámite como fuente del derecho interno", y son cláusulas *non-self-executing* las "que requieren para su entrada en vigencia de la dictación de leyes, reglamentos o decretos que […] las haga aplicables como fuente del derecho interno".[27] Como agregó entonces el TC, mientras las cláusulas autoejecutables pueden ser objeto de control de constitucionalidad, las no autoejecutables no pueden serlo, puesto que únicamente entran en vigor en Chile las cláusulas *self-executing*, por un lado, y las normas internas que se dicten para implementar las cláusulas *non-self-executing*, por otro. Según esta sentencia, corresponde al TC determinar si una o más cláusulas son autoejecutables o no autoejecutables.[28] Esta distinción entre cláusulas *self-executing* y *non-self-executing* proviene del derecho constitucional de EE.UU., donde tampoco es fácil distinguir entre unas y otras en la práctica.[29] Se la utiliza en el ámbito interno, pero no es de gran utilidad desde el punto de vista del derecho internacional, debido a que de conformidad al artículo 27 de la CVDT un estado no puede invocar disposiciones de su derecho nacional como justificación del incumplimiento de un tratado.[30] Como

---

25   Ver e.g. Pica (2012), pp. 272-7.

26   Ver Ribera y Gornig (2016), pp. 120-1.

27   Ver *Convenio N° 169, sobre Pueblos Indígenas y Tribales de la OIT* (309-2000), considerando 48.

28   Ver ibid.

29   Ver Aust (2007), pp. 196-9. Ver también Verdier y Versteeg (2015), pp. 522-5; y Ribera y Gornig (2016), pp. 36-40.

30   Esta misma disposición fue reiterada en el artículo 32 de los Artículos sobre Responsabilidad del Estado por Hechos Internacionalmente Ilícitos de 2001, lo cual no es casual, pues es justamente una norma de responsabilidad internacional estatal.

cualquier estado, Chile debe siempre actuar como un todo indivisible, evitando desdoblarse artificialmente en un ámbito interno y otro externo, a fin de evitar que se esgrima en su contra esta regla esencial del derecho internacional. En un par de sentencias posteriores, el TC agregó que las cláusulas *non-self-executing* pueden ser objeto de control de constitucionalidad preventivo si estas puedan conducir a una inconstitucionalidad de fondo, y que no sea razonable postergar una resolución sobre ella.[31]

Como sea, la decisión que tome el TC en ejercicio del control de constitucionalidad preventivo tiene un efecto amplio. Si decide que una disposición de un tratado es contraria a la CPR, este acuerdo internacional no podrá ser aprobado por el Congreso Nacional, lo que a su vez va a impedir que sea ratificado, promulgado y publicado.[32] Aun cuando el control *ex ante* le permite al Estado cumplir con el deber de adecuación del derecho interno con sus obligaciones internacionales antes de que el tratado entre en vigencia, no es fácil concordar el artículo 54 N° 1 inciso quinto de la CPR con el control de constitucionalidad *ex post* o represivo de los tratados en vigor que consagra el artículo 93 N° 6 de la CPR.[33] Como señala esta disposición, por mayoría de sus miembros en ejercicio, el TC puede resolver "la inaplicabilidad de un precepto legal cuya aplicación en cualquier gestión que se siga ante un tribunal ordinario o especial, resulte contraria a la Constitución". Respecto del control *ex ante*, el TC también ha utilizado derechos contenidos en tratados como parámetro de control represivo de constitucionalidad.[34] Se ha discutido ampliamente en doctrina la procedencia del control *ex post* de los tratados.[35] El TC se ha pronunciado sobre este asunto en un par de oportunidades, pero en sentidos opuestos. Así, este tribunal declaró

Ver e.g. VILLIGER (2009), pp. 369-75. Ver en general SCHMALENBACH (2012).

31 Ver *REQUERIMIENTO DE INCONSTITUCIONALIDAD DE LA CONVENCIÓN INTERAMERICANA SOBRE DESAPARICIÓN FORZADA DE PERSONAS, DE 1994* (383-2003), considerando 4; y *REQUERIMIENTO DE INCONSTITUCIONALIDAD DEL CONVENIO INTERNACIONAL PARA LA PROTECCIÓN DE OBTENCIONES VEGETALES (UPOV-91)* (1988-2011), considerandos 13-7.
Estas dos sentencias se dictaron en ejercicio de lo dispuesto en el Art. 93 N° 3 de la CPR.

32 Ver ORREGO VICUÑA Y ORREGO BAUZÁ (2005), p. 132.

33 Hasta la reforma constitucional del 2005, el recurso de inaplicabilidad por inconstitucionalidad correspondía a la Corte Suprema.
Ver Art. 76 de la CPR de 1980, en su redacción original. Ver también ORREGO VICUÑA Y ORREGO BAUZÁ (2005), p. 135.

34 Ver e.g. NASH (2017), pp. 429-41.

35 En contra ver e.g. NOGUEIRA (2002); PEÑA (2003); y HENRÍQUEZ (2007).
A favor, ver e.g. RIBERA (2007); y NÚÑEZ POBLETE (2010).

inconstitucional el 2009 una disposición de la ley orgánica destinada a regularlo, que establecía la improcedencia del recurso de inaplicabilidad respecto de los tratados, a los cuales el TC consideró dentro del término "preceptos legales".[36] El 2015, en cambio, el mismo tribunal señaló que "una norma de un tratado internacional ratificado por Chile no constituye un 'precepto que tenga rango legal', en términos tales que pueda promoverse a su respecto una acción de inaplicabilidad".[37]

Desde un punto de vista interno, ambas soluciones del TC son plausibles, y cuentan en doctrina con buenos argumentos jurídicos que les sirven de sustento. Sin embargo, desde una perspectiva externa, la alternativa seguida por este el 2009 es claramente inconveniente para los intereses de Chile. Esto, por cuanto la declaración de inaplicabilidad de un tratado podría eventualmente constituir un incumplimiento convencional o consuetudinario del derecho internacional, exponiendo a nuestro Estado a un reclamo de responsabilidad internacional, en el que el mencionado artículo 27 de la CVDT solo sirva para recordarnos que el derecho interno no es una justificación para el incumplimiento de nuestras obligaciones internacionales. Desde esta perspectiva, pasa a ser ociosa la distinción hecha por el TC el 2009 entre la procedencia de la declaración de inaplicabilidad del artículo 93 N° 6 respecto de los tratados, y la improcedencia de la declaración de inconstitucionalidad del artículo 93 N° 7 para estos.[38] Con una redacción muy parecida al número anterior, esta última disposición señala que es una atribución del TC "[r]esolver por la mayoría de los cuatro quintos de sus integrantes en ejercicio, la inconstitucionalidad de un precepto legal declarado inaplicable en conformidad a lo dispuesto en el numeral anterior". Como explicó ese año el tribunal, los efectos de una resolución que declare la inaplicabilidad de un tratado tiene un carácter particular: esto es, solo para el caso concreto. Por el contrario, la declaración de inconstitucionalidad produce un efecto *erga omnes*, al expulsar del ordenamiento jurídico al precepto legal, sin alcance retroactivo, que antes fuera declarado inaplicable por el mismo tribunal. Conforme al TC, esto implicaría una vulneración de los artículos 32 N° 15 y 54 N° 1 de la CPR, y de las normas internacionales sobre celebración y nulidad, terminación o

---

36 Ver *Ley N° 17.997, Orgánica Constitucional del TC* (1288-2009), considerandos 41-72.

37 *Artículo 1 de la Ley N° 17.301, que crea la Junta Nacional de Jardines Infantiles, y del Artículo 14, párrafo 3, de la Convención Internacional de los Derechos del Niño* (2789-2015), considerando 7.

38 Ver en general *Ley N° 17.997, Orgánica Constitucional del TC* (1288-2009).

suspensión de los tratados.[39] No obstante, más que infringir dichas normas de derecho constitucional e internacional, la declaración de inconstitucionalidad constituye una conducta a la cual le resulta aplicable el artículo 27 de la CVDT.

En lo que dice relación con los tratados sobre derechos humanos, debe estarse a lo dispuesto en el artículo 5 inciso segundo de la CPR:

> El ejercicio de la soberanía reconoce como limitación el respeto a los derechos esenciales que emanan de la naturaleza humana. Es deber de los órganos del Estado respetar y promover tales derechos, garantizados por esta Constitución, así como por los tratados internacionales ratificados por Chile y que se encuentren vigentes.

Desde que este inciso se incorporara al texto constitucional en 1989, se han planteado las siguientes posibilidades interpretativas: que la CPR prime sobre los tratados de derechos humanos; que estos tratados tengan una jerarquía equivalente a la CPR; que las disposiciones de derechos humanos, que contenga cualquier tratado, tengan rango constitucional; o que los tratados de derechos humanos prevalezcan sobre la CPR.[40] Si bien no hay unanimidad en Chile sobre el alcance de esta disposición, parte importante de la jurisprudencia de tribunales ordinarios y de la doctrina nacional se inclina por considerar que el artículo 5 inciso segundo les confiere a los tratados sobre derechos humanos, que cumplan con los requisitos allí mencionados, un valor equivalente al de la CPR.[41] Esto significa que en caso de conflicto entre ambos instrumentos jurídicos se deberían aplicar los principios de *lex posterior* y de *lex specialis*. Haciendo propia la tesis de Alejandro Silva Bascuñán, el TC ha seguido un criterio distinto: considera

---

39 Ver ibid., considerandos 57-8 & 65.

40 Sirven para ilustrar cada una de estas posturas, respectivamente, los siguientes trabajos publicados en el período inmediatamente posterior a la reforma constitucional de 1989: SAENGER (1993); MEDINA (1994); TRONCOSO Y VIAL (1993); y NOGUEIRA (1993).
    La lista de publicaciones en la materia es larga. Entre los más recientes, ver e.g. HENRÍQUEZ (2008); NÚÑEZ POBLETE (2009); ALDUNATE (2010); y NOGUEIRA (2014). Ver también VARGAS CARREÑO (2007), pp. 216-23; GALDÁMEZ (2011), pp. 79-114; NASH (2012), pp. 19-23; y CEA (2015), pp. 263-89.

41 Ver ORREGO VICUÑA Y ORREGO BAUZÁ (2005), pp. 138-9; y NÚÑEZ POBLETE (2009), pp. 491-6. Cf. HENRÍQUEZ (2008), pp. 100-13.
    Corresponde señalar que carecen de rango constitucional, por tanto, las disposiciones de instrumentos que no son tratados, por ejemplo, una resolución de la Asamblea General de la ONU, como la que establece la Declaración Universal de Derechos Humanos de 1948.

que todos los tratados internacionales, incluso los de derechos humanos, tienen rango supralegal, pero infraconstitucional.[42] El problema con esta solución es que expone al Estado a incurrir en responsabilidad internacional por incumplimiento de una obligación internacional contenida en un tratado. En el ámbito del sistema interamericano de derechos humanos, esto se ve agravado por el control de convencionalidad que, de acuerdo con la jurisprudencia de la CorteIDH, establece el Pacto de San José de Costa Rica para dicho tribunal internacional y para todos los órganos de los estados parte de este tratado.

3. ¿UN CONTROL DE CONVENCIONALIDAD INTERAMERICANO?

El control de convencionalidad se puede dar en dos ámbitos: internacional y nacional. Mientras el primero es concentrado, el segundo es difuso. El control de convencionalidad internacional lo lleva a cabo la propia CorteIDH en cada caso que conoce, a través de la comparación entre el ordenamiento jurídico interno de los estados parte, por un lado, y la CADH y los otros tratados del sistema interamericano que le confieren jurisdicción, tal como han sido interpretados por este tribunal internacional, por otro. El control de convencionalidad interno, en cambio, lo realizan los agentes del Estado al crear, modificar, interpretar y aplicar las normas internas, a fin de asegurar su conformidad o compatibilidad con la interpretación que la CorteIDH ha hecho del Pacto de San José de Costa Rica y de los otros tratados mencionados, de tal manera que estos acuerdos internacionales tengan un efecto útil. Como tal, el control de convencionalidad fue mencionado por primera vez en el voto razonado del juez Sergio García Ramírez, del caso *Mack c. Guatemala* de 2003.[43] Más tarde, la propia CorteIDH utilizó esta

---

42 Ver, e.g., *Estatuto de Roma de la Corte Penal Internacional* (346-2002), considerandos 59-75; y *Artículo 1°, numerales 20, 3, letra c) y 48 del proyecto que modifica la Ley N° 18.892, General de Pesca y Acuicultura* (2387-2012), considerandos 11-2, que confirma dicha postura. Ver también Silva Bascuñán (1997), pp. 124-5. Cf. *Ley N° 17.997, Orgánica Constitucional del TC* (1288-2009), considerandos 43-58.
   En esta última sentencia el TC declaró expresamente que los tratados tienen rango legal en el derecho chileno. Sin embargo, al insistir que los tratados solo pueden ser terminados o suspendidos de acuerdo a las normas generales del derecho internacional, según lo dispone el Art. 54 N° 1 inciso quinto de la CPR, en la práctica el TC les confirió un carácter supralegal, pero infraconstitucional.

43 Ver *Mack Chang c. Guatemala* (2003), párrafo 27.

denominación en *Almonacid c. Chile* de 2006.[44] Con esta sentencia, el tribunal le otorgó en la práctica un carácter de *erga omnes* a su propia jurisprudencia. Esto quiere decir que la CADH obliga, pero en la interpretación de la CorteIDH. Ese mismo año, en *Trabajadores cesados del Congreso c. Perú*, el tribunal señaló que los órganos del Poder Judicial deben ejercer no solo un control de constitucionalidad, sino también uno de convencionalidad, el cual debe ser llevado a cabo de oficio.[45] Precisando cómo opera este último, la CorteIDH agregó que debe ejercitarse dentro del marco de las competencias y regulaciones procesales correspondientes.[46] Dos años después, en *Heliodoro Portugal c. Panamá* el tribunal extendió el objeto del control de convencionalidad, señalando que incluye tanto las normas nacionales como "las prácticas internas".[47] El 2010, la CorteIDH aclaró en *Cabrera y Montiel c. México* que este control de convencionalidad debe ser llevado a cabo por todo juez local que ejerza funciones jurisdiccionales.[48] Con esto se incluyó a los tribunales constitucionales dentro de la obligación internacional, y aparentemente se le dio al control de convencionalidad un carácter difuso, al ampliarlo a la magistratura local en general.

Un año después, en *Gelman c. Uruguay*, la CorteIDH hizo extensivo este control a toda autoridad nacional, aunque no ejerza funciones jurisdiccionales de carácter judicial.[49] En la resolución de supervisión de la sentencia recaída en este caso, la CorteIDH añadió que el control de convencionalidad se relaciona estrechamente con el principio de complementariedad o subsidiariedad, en virtud del cual la responsabilidad internacional de los estados parte de la CADH solo puede ser exigida después de que el estado supuestamente responsable haya tenido la oportunidad de declarar la violación y reparar el daño ocasionado, por sus propios medios.[50] El 2012, la CorteIDH amplió un poco más el ámbito de aplicación del control de convencionalidad, al declarar en *Masacre*

---

44   Ver *ALMONACID ARELLANO C. CHILE* (2006), párrafo 124.
       En este caso, la CorteIDH habló de una "especie de" control de convencionalidad. Este solo pasó a ser simplemente "control de convencionalidad" tres años más tarde en *RADILLA C. MÉXICO*.
       Ver *RADILLA PACHECHO C. MÉXICO* (2009), párrafo 339.

45   Ver *AGUADO ALFARO Y OTROS C. PERÚ* (2006), párrafo 128.

46   Ver ibid.

47   *PORTUGAL C. PANAMÁ* (2008), párrafo 180.

48   Ver *CABRERA GARCÍA Y MONTIEL FLORES C. MÉXICO* (2010a), párrafo 225.

49   *GELMAN C. URUGUAY* (2011), párrafo 239.

50   Ver *GELMAN C. URUGUAY* (2013a), párrafos 70-2.

de Río Negro que este comprende los "demás instrumentos interamericanos", que el tribunal internacional identificó como la Convención Interamericana para Prevenir y Sancionar la Tortura de 1985, la Convención de Belém do Pará de 1994, y la Convención Interamericana sobre Desaparición Forzada de 1994, que son los otros tratados del sistema interamericano que le confieren jurisdicción a la CorteIDH, y a los que ya había hecho referencia en *Campo Algodonero*, el 2009.[51] De una manera más bien críptica, la CorteIDH agregó el 2014, en *Alibux c. Surinam*, que la CADH no impone un modelo específico para realizar el control de convencionalidad.[52] Más tarde, ese mismo año, el tribunal incluyó sus opiniones consultivas dentro de la obligación internacional de control de convencionalidad.[53] Y el 2016, en *Andrade c. Bolivia* la CorteIDH vinculó este control con el principio de complementariedad de su jurisdicción, en virtud del cual la competencia del tribunal internacional no viene a sustituir las jurisdicciones nacionales, sino que les sirve de suplemento.[54]

Pero no todos los jueces de la CorteIDH se han manifestado a favor del control de convencionalidad, como lo ha entendido generalmente la doctrina a partir de *Almonacid c. Chile*. Por ejemplo, en su voto individual de la opinión consultiva sobre *Identidad de género, e igualdad y no discriminación a parejas del mismo sexo*, el juez Eduardo Vio Grossi distinguió entre el control de convencionalidad que se hace en los ámbitos nacional, por un lado, e internacional, por otro. Vale la pena detenerse en las explicaciones que diera el juez Vio en dicha oportunidad. Como ahí señalara, en el primero de estos ámbitos, la CorteIDH nunca se ha pronunciado sobre la jerarquía normativa que debiera existir en caso de contradicción entre el derecho interno y la CADH, sino que únicamente ha declarado que los estados parte del sistema interamericano están sujetos al imperio de la ley, por lo que deben aplicar las disposiciones vigentes

---

51   Ver *Masacres de Río Negro c. Guatemala* (2012), párrafo 262. Ver también *González y otros c. México* (2009), párrafos 45-8.

52   Ver *Alibux c. Surinam* (2014), párrafo 124.

53   Ver *Derechos y garantías de niñas y niños en el contexto de la migración y/o en necesidad de protección internacional* (2014), párrafo 31.

54   Ver *Andrade Salmón c. Bolivia* (2016a), párrafo 93.
En cuanto a la evolución del control de convencionalidad en la jurisprudencia de la CorteIDH, ver Burgourgue-Larsen (2018), párrafos 5-29. Ver también en general Henríquez (2018); y Nash (ed.) (2019).
Quien mencionara el control de convencionalidad por primera vez, también se ha pronunciado a este respecto.
Ver en general García Ramírez (2016).

del ordenamiento jurídico respectivo, las que incluyen por cierto al Pacto de San José de Costa Rica. De acuerdo con el juez Vio, es este el sentido que debe dársele al control de convencionalidad.[55] Como añadiera en su voto individual, el control de convencionalidad cumple un rol preventivo, al advertir a todos los estados parte de la CADH que, si proceden normativamente en forma distinta a lo dispuesto por la jurisprudencia de la CorteIDH, corren el riesgo de incurrir en responsabilidad internacional. Conforme al juez Vio, el control de convencionalidad interno que deben ejercer todos los órganos de los estados parte de la CADH constituye una obligación de conducta, y no una de resultado, como sería el caso si, en virtud de este control, se exigiera que prevalezca el Pacto de San José sobre el derecho interno, a todo evento.[56] En el segundo de los ámbitos mencionados, agregó este juez, es necesario distinguir la competencia a que está llamada a ejercer la CorteIDH, en un caso concreto. Si es consultiva, la relevancia de las opiniones que emita este tribunal internacional radica en su autoridad moral e intelectual, pues a través de ellas ejerce un control de convencionalidad preventivo similar al interno, pero para todos los estados parte de la CADH, y que difiere del interno en el mayor grado de certeza que tendría este control de convencionalidad realizado por la CorteIDH.[57] En cambio, si es contenciosa, el control de convencionalidad se rige por el principio del efecto relativo de las sentencias y tendría un carácter coadyuvante, afín a la naturaleza de la relación que existe entre la jurisdicción interamericana y la nacional, cuya complementariedad se expresa en el cumplimiento del requisito del previo agotamiento de los recursos internos, el cual les da a los estados parte de la CADH la oportunidad de ejercer su propio control de convencionalidad.[58] En su voto individual a la OC-24/17, Vio Grossi finalmente señaló que para darle el carácter de *erga omnes* a la jurisprudencia de la CorteIDH se requeriría una manifestación de

---

55 Ver *IDENTIDAD DE GÉNERO, E IGUALDAD Y NO DISCRIMINACIÓN A PAREJAS DEL MISMO SEXO* (2017), párrafos 125-8.

56 Ver ibid., párrafos 131-3 & 150-5.
Esta distinción entre obligaciones de medios y de resultado es propia del derecho continental o romano-germánico, particularmente del derecho francés. Los ejemplos clásicos que se dan en el derecho comparado para ilustrar esta clasificación son los siguientes: el abogado contrae una obligación de medios con su cliente, mientras que el vendedor contrae una obligación de resultado con el suyo.
Ver en general CABANILLAS (1993).

57 Ver *IDENTIDAD DE GÉNERO, E IGUALDAD Y NO DISCRIMINACIÓN A PAREJAS DEL MISMO SEXO* (2017), párrafos 150 & 154.

58 Ver ibid., párrafos 155-7 & 159-64.

voluntad de los estados parte del sistema interamericano, a través de alguna de las fuentes formales de derecho objetivo o subjetivo que contempla actualmente el derecho internacional.[59]

Que el control de convencionalidad se inspira en el control de constitucionalidad del derecho comparado es algo que ha reconocido su padre putativo, el juez García Ramírez, en más de una oportunidad.[60] En el sistema europeo de derechos humanos tiene por contraparte al principio de solidaridad, en virtud del cual las decisiones judiciales del Tribunal Europeo de Derechos Humanos (TEDH) son vinculantes para los estados que no han sido partes del caso concreto fallado.[61] El fundamento jurídico del control de convencionalidad estaría en los artículos 1.1, 2 y 29 de la CADH, que establecen: el deber de respetar y garantizar los derechos y libertades de este tratado, sin discriminación alguna por condición física o social cualquiera; el deber de adecuar el derecho interno a las obligaciones internacionales provenientes de la CADH; y la interpretación *pro homine*, respectivamente.[62] Complementaría lo anterior, el hecho de que el Pacto de San José de Costa Rica no establece explícitamente el principio del efecto relativo de las sentencias, respecto de la CorteIDH.[63] El control de convencionalidad encontraría, por tanto, su justificación en la naturaleza jurídica de este tribunal, que no es un órgano jurisdiccional que ofrezca una tercera o cuarta instancia a los individuos, grupos de individuos u organizaciones no gubernamentales reconocidas en los estados parte de la CADH, ni está destinado a reafirmar una tesis constante en numerosas decisiones judiciales recaídas en

---

59   Ver en general ibid., párrafos 111-71.

60   Ver e.g. *TIBI C. ECUADOR* (2004), párrafo 3; y *AGUADO ALFARO Y OTROS C. PERÚ* (2006b), párrafos 4-5.

61   Ver Resol. 1226 del 2000 de la Asamblea Parlamentaria del Consejo de Europa, sobre ejecución de las sentencias del TEDH, párrafos 3-4. Ver también GARCÍA RAMÍREZ (2016), pp. 182-3.
Excepcionalmente, la CorteIDH ha hecho mención a este principio europeo en sus resoluciones. Ver *GELMAN C. URUGUAY* (2013a), nota 49 en párrafo 69.
El juez Eduardo Ferrer Mac-Gregor también se refirió a este principio en su voto razonado a la resolución de supervisión de sentencia en el mismo caso. Ver *GELMAN C. URUGUAY* (2013b), párrafos 60-5.

62   Ver NASH (2012), pp. 363-6.

63   Cosa que tampoco hace el Convenio Europeo para la Protección de los Derechos Humanos y de las Libertades Fundamentales, más conocido como la Convención Europea de Derechos Humanos (CEDH), en relación al TEDH.
Ver Arts. 67 & 68.1 de la CADH, y Arts. 44 & 46.1 del CEDH.

litigios similares, como el TEDH en sus sentencias piloto.[64] Una explicación posible, pero no por eso menos debatible, del control de convencionalidad es la ofrecida por el juez García Ramírez, basada en la naturaleza de la CorteIDH como órgano subsidiario o complementario a los estados parte de la CADH, que está destinado a emitir lineamientos generales y vinculantes orientados a configurar un *ius commune* americano en materia de derechos humanos.[65] Esta explicación da cuenta de un problema práctico que deben enfrentar tanto la CorteIDH como el TEDH, provocado por la falta de recursos y el exceso de solicitudes que reciben regularmente ambos tribunales, lo cual es considerablemente más acusado en el sistema interamericano que en el europeo. Ahora, ¿qué pasa con la norma interna que no se conforma con la CADH y la interpretación de la CorteIDH? En principio, sería inválida y, por tanto, no aplicable. Esto genera a su vez muchas preguntas, de difícil respuesta.[66] De lo que no cabe duda, es de que el estado respectivo vería comprometida su responsabilidad internacional por no adecuarse a la CADH, en la interpretación de la CorteIDH.

---

64 Mediante este procedimiento, el TEDH selecciona una demanda entre varias que obedecen a la misma causa, para que su sentencia sirva como referente en la solución de otros casos parecidos.
Ver en general Abrisketa (2013).

65 El juez García Ramírez ha escrito bastante sobre el control de convencionalidad. Son representativas de su pensamiento, a este respecto, las siguientes publicaciones: García Ramírez (2011); y García Ramírez (2014).
En sede judicial, su voto razonado en *Trabajadores Cesados del Congreso* ilustra bien lo anterior. Ver en general *Aguado Alfaro y otros c. Perú* (2006b).
"*Ius constitutionale commune* en América Latina" es un proyecto liderado por Armin von Bogdandy, del Instituto Max Planck para el Derecho Público Comparado e Internacional, en el que han participado varios académicos latinoamericanos. Sus resultados pueden consultarse en diversas publicaciones. Para una introducción al concepto ver en general von Bogdandy (2015).

66 Ver Henríquez (2012), 254-5. Ver también García Ramírez (2016), pp. 181-2.
Sobre este punto, es interesante lo señalado por el juez Eduardo Ferrer Mac-Gregor en su voto razonado en *Cabrera y Montiel c. México*.
Ver *Cabrera García y Montiel Flores c. México* (2010b), párrafos 35-41 & 53-7.

4. CONSTITUCIONALIDAD, CONVENCIONALIDAD Y LA JERARQUÍA DE LOS TRATADOS EN CHILE

Desde sus inicios, el control de convencionalidad ha entusiasmado a la doctrina latinoamericana. Y no solo a esta, pues uno de los más dedicados impulsores del control de convencionalidad es el juez Eduardo Ferrer Mac-Gregor, su principal teórico en la CorteIDH.[67] A tal punto llegó este entusiasmo que en la inauguración del 48° Período Extraordinario de Sesiones de la CorteIDH, que tuvo lugar el 2013 en Ciudad de México, el entonces presidente de este tribunal, Diego García Sayán, hizo "un llamado público a la cautela porque este es un tema de enorme complejidad a través del cual la propia jurisprudencia de la Corte ha sido tremendamente cuidadosa en su fraseo y en su redacción". En dicha oportunidad, el juez García Sayán destacó que el control de convencionalidad no permite a cualquier autoridad estatal decidir dejar de aplicar una determinada norma "porque así le parece".[68] Esto, en razón de que la CorteIDH ha señalado en repetidas ocasiones que este control está "esencialmente dirigido a la función judicial" y que debe hacerse "dentro del marco de las respectivas competencias de cada cual".[69] El juez Sergio García Ramírez, en tanto, ha insistido en que el control de convencionalidad se refiere a las normas domésticas y a los jueces nacionales, y no a "cualquier acto violatorio" de "cualquier autoridad interna", pues ahí el control adquiría una extensión ilimitada.[70] Además de estas prevenciones de jueces de la CorteIDH, con el tiempo han ido apareciendo cada vez más voces disonantes a este otrora coro doctrinal favorable al control de convencionalidad, que critican esta creación jurisprudencial o pretoriana.

Laurence Burgorgue-Larsen ha agrupado competentemente a los autores que están a favor y en contra del control de convencionalidad. Ella ha distinguido entre los entusiastas y los circunspectos, en el primer grupo, y entre las aproximaciones sociológicas, propiamente jurídicas y liberal-positivistas al tema, en el segundo.[71] De las críticas que se le han hecho al control de convencionalidad, las más incisivas son las que provienen de la falta de un claro apoyo en el texto

---

67   El juez Ferrer Mac-Gregor ha escrito mucho sobre el tema. Una inmejorable introducción a su visión al respecto puede encontrarse en su voto razonado en *Cabrera y Montiel c. México*. Ver en general CABRERA GARCÍA Y MONTIEL FLORES C. MÉXICO (2010b).

68   GARCÍA RAMÍREZ (2016), nota 24 en p. 179.

69   Ibid.

70   Ibid., pp. 179-80. Ver GARCÍA RAMÍREZ Y MORALES SÁNCHEZ (2013), pp. 209-11.

71   Ver BURGOURGUE-LARSEN (2018), párrafos 43-65.

de la CADH, o en sus trabajos preparatorios, y del hecho que este transforma a los tribunales nacionales en subordinados de la CorteIDH.[72] La recepción del control de convencionalidad en los estados que son parte del Pacto de San José de Costa Rica también oscila entre aquellas jurisdicciones que lo han aceptado y las que lo han rechazado.[73] En el caso de Chile, mientras la Corte Suprema ha sido generalmente más favorable a este control, el Tribunal Constitucional lo sigue mirando con distancia. En ambos casos, los fallos que hacen referencia a este son recientes. Los de la Corte Suprema han señalado en qué consiste el control de convencionalidad, incluso con cierto detalle al respecto, pero no lo han aplicado en la práctica. Los del TC, en cambio, básicamente han dicho que el parámetro de constitucionalidad es la propia CPR, que prevalece sobre los tratados de derechos humanos, y que no hay certeza sobre el carácter vinculante de la jurisprudencia de la CorteIDH en el sistema jurídico nacional.[74]

No habiendo diferenciación posible entre lo internacional y lo nacional para efectos de la responsabilidad estatal, una nueva Constitución nos ofrece una inmejorable oportunidad para responder al desafío que el control de convencionalidad significa para la jerarquía normativa de los tratados en Chile. ¿Qué hacer con estos en una nueva Carta Fundamental? Las normas de incorporación han sido suficientemente desarrolladas en nuestro país, a lo largo del tiempo. No ameritan, por tanto, una modificación; al menos, en su esencia. Vale decir, debieran establecer su incorporación previa aprobación parlamentaria para la mayoría de los tratados, así como la adopción de estos por medio de la forma en que entra en vigor la ley en Chile. En cuanto a la jerarquía de los tratados en nuestro sistema jurídico, convendría mantener la solución actual. Esto es, que el rango supralegal e infraconstitucional de los tratados se infiera de ciertas disposiciones, como el artículo 54 N° 1 inciso quinto y el artículo 93 N°ˢ 1 y 3 de la CPR. En la implementación de esta solución, debiera siempre tenerse presente lo señalado en los artículos 26 y 27 de la CVDT. Como establece la primera de estas disposiciones, bajo el título de *pacta sunt servanda*, "[t]odo tratado en vigor obliga a las partes y debe ser cumplido por ellas de buena fe". Agrega el artículo siguiente, del mismo acuerdo internacional, que los estados no podrán excusar el

---

72   Ver ibid., párrafo 60.
    Entre los autores que plantean esto se destacan Ariel Dulitzky y Jorge Contesse. Ver en general DULITZKY (2015); y CONTESSE (2018).

73   Ver BURGOURGUE-LARSEN (2018), párrafos 30-42.

74   Ver HENRÍQUEZ Y NÚÑEZ LEIVA (2017), pp. 388-401. Ver también ZÚÑIGA (2017), pp. 549-53. Cf. NASH (2017), pp. 412-42.

incumplimiento de un tratado en disposiciones internas. En derecho comparado, son varias las constituciones políticas dictadas con posterioridad a 1990, en las que tal jerarquía se deduce de algunas de las normas que definen el rol de tribunales constitucionales o superiores de justicia.[75] No pocas de estas constituciones incluso les confieren explícitamente a los tratados un rango supralegal; una alternativa que bien valdría considerar para una nueva Constitución chilena.[76] Respecto de los tratados de derechos humanos, sería conveniente establecer expresamente su rango constitucional. Así lo hacen algunas de las cartas fundamentales promulgadas después de 1990, que constitucionalizan dichos tratados o les confieren esta jerarquía.[77] Este rango también se les podría otorgar a aquellos tratados que le confieren jurisdicción a un tribunal internacional. Corresponde destacar la importancia que ha adquirido este último tipo de tratados, los cuales no solo les dan competencia a tribunales permanentes como la Corte Internacional de Justicia (CIJ), la CorteIDH, el Tribunal Internacional del Derecho del Mar y la Corte Penal Internacional, sino también a tribunales arbitrales, como da cuenta una multiplicidad de tratados bilaterales de inversión (TBI) y acuerdos de integración económica con un capítulo de promoción y protección de esta (AIE).[78] Los mecanismos de solución pacífica de controversias contenidos en algunos de estos tratados han permitido que Chile sea demandado ante distintos tribunales internacionales.[79] Esto plantea el problema del adecuado cumplimiento de una

---

75   Ver Bartolini (2014), pp. 1296-1300.

76   Ver ibid., pp. 1300-3. Ver también Verdier y Versteeg (2017), pp. 160-1.

77   Ver Bartolini (2014), pp. 1303-5. Ver también ibid., pp. 1305-7.
Para una evolución del estatus de los tratados en el derecho comparado ver Verdier y Versteeg (2015), pp. 525-7.

78   Ver e.g. el Tratado Americano de Soluciones Pacíficas de 1948, o Pacto de Bogotá; la CADH; la Convención de las Naciones Unidas sobre el Derecho del Mar de 1982; y el Estatuto de Roma de la Corte Penal Internacional de 1998.
Chile tiene aproximadamente 40 TBIs vigentes, así como alrededor de 25 AIEs en vigor con disposiciones referentes a la inversión extranjera.

79   Los casos en que Chile ha sido demandado ante la CIJ, la CorteIDH y los tribunales arbitrales establecidos en virtud del mecanismo de solución de controversias internacionales de los TBIs, y que han sido fallados en contra de nuestro estado, son varios.
Ver *Olmedo Bustos y otros c. Chile* (2001); *MTD Equity Sdn. Bhd. y MTD Chile S.A. c. Chile* (2004); *Palamara Iribarne c. Chile* (2005); *Claude Reyes y otros c. Chile* (2006); *Almonacid Arellano c. Chile* (2006); *Atala Riffo y niñas c. Chile* (2012); *García Lucero y otros c. Chile* (2013); *Perú c. Chile* (2014); *Norín Catrimán y otros c. Chile* (2014); *Maldonado Vargas y otros c. Chile* (2015); *Pey Casado y Fundación Presidente Allende c. Chile* (2016); *Poblete Vilches y otros c. Chile* (2018); *Órdenes Guerra y otros c. Chile* (2018); y *Urrutia Laubreaux c. Chile* (2020).

decisión judicial adversa en esta clase de procesos, que evite al estado incurrir nuevamente en responsabilidad internacional.

Asimismo, sería recomendable mantener el control de constitucionalidad preventivo para todos los tratados y establecer el deber del TC de pronunciarse sobre la necesidad de dictar legislación complementaria para la implementación de los tratados que controle *ex ante*, en cuyo caso estos deberían volver a pasar por la aprobación parlamentaria y dicho control ante el TC, como ocurrió en su momento con el Estatuto de Roma, que le otorgó competencia a la Corte Penal Internacional, más por razones políticas que propiamente jurídicas.[80] En este mismo orden de cosas, sería un acierto eliminar explícitamente la posibilidad de ejercer un control de constitucionalidad represivo de los tratados, para evitar que la declaración de inaplicabilidad respectiva constituya un incumplimiento del derecho internacional, que eventualmente exponga al Estado a un reclamo de responsabilidad internacional. Finalmente, en lo que dice relación a la integración de nuestro sistema jurídico nacional con el sistema interamericano de derechos humanos, sería oportuno incluir una cláusula de interpretación conforme, como las que pueden encontrarse en el artículo 16 N° 2 de la Constitución de la República Portuguesa de 1976 y en el artículo 10 N° 2 de la Constitución Española de 1978, y que encuentran su contraparte en América Latina en el artículo 93 de la Constitución Política de Colombia de 1991 y en la disposición final cuarta de la Constitución Política del Perú de 1993, entre otras constituciones.[81] En su esencia, estas cláusulas disponen que las normas constitucionales deben ser interpretadas de manera armónica con los tratados de derechos humanos de que es parte el estado en cuestión.[82] Esta apertura interpretativa puede estar

---

80 Ver e.g. LÓPEZ ESCARCENA (2012).

81 Ver SANTOLAYA (2013), pp. 448-52 & 453. Ver también CARPIO (2003), pp. 520-4 & 526-8; BARTOLINI (2014), p. 1305; ACOSTA (2015), pp. 67-9 & 81-5; y RIBERA Y GORNIG (2016), pp. 72, 79, 126, 130 & 148.

82 Corresponde señalar que el artículo inciso segundo del proyecto de nueva CPR del 2018 incluía una cláusula de interpretación conforme en su última frase, del siguiente tenor: El ejercicio de la soberanía reconoce como limitación el respeto a los derechos humanos. Es deber de los órganos del Estado y de todas las personas respetar y promover tales derechos garantizados por esta Constitución, así como aquellos establecidos en los tratados internacionales vigentes ratificados por Chile, y en la Declaración Universal de los Derechos Humanos aprobada y proclamada por la Asamblea General de Naciones Unidas el 10 de diciembre de 1948. Los órganos del Estado deberán conciliar estos derechos con los establecidos en esta Constitución. También conocida como interpretación consistente, esta solución se puede encontrar en otros países, pero referida a todo el derecho interno y al derecho internacional en general. Así ocurre, por ejemplo, en la Constitución de Sudáfrica de 1996.

restringida a un instrumento en particular, como la Declaración Universal de Derechos Humanos, en el caso de la Constitución de Portugal, o a todos los tratados de derechos humanos ratificados por el estado, como en el caso de la Constitución de España, cuyo artículo 10 N° 2 ha evidentemente inspirado las disposiciones correspondientes de Colombia y Perú, y que señala: "Las normas relativas a los derechos fundamentales y a las libertades que la Constitución reconoce se interpretarán de conformidad con la Declaración Universal de Derechos Humanos y los tratados y acuerdos internacionales sobre las mismas materias ratificados por España".

Con una cláusula de interpretación conforme no se haría otra cosa que reafirmar la jerarquía constitucional de los tratados de derechos humanos en Chile, otorgándole al TC la posibilidad de integrar el control de convencionalidad a su labor judicial y al Estado chileno en general un instrumento útil para el cumplimiento de las obligaciones internacionales que se establecen en dichos tratados. De esta manera, aun cuando se mantenga un control de constitucionalidad concentrado en el TC, los tribunales inferiores igual tendrían que velar por el cumplimiento de los tratados de acuerdo con los artículos 26 y 27 de la CVDT. Una cláusula de interpretación conforme les ofrecería también a estos jueces una herramienta hermenéutica que les permita cumplir con la disposición constitucional que les confiera a los tratados de derechos humanos un rango equivalente al de la CPR, pudiendo asimismo tener en consideración la jurisprudencia de la CorteIDH al aplicar el Pacto de San José de Costa Rica. Todo esto, a fin de evitar que el Estado de Chile incurra en responsabilidad internacional por obligaciones que contrajo soberanamente. Desde un punto de vista práctico, esta es la solución más adecuada. Particularmente, si se tiene en consideración que la única alternativa efectiva de oposición actual al control de convencionalidad consiste en denunciar la CADH y los tratados que le otorgan jurisdicción a la CorteIDH, cuyo costo político es un precio que difícilmente estaría dispuesto a pagar un gobierno democrático chileno.[83]

Ver Bartolini (2014), p. 1303; Verdier y Versteeg (2015), pp. 527-8; Sloss y Van Alstine (2017), pp. 105-10; y Verdier y Versteeg (2017), pp. 161-2.

83 Respecto a la denuncia del Pacto de San José de Costa Rica ver *Ivcher Bronstein c. Perú* (1999), párrafo 40.

CONCLUSIÓN

Los dos grandes problemas que plantean las relaciones entre el derecho internacional y el derecho interno son el de la incorporación y el de la jerarquía del primero en el segundo. Según la escasa regulación constitucional chilena sobre la materia, tal como ha sido entendida por la jurisprudencia y la doctrina nacionales, la regla general es que los tratados requieren de aprobación parlamentaria para ser ratificados y posteriormente incorporados al sistema jurídico chileno, donde entran en vigor de la misma forma que la ley, pero sin perder su naturaleza de tratados. En cuanto al lugar que ocupan estos en la jerarquía normativa en Chile, se debe distinguir entre el tipo de tratado. Mejor dicho, entre los de derechos humanos y los que no lo son. Actualmente, tanto la jurisprudencia como la doctrina concuerdan en que los tratados que no son de derechos humanos tienen un rango supralegal e infraconstitucional. Esta coincidencia se pierde respecto de los tratados de derechos humanos, ya que mientras el TC les ha asignado el mismo rango que el de los otros acuerdos internacionales, los tribunales ordinarios y la doctrina generalmente han considerado que los tratados de derechos humanos tienen una jerarquía equivalente a la de la CPR. Estas soluciones que ofrece hoy nuestro derecho constitucional vienen enfrentándose hace algún tiempo con el control de convencionalidad; desarrollo pretoriano de la CorteIDH que inevitablemente lleva a cuestionarnos sobre el lugar que ocupan los tratados en el sistema jurídico chileno. Más aún, si debemos volver a revisar este asunto con miras a una nueva Constitución.

La regulación del derecho internacional en la actual CPR es insuficiente para los desafíos que ofrece el mundo globalizado de hoy. Chile está obligado internacionalmente por un sinnúmero de normas consuetudinarias y convencionales, y su incumplimiento no puede justificarse en el derecho interno. Esto exige que el Estado actúe siempre como un todo, sin hacer distinciones artificiales entre lo internacional y lo nacional. Es el momento, por tanto, de incluir y, en la medida de lo posible, sistematizar el desarrollo jurisprudencial y doctrinal relativo a los tratados. Independiente de las justificadas críticas que se le puedan hacer al control de convencionalidad, su existencia hace que nos tengamos que preguntar seriamente cómo relacionarnos con este, pues el sistema interamericano de derechos humanos no va a cambiar por nosotros. En teoría, Chile podría dejar de ser parte de este, y pasar a integrar el corto listado de nada ilustres ejemplos que encabeza la Venezuela chavista, que no solo denunció la CADH, sino que se retiró de la OEA hace algunos años. Siendo políticamente impensable una solución como esta, al menos para un gobierno democrático en un estado donde prevalece el derecho, queda preguntarnos cómo convivir con el control de convencionalidad. Una nueva Constitución es una excelente oportunidad para plantear algunas propuestas al respecto. Mis sugerencias son las siguientes: mantener la incorporación de los tratados tal como está en el derecho chileno; e inferir el rango supralegal de los tratados de disposiciones equivalentes al artículo 54 N° 1 inciso quinto y el artículo 93 N°s 1 y 3 de la CPR, u otorgarles expresamente dicha jerarquía. Sobre este punto, habría que hacer una distinción, pues mientras los tratados de derechos humanos y los que le otorgan jurisdicción a un tribunal internacional debieran ser equivalentes a la Constitución, el resto de los tratados tendrían que prevalecer sobre las leyes, pero no sobre esta. En este esquema, el control de constitucionalidad *ex ante* de los tratados ayuda a prevenir que el Estado chileno incurra en responsabilidad internacional, pero no así el control de constitucionalidad *ex post*, que justamente lo expone a eso. Una cláusula de interpretación conforme, como la que tienen las Constituciones de España y Portugal, en Europa, o de Colombia y Perú, en América Latina, sería una innovación normativa de mucha utilidad, dado que también permitiría evitar que el Estado chileno sea responsable internacional por el incumplimiento de tratados de derechos humanos, como el Pacto de San José de Costa Rica. Cabe destacar, finalmente, que aun cuando la nueva Carta Fundamental recoja lo mejor de nuestra tradición constitucional en materia de relaciones entre el derecho internacional y el derecho interno, esto no será suficiente si sus normas no van acompañadas de una implementación estatal destinada a evitar, cuando sea posible, la responsabilidad internacional de Chile.

BIBLIOGRAFÍA

Abrisketa, Joana (2013): "Las sentencias piloto: el Tribunal Europeo de Derechos Humanos, de juez a legislador", *Revista Española de Derecho Internacional*, vol. 65, N° 1: pp. 73-99.

Acosta, Paola (2015): *Diálogo judicial y constitucionalismo multinivel: el caso interamericano* (Bogotá, Universidad Externado de Colombia).

Aldunate, Eduardo (2010): "La posición de los tratados internacionales en el sistema de fuentes del ordenamiento jurídico chileno a la luz del derecho positivo", *Ius et Praxis*, vol. 16, N° 2: pp. 185-210.

Arévalo, Álvaro, y Troncoso, Claudio (2010): "El régimen de aprobación de los tratados internacionales luego de la reforma constitucional de 2005", *Estudios 2010*: pp. 15-25.

Aust, Anthony (2007): *Modern Treaty Law and Practice* (Cambridge, Cambridge University Press).

Bartolini, Giulio (2014): "A Universal Approach to International Law in Contemporary Constitutions: Does it Exist?", *Cambridge Journal of International and Comparative Law*, vol. 3, N° 4: pp. 1287-320.

Burgorgue-Larsen, Laurence (2018): "Conventionality Control: Inter-American Court of Human Rights (IACtHR)", en Wolfrum, Rüdiger (ed.), *Max Planck Encyclopedia of Public International Law* (Oxford, Oxford University Press).

Cabanillas, Antonio (1993): *Las obligaciones de actividad y de resultado* (Barcelona, José María Bosch Editor).

Carpio, Edgar (2003): "La interpretación de los derechos fundamentales", *Derecho PUCP*, vol. 56: pp. 463-530.

Cea, José Luis (2015): *Derecho constitucional chileno* (Santiago, Ediciones UC), Tomo I.

Contesse, Jorge (2018): "The International Authority of the Inter-American Court of Human Rights: A Critique of the Conventionality Control Doctrine", *International Journal of Human Rights*, vol. 22, N° 9: pp. 1-24.

Dulitzky, Ariel (2015): "An Inter-American Constitutional Court? The Invention of the Conventionality Control by the Inter-American Court of Human Rights", *Texas International Law Journal*, vol. 50, N° 1: pp. 45-93.

Dupuy, Pierre Marie (2011): "International Law and Domestic (Municipal) Law", en Wolfrum, Rüdiger (ed.), *Max Planck Encyclopedia of Public International Law* (Oxford, Oxford University Press).

Galdámez, Liliana (2011): *Impunidad y tutela judicial de graves violaciones a los derechos humanos* (Santiago, Editorial Librotecnia).

García Ramírez, Sergio (2016): "Sobre el control de convencionalidad", *Pensamiento Constitucional*, vol. 21, N° 21: pp. 173-86.

García Ramírez, Sergio (2011): "El control judicial interno de convencionalidad", *Revista IUS*, vol. 5, N° 28, pp. 123-59.

García Ramírez, Sergio (2014): "La 'navegación americana' de los derechos humanos: hacia un *ius commune*", en von Bogdandy, Armin, Fix-Fierro, Héctor, y Morales Antoniazzi, Mariela (eds.), *Ius constitutionale commune en América Latina: rasgos, potencialidades y desafíos* (Ciudad de México, UNAM).

García Ramírez, Sergio, y Morales Sánchez, Julieta (2013): "Recepción de la jurisprudencia interamericana sobre derechos humanos: libertad de expresión, jurisdicción militar y control de convencionalidad", *Cuestiones Constitucionales*, vol. 29: pp. 163-218.

Henríquez, Miriam (2018): "Cimientos, auge y progresivo desuso del control de convencionalidad interno: veinte interrogantes", *Revista Chilena de Derecho*, vol. 45, N° 2: pp. 337-61.

Henríquez, Miriam (2007): "Improcedencia del control represivo de constitucionalidad de tratados internacionales", *Estudios Constitucionales*, vol. 5, N° 1: pp. 119-26.

Henríquez, Miriam (2008): "Jerarquía de los tratados de derechos humanos: análisis jurisprudencial desde el método de casos", *Estudios Constitucionales*, vol. 6, N° 2: pp. 73-119.

Henríquez, Miriam (2015): "Tratados internacionales: reflexiones en torno a una nueva Constitución", en Chía, Eduardo, y Quezada, Flavio (eds.), *Propuestas para una nueva Constitución (originada en democracia)* (Santiago, Instituto Igualdad; Facultad de Derecho, Universidad de Chile; y Friedrich Ebert-Stiftung).

Henríquez, Miriam, y Núñez Leiva, José Ignacio (2017): "Control de convencionalidad en Chile", en Henríquez, Miriam, y Morales Antoniazzi, Mariela (eds.), *El control de convencionalidad: un balance comparado a 10 años de Almonacid Arellano vs. Chile* (Santiago, DER Ediciones).

López Escarcena, Sebastián (2012): "La complementariedad de la Corte Penal Internacional según el Tribunal Constitucional chileno", *Revista de Derecho de la Universidad Católica del Norte*, vol. 19, N° 1: pp. 351-68.

Medina, Cecilia (1994): *Constitución, tratados y derechos esenciales* (Santiago, Editorial Corporación de Reparación y Reconciliación).

Nash, Claudio (2017): "Control de convencionalidad en Chile: bases normativas, jurisprudencia y críticas", en Henríquez, Miriam, y Morales Antoniazzi, Mariela (eds.), *El control de convencionalidad: un balance comparado a 10 años de Almonacid Arellano vs. Chile* (Santiago, DER Ediciones).

Nash, Claudio (ed.) (2019): *Cuadernillo de jurisprudencia de la Corte Interamericana de Derechos Humanos N° 7: Control de convencionalidad* (San José, Corte Interamericana de Derechos Humanos).

Nash, Claudio (2012): *Derecho internacional de los derechos humanos en Chile. Recepción y aplicación en el ámbito interno* (Santiago, Centro de Derechos Humanos, Universidad de Chile).

Nogueira, Humberto (2014): "El valor jurídico asignado por la jurisprudencia del Tribunal Constitucional al derecho convencional internacional de los derechos humanos y su fuerza normativa en el período 2006-2013", *Revista Chilena de Derecho*, vol. 41, N° 2: pp. 409-35.

Nogueira, Humberto (2002): "La reforma constitucional a la jurisdicción constitucional: del doble control concentrado de constitucionalidad a la concentración del control en el Tribunal Constitucional", *Ius et Praxis*, vol. 8, N° 1: pp. 337-70.

Nogueira, Humberto (1993): "Los tratados internacionales en el ordenamiento jurídico chileno", *Revista Chilena de Derecho*, vol. 20, N°s 2-3: pp. 341-80.

Núñez Poblete, Manuel (2009): "La función del derecho internacional de los derechos humanos en la argumentación de la jurisprudencia constitucional", *Revista de Derecho de la Pontificia Universidad Católica de Valparaíso*, vol. 32: pp. 487-529.

Núñez Poblete, Manuel (2010): "Sobre la declaración de inaplicabilidad de los tratados internacionales. Un estudio en defensa de su fundamento y legitimidad", *Estudios Constitucionales*, vol. 8, N° 2: pp. 431-64.

Orrego Vicuña, Francisco, y Orrego Bauzá, Francisco (2005): "Chile", en Hollis, Duncan, Blakeslee, Merritt, y Ederington, L. Benjamin (eds.), *National Treaty Law and Practice: Dedicated to the Memory of Monroe Leigh* (Leiden, Martinus Nijhoff Publishers).

Peña, Marisol (2003): "Los tratados internacionales en la jurisprudencia constitucional", *Estudios Constitucionales*, vol. 1, N° 1: pp. 593-611.

Pica, Rodrigo (2012): "Control de constitucionalidad y tratados internacionales: ¿objeto o parámetro? Una síntesis jurisprudencial del Tribunal Constitucional de Chile", en Nogueira, Humberto (ed.), *El diálogo transjudicial de los Tribunales Constitucionales entre sí y con las Cortes Internacionales de Derechos Humanos* (Santiago, Editorial Librotecnia).

Ribera, Teodoro (2007): "Los tratados internacionales y su control a posteriori por el Tribunal Constitucional", *Estudios Constitucionales*, vol. 5, N° 1: pp. 89-118.

Ribera, Teodoro, y Gornig, Gilbert (2016): *Relaciones entre el derecho internacional público y el derecho interno en Europa y Sudamérica* (Cizur Menor, Editorial Aranzadi).

Saenger, Fernando (1993): "Consideraciones para estimar que los tratados en materia de derechos humanos no forman parte de la Constitución", *Revista Chilena de Derecho*, vol. 20, N°s 2-3: pp. 647-67.

Santolaya, Pablo (2013): "La apertura de las Constituciones a su interpretación conforme a los tratados internacionales", en Ferrer Mac-Gregor, Eduardo, y Herrera, Alfonso (eds.), *Diálogo jurisprudencial en derechos humanos entre tribunales constitucionales y cortes internacionales: in memoriam Jorge Carpizo, generador incansable de diálogos* (Ciudad de México, Editorial Tirant Lo Blanch).

Schmalenbach, Kirsten (2012): "Article 27: Internal Law and Observance of Treaties", en Dörr, Oliver, y Schmalenbach, Kirsten (eds.), *Vienna Convention on the Law of Treaties: A Commentary* (Berlin, Springer-Verlag).

Silva Bascuñán, Alejandro (1997): *Tratado de derecho constitucional* (Santiago, Editorial Jurídica de Chile), Tomo IV.

Sloss, David, y Van Alstine, Michael (2017): 'International Law in Domestic Courts', en Sandholtz, Wayne, y Whytock, Christopher (eds.), *Research Handbook on the Politics of International Law* (Cheltenham, Edward Elgar Publishing).

Troncoso, Claudio, y Vial, Tomás (1993): "Sobre los derechos humanos reconocidos en tratados internacionales y en la Constitución", *Revista Chilena de Derecho*, vol. 20, Nᵒˢ 2-3: pp. 695-704.

Vargas Carreño, Edmundo (2007): *Derecho internacional público: de acuerdo a las normas y prácticas que rigen en el siglo XXI* (Santiago, Editorial Jurídica de Chile), Tomo I.

Verdier, Pierre-Hughes, y Versteeg, Mila (2015): "International Law in National Legal Systems: An Empirical Investigation Exploring Comparative International Law", *American Journal of International Law*, vol. 109, N° 3: pp. 514-33.

Verdier, Pierre-Hugues, y Versteeg, Mila (2017): "Modes of Domestic Incorporation of International Law", en Sandholtz, Wayne, y Whytock, Christopher (eds.), *Research Handbook on the Politics of International Law* (Cheltenham, Edward Elgar Publishing).

Villiger, Mark (2009): *Commentary on the 1969 Vienna Convention on the Law of Treaties* (Leiden, Martinus Nifhoff Publishers).

von Bogdandy, Armin (2015): "*Ius constitutionale commune* en América Latina: una mirada a un constitucionalismo transformador", *Revista Derecho del Estado*, vol. 34: pp. 3-50.

Zúñiga, Francisco (2017): "Control de convencionalidad y tribunales nacionales. Dilemas y perspectivas", en Henríquez, Miriam, y Morales Antoniazzi, Mariela (eds.), *El control de convencionalidad: un balance comparado a 10 años de Almonacid Arellano vs. Chile* (Santiago, DER Ediciones).

INSTRUMENTOS CITADOS

Declaración Universal de Derechos Humanos de 1948

Tratado Americano de Soluciones Pacíficas de 1948

Convención Americana sobre Derechos Humanos de 1969

Convención de Viena sobre el Derecho de los Tratados de 1969

Constitución de la República Portuguesa de 1976

Constitución Española de 1978

Convención de las Naciones Unidas sobre el Derecho del Mar de 1982

Constitución Política de Colombia de 1991

Constitución Política del Perú de 1993

Estatuto de Roma de la Corte Penal Internacional de 1998

Constitución Política de la República de Chile de 1980/2005

Artículos sobre Responsabilidad del Estado por Hechos Internacionalmente Ilícitos de 2001

JURISPRUDENCIA REFERENCIADA

Corte Internacional de Justicia

Disputa marítima, Perú c. Chile (2014): Corte Internacional de Justicia, sentencia de fondo, 27 de enero.

Corte Interamericana de Derechos Humanos

Baruch Ivcher Bronstein c. Perú (1999): Corte Interamericana de Derechos Humanos, Serie C No. 54, Decisión sobre competencia, 24 de septiembre.

La última tentación de Cristo (Juan Pablo Olmedo Bustos y otros) c. Chile (2001): Corte Interamericana de Derechos Humanos, Serie C No. 73, 5 de febrero.

Myrna Mack Chang c. Guatemala (2003): Corte Interamericana de Derechos Humanos, Serie C No. 101, voto razonado del juez Sergio García Ramírez, 25 de noviembre.

Daniel Tibi c. Ecuador (2004): Corte Interamericana de Derechos Humanos, Serie C No. 114, voto razonado del juez Sergio García Ramírez, 7 de septiembre.

Humberto Palamara Iribarne c. Chile (2005): Corte Interamericana de Derechos Humanos, Serie C No. 135, sentencia, 22 de noviembre.

Marcel Claude Reyes y otros c. Chile (2006): Corte Interamericana de Derechos Humanos, Serie C No. 151, sentencia, 19 de septiembre.

Luis Almonacid Arellano c. Chile (2006): Corte Interamericana de Derechos Humanos, Serie C No. 154, sentencia, 26 de septiembre.

Trabajadores cesados del Congreso (José Aguado Alfaro y otros) c. Perú (2006a): Corte Interamericana de Derechos Humanos, Serie C No. 158, sentencia, 24 de noviembre.

Trabajadores cesados del Congreso (José Aguado Alfaro y otros) c. Perú (2006b): Corte Interamericana de Derechos Humanos, Serie C No. 158, voto razonado del juez Sergio García Ramírez, 24 de noviembre.

Heliodoro Portugal c. Panamá (2008): Corte Interamericana de Derechos Humanos, Serie C No. 186, sentencia, 12 de agosto.

Rosendo Radilla Pacheco c. México (2009): Corte Interamericana de Derechos Humanos, Serie C No. 209, sentencia, 23 de noviembre.

Claudia González y otros (Campo algodonero) c. México (2009): Corte Interamericana de Derechos Humanos, Serie C No. 205, sentencia, 16 de noviembre.

Teodoro Cabrera García y Rodrigo Montiel Flores c. México (2010): Corte Interamericana de Derechos Humanos, Serie C No. 220, sentencia, 26 de noviembre.

Teodoro Cabrera García y Rodrigo Montiel Flores c. México (2010): Corte Interamericana de Derechos Humanos, Serie C No. 220, voto razonado del juez Eduardo Ferrer Mac-Gregor, 26 de noviembre.

Juan Gelman y otros c. Uruguay (2011): Corte Interamericana de Derechos Humanos, Serie C No. 221, sentencia, 24 de febrero.

Karen Atala Riffo y niñas c. Chile (2012): Corte Interamericana de Derechos Humanos, Serie C No. 239, sentencia, 24 de febrero.

Masacres de Río Negro c. Guatemala (2012): Corte Interamericana de Derechos Humanos, Serie C No. 250, sentencia, 4 de septiembre.

Juan Gelman y otros c. Uruguay (2013a): Corte Interamericana de Derechos Humanos, supervisión de cumplimiento de sentencia, 20 de marzo.

Juan Gelman y otros c. Uruguay (2013b): Corte Interamericana de Derechos Humanos, voto razonado del juez Eduardo Ferrer Mac-Gregor a la resolución de supervisión de cumplimiento de sentencia, 20 de marzo.

Leopoldo García Lucero y otros c. Chile (2013): Corte Interamericana de Derechos Humanos, Serie C No. 267, sentencia, 28 de agosto.

Liakat Ali Alibux c. Surinam (2014): Corte Interamericana de Derechos Humanos, Serie C No. 276, sentencia, 30 de enero.

Segundo Norín Catrimán y otros (Dirigentes, miembros y activistas del Pueblo Indígena Mapuche) c. Chile (2014): Corte Interamericana de Derechos Humanos, Serie C No. 279, sentencia, 29 de mayo.

Derechos y garantías de niñas y niños en el contexto de la migración y/o en necesidad de protección internacional (2014): Corte Interamericana de Derechos Humanos, Serie A No. 21, opinión consultiva 21, 19 de agosto.

Omar Maldonado Vargas y otros c. Chile (2015): Corte Interamericana de Derechos Humanos, Serie C No. 300, sentencia, 2 de septiembre.

María Nina Andrade Salmón c. Bolivia (2016): Corte Interamericana de Derechos Humanos, Serie C No. 330, sentencia, 1 de diciembre.

Identidad de género, e igualdad y no discriminación a parejas del mismo sexo (2017): Corte Interamericana de Derechos Humanos, Serie A No. 24, voto individual del juez Eduardo Vio Grossi, 24 de noviembre.

Vinicio Poblete Vilches y otros c. Chile (2018): Corte Interamericana de Derechos Humanos, Serie C No. 349, sentencia, 8 de marzo.

María Laura Órdenes Guerra y otros c. Chile (2018): Corte Interamericana de Derechos Humanos, Serie C No. 372, sentencia, 29 de noviembre.

Daniel Urrutia Laubreaux c. Chile (2020): Corte Interamericana de Derechos Humanos, Serie C No. 409, sentencia, 27 de agosto.

Tribunales arbitrales en diferencias inversionista-estado

MTD Equity Sdn. Bhd. y MTD Chile S.A. c. Chile (2004): Caso CIADI No. ARB/01/7, Laudo, 25 de mayo.

Víctor Pey Casado y Fundación Presidente Allende c. Chile (2016): Caso CIADI No. ARB/98/2, Laudo, 13 de septiembre.

Tribunal Constitucional de Chile

Requerimiento de inconstitucionalidad del Convenio N° 169, sobre Pueblos Indígenas y Tribales en Países Independientes de la Organización Internacional del Trabajo, de 1989 (2000): Tribunal Constitucional chileno, Rol N° 309, sentencia, 4 de agosto.

Requerimiento de inconstitucionalidad del Estatuto de Roma de la Corte Penal Internacional de 1998 (2002): Tribunal Constitucional chileno, Rol N° 346, sentencia, 8 de abril.

Requerimiento de inconstitucionalidad de la Convención Interamericana sobre Desaparición Forzada de Personas, de 1994 (2003): Tribunal Constitucional chileno, Rol N° 383, sentencia, 5 de septiembre.

Proyecto que modifica la Ley N° 17.997, Orgánica Constitucional del Tribunal Constitucional (2009): Tribunal Constitucional chileno, Rol N° 1288, sentencia, 25 de agosto.

Requerimiento de inconstitucionalidad del Convenio Internacional para la Protección de Obtenciones Vegetales (UPOV-91) (2011): Tribunal Constitucional chileno, Rol N° 1988, sentencia, 24 de julio.

Requerimiento de inconstitucionalidad del artículo 1°, numerales 20, 3, letra c) y 48 del proyecto de ley que modifica la Ley N° 18.892, General de Pesca y Acuicultura (2012): Tribunal Constitucional chileno, Rol N° 2387, sentencia, 23 de enero.

Requerimiento de inaplicabilidad por inconstitucionalidad del artículo 1° de la Ley N° 17.301, que crea la Junta Nacional de Jardines Infantiles, y del artículo 14, párrafo 3, de la Convención Internacional de los Derechos del Niño de 1989, en la causa Rol N° 708-2015 (2015): Tribunal Constitucional chileno, Rol N° 2789, sentencia, 25 de marzo.

§ 5. LA ARMONIZACIÓN DEL DERECHO INTERNACIONAL Y EL DERECHO INTERNO ANTE UNA NUEVA CONSTITUCIÓN

Cristián Delpiano y Fernando Ochoa

INTRODUCCIÓN

Cómo alcanzar un punto de armonía entre el derecho internacional y el derecho interno es un asunto que puede abordarse desde diversas perspectivas. En el ámbito del derecho internacional de los derechos humanos, el análisis se ha centrado en garantizar la efectividad de aquellos reconocidos por los instrumentos internacionales, ante el siempre presente riesgo de su inobservancia por los estados parte. Para ello, se han elaborado distintas teorías, muchas de las cuales cuentan con diversas decisiones judiciales representativas, tanto en el ámbito nacional como en el de los sistemas regionales de derechos humanos.[1] Una parte importante de la doctrina se ha abocado a identificar y sistematizar esta jurisprudencia, buscando precisar su contenido y alcance, así como su recepción en los derechos nacionales.[2] Pese a la variedad de las propuestas y sus diversos enfoques, todas ellas comparten una tácita suposición que Paola Acosta describe así: "[dado] el altísimo grado de interdependencia de los diversos ordenamientos que interactúan en el actual contexto jurídico global es imposible seguir trabajando bajo el faro de los modelos tradicionales y resulta imperioso construir un nuevo modelo que permita coordinar los diversos niveles normativos y los varios escenarios de interpretación".[3] El reconocimiento de esta situación le confiere a

---

1 Ver López Medina y Sánchez Mejía (2008), p. 325.

2 Para la recepción de la jurisprudencia de la Corte Interamericana de Derechos Humanos en los sistemas jurídicos nacionales, ver e.g. Nogueira (2013), en Chile; Arévalo (2015), en Colombia; y Carmona (2009), en México. Respecto de otros órganos del sistema interamericano, ver en general Hitters (2008).

3 Acosta (2016), p. 55.

la armonización una uniformidad poco común en la doctrina a la hora de definir conceptos jurídicos fundamentales[4], puesto que esta es "[…] un proceso por el cual las barreras entre los sistemas jurídicos tienden a desaparecer y los sistemas jurídicos van incorporando normas comunes o similares".[5]

Este fenómeno, en que distintas propuestas de solución se construyen respecto de una misma interrogante, no es extraño al ordenamiento jurídico nacional, el cual ha estado dominado durante largo tiempo por los esfuerzos de la doctrina para determinar la jerarquía de los tratados internacionales, cuyo episodio más destacado y extenso fue el dedicado a los de derechos humanos. En forma paralela, se han desarrollado diversas teorías y técnicas interpretativas en sede judicial que, sin necesariamente ocuparse del debate jerárquico tradicional, han ofrecido respuestas prácticas y casuísticas al problema de encontrar la armonía entre las normas internacionales y las internas. Estos esfuerzos de la doctrina y de los jueces han dado como resultado una suerte de nudo gordiano donde están las posibles soluciones a este asunto. Para intentar desenredarlo, en este trabajo hacemos un repaso de las teorías, principios y reglas correspondientes, y de la interpretación judicial respectiva, a fin de su eventual incorporación en una nueva Constitución. En materia de armonización normativa, la aproximación tradicional ha consistido en revisar las soluciones constitucionales comparadas sobre las relaciones entre el derecho internacional y el derecho interno; en particular, los procedimientos de incorporación y de jerarquización de las normas internacionales.[6]

La dificultad, e incluso incapacidad, de los distintos textos constitucionales para adaptarse a fenómenos como la evolución del derecho internacional de

---

4   Ver Bonilla (2013), p. 84.

5   Lerner (2004), p. 921.

6   De este modo, los autores han propuesto tradicionalmente una clasificación de las cartas fundamentales según la naturaleza y completitud de las cláusulas que utilizan para regular esta relación, la cual ha tenido amplia aceptación en las cátedras de derecho internacional. La misma es del siguiente tenor: primero, cláusulas que conllevan la adopción obligatoria, aunque no automática, de las reglas de derecho internacional general; segundo, cláusulas que consagran la adopción automática en el orden interno de dicho derecho; tercero, cláusulas que establecen la adopción automática, la superioridad del derecho internacional sobre el derecho interno, e instauran un procedimiento para controlar la conformidad de este con el primero; y, cuarto, cláusulas que enuncian de manera formal e individualizada ciertas reglas del derecho internacional general.
Ver Monroy (2008), p. 115; y Pastor (2017), p. 196.
Para una clasificación de las normas de Derecho Internacional consuetudinarias, ver Vallée (1979), pp. 270 et seq.

los derechos humanos, la integración regional, y los avances en las relaciones económicas internacionales han llevado a que la judicatura sea la encargada de cumplir con el imperativo de armonizar ambos regímenes, lo que a su vez nos exige tomar distancia del acercamiento tradicional al problema que nos ocupa.[7] A nivel interno, son diversas las soluciones teóricas que los jueces han tenido que abordar para resolver este asunto, entre las que se destacan las siguientes, que tratamos en las seccione que vienen a continuación: la jerarquía normativa del derecho internacional; el control de convencionalidad; el bloque constitucional de derechos; y el principio de interpretación conforme. Nuestro artículo termina con algunas propuestas para superar este nudo normativo.

1. LA JERARQUÍA DE LAS NORMAS INTERNACIONALES EN EL ORDENAMIENTO JURÍDICO CHILENO

La teoría kelseniana tradicional representa gráficamente el ordenamiento jurídico como una estructura piramidal y escalonada.[8] Para Hans Kelsen, autor monista por excelencia, esta estructura no solo se presenta en relación al derecho estatal, sino que también respecto del derecho internacional.[9] El modelo kelseniano, con sus partidarios y detractores, ha marcado profundamente la forma en que comprendemos los ordenamientos jurídicos y, como consecuencia, nos ha heredado una constante necesidad de determinar relaciones jerárquicas entre las normas. En esta línea, la Constitución Política de la República (CPR) proclama su superioridad respecto de las demás normas del ordenamiento jurídico mediante la prescripción que hace en su artículo 6, y que reafirma a continuación en el artículo 7.[10] Sin embargo, en cuanto a su relación jerárquica con los tra-

---

7 Ver Ortiz (2005), p. 288.

8 Ver Kelsen (1982), p. 232.

9 Ibid., p. 326.

10 El Art. 6 de la CPR señala:
Los órganos del Estado deben someter su acción a la Constitución y a las normas dictadas conforme a ella, y garantizar el orden institucional de la República.
Los preceptos de esta Constitución obligan tanto a los titulares o integrantes de dichos órganos como a toda persona, institución o grupo.
La infracción de esta norma generará las responsabilidades y sanciones que determine la ley.
Por su parte, el Art. 7 indica:
Los órganos del Estado actúan válidamente previa investidura regular de sus integrantes, dentro de su competencia y en la forma que prescriba la ley.

tados internacionales, dichos artículos se encuentran muy lejos de darnos una respuesta. Este silencio ha permitido una nutrida elaboración doctrinaria para determinarla. De esta manera, se ha planteado como una cuestión jurisprudencial pacífica el rango supralegal de los tratados[11], sin perjuicio de algunas opiniones que han planteado que estos tienen una jerarquía propia dentro del sistema de normas chileno[12] o que, por una vía indirecta, han destacado las dificultades de igualar el tratado con otras fuentes internas, como la ley[13]. Este debate alcanzó su mayor complejidad con la reforma constitucional que introdujo la Ley N° 18.825 de 1989 al artículo 5 de la CPR, con su tan citado inciso segundo que dispone que: "El ejercicio de la soberanía reconoce como limitación el respeto a los derechos esenciales que emanan de la naturaleza humana. Es deber de los órganos del Estado respetar y promover tales derechos, garantizados por esta Constitución, así como por los tratados internacionales ratificados por Chile y que se encuentren vigentes".

Con esta reforma constitucional, la doctrina nacional se dividió entre quienes vieron en ella un simple refuerzo de la obligación de respeto que el Estado tiene con esta categoría de derechos, sin establecer jerarquías ni pronunciarse sobre ella[14], y quienes consideraron a dicho precepto una declaración del constituyente derivado en orden a conferir un rango jerárquico de estos tratados. En este último grupo de autores, a su vez, se puede distinguir a quienes estimaron que este tipo de acuerdos internacionales tienen jerarquía: legal, tal y como cualquier otro tratado internacional[15]; supralegal, pero infraconstitucional[16]; constitucional[17]; o, incluso, supraconstitucional[18]. Pareciera ser que los objetivos de los movimientos

---

Ninguna magistratura, ninguna persona ni grupo de personas pueden atribuirse, ni aun a pretexto de circunstancias extraordinarias, otra autoridad o derechos que los que expresamente se les hayan conferido en virtud de la Constitución o las leyes.
Todo acto en contravención a este artículo es nulo y originará las responsabilidades y sanciones que la ley señale.

11 Ver NASH (2012), p. 20.

12 Ver BUSTOS (2002), p. 39.

13 Ver en general ALDUNATE (2010).

14 Ver en general RÍOS (1997).

15 Ver SAENGER, (1993), p. 667; y RIBERA (2007), p. 103.

16 Ver BERTELSEN (1996), p. 221.

17 Ver NASH (2012), p. 21.

18 Ver AGUILAR (2009), p. 356.
El Tribunal Constitucional ha descartado al menos una de estas teorías, al sostener que la CPR no ha señalado de modo explícito cuál es el rango normativo de los tratados, ni

de derechos humanos fueron exitosos, al menos en relevar la importancia de estos, dejando de paso a estos tratados guarnecidos de los influjos de normas de rango legal.[19] Más recientemente, otros autores que han trabajado con la metodología del estudio de casos han señalado que, si bien son las cartas fundamentales las llamadas a darles una jerarquía a los tratados sobre derechos humanos, en Chile esto no ocurre, por lo que ha sido la jurisprudencia la que se ha encargado de otorgarles un rango constitucional.[20] En definitiva, siguiendo la estructura de Kelsen, la determinación de la jerarquía de una norma jurídica, como sería el caso de la relación entre tratados de derechos humanos y ley, busca establecer la validez de una y otra. Establecer esto permite recurrir a las técnicas tradicionales de solución de antinomias normativas, para resolver fricciones entre la norma internacional y la norma nacional. En efecto, el criterio jerárquico aplicado en su vertiente más tradicional implica que, detectada la antinomia, "importa la invalidez de una de las normas en conflicto: la norma inferior incompatible con la norma superior no debe ser aplicada porque no es válida".[21]

De lo expuesto, se puede señalar que el debate relativo a la jerarquía de los tratados, tal como se la ha planteado tradicionalmente, más parece negar la posibilidad de armonización entre el derecho internacional y el derecho interno, pues cierra el debate que podría generarse entre ambas normas antes de que este llegue a producirse, sellando el destino para una de ellas con una aparente declaración de superioridad. Esto viene a reflejarse en amplios esfuerzos de fundamentación teórica que han permeado a la jurisprudencia, como puede apreciarse en distintos fallos de los tribunales superiores del país.[22]

---

siquiera cuando estos versan sobre derechos esenciales que emanan de la naturaleza humana, agregando que se puede entender que tienen rango inferior a la CPR, toda vez que están sometidos a control preventivo obligatorio cuando versan sobre materias propias de ley orgánica constitucional. Según este tribunal, la mención del inciso segundo del Art. 5 de la CPR lo que hace es reiterar el deber de los órganos del Estado de respetar y promover los derechos esenciales que emanan de la naturaleza humana, pero no por ello eleva a rango constitucional a los tratados que versan sobre dicha materia.

Artículo 1°, numerales 20, 3, letra c) y 48 del proyecto que modifica la Ley N° 18.892, General de Pesca y Acuicultura (2387-2012), considerandos 11-2.

19   Ver Fuentes Torrijo (2008), p. 484.

20   Ver Henríquez (2008), p. 77.

21   Henríquez (2013), p. 473.

22   El criterio sostenido por el Tribunal Constitucional Chileno es que los tratados sobre derechos humanos no tienen rango supraconstitucional.
Ver e.g. *Estatuto de Roma de la Corte Penal Internacional* (346-2002).

2. EL CONTROL DE CONVENCIONALIDAD

Es difícil definir el control de convencionalidad. Como indica un reciente estudio, esta es una figura que se encuentra aún en un proceso de construcción.[23] El nacimiento y auge de esta teoría, en el contexto de la Convención Americana sobre Derechos Humanos (CADH), se encuentra envuelto en una serie de desacuerdos. Por ejemplo, no hay consenso sobre su fuente positiva, pues para algunos ni el Pacto de San José de Costa Rica ni el derecho internacional general establecen una obligación para los estados parte de controlar la convencionalidad de sus derechos internos[24], en tanto que para otros sus fundamentos arrancarían del texto mismo de la CADH[25]. Frente al silencio aparente de las normas internacionales, nuestro ordenamiento jurídico interno tampoco parece dar una respuesta clara al respecto.[26] Sin perjuicio de esto, podemos señalar que, en términos generales

---

En los tribunales ordinarios, por el contrario, se pueden encontrar ejemplos de las diversas posturas doctrinales expuestas, las cuales han sido sistematizadas por HENRÍQUEZ (2008). En ciertas ocasiones, la Corte Suprema incluso se ha inclinado por la supraconstitucionalidad de estos tratados.
Ver e.g. *ACEVEDO Y OTROS C. FISCO DE CHILE* (2012); *CONSEJO DE DEFENSA DEL ESTADO* (2012a), *CONSEJO DE DEFENSA DEL ESTADO* (2012b); y *CONSEJO PARA LA TRANSPARENCIA C. MINISTROS DE LA CORTE DE APELACIONES DE SANTIAGO* (2012).

23   Ver en general HENRÍQUEZ (2018).

24   Ver FUENTES TORRIJO (2008), p. 488.

25   Ver NASH (2013), p. 493.

26   El Tribunal Constitucional ha declarado que los tratados internacionales no constituyen *per se* parámetros autónomos de control de constitucionalidad, en el sentido de habilitarlo directamente para contrastar su sentido y alcance con los preceptos legales que presuntamente los contrarían. Para que esta operación fuera jurídicamente válida, sería necesario que aquellos instrumentos estuvieren dotados de rango constitucional en cuanto fuentes formales de derecho constitucional, y no adquirirla por vía simplemente indirecta, a través de la remisión que a ellos formula el inciso segundo del artículo 5 de la CPR.
Ver en general *ARTÍCULO 14 DE LA LEY N° 14.908, EN LOS AUTOS RIT N° Z-104-2012 DEL JUZGADO DE FAMILIA DE VALPARAÍSO* (2265-2013).
Más recientemente, este tribunal ha señalado que no procede aplicar el control de convencionalidad, al invocar la CADH, entre otras normas de derecho internacional.
Ver en general *ARTÍCULOS 3 BIS, INCISO PRIMERO, Y 9°, DEL DL N° 321 DE 1925, DEL MINISTERIO DE JUSTICIA, QUE ESTABLECE LA LIBERTAD CONDICIONAL PARA LAS PERSONAS CONDENADAS A PENAS PRIVATIVAS DE LIBERTAD, EN LOS AUTOS ROL N° AMPARO-3030-2019 DE LA CORTE DE APELACIONES DE SANTIAGO* (8108-2020).
Por su parte, la Corte Suprema ha resuelto que todo juez está llamado a efectuar un control de respeto y vigencia de las garantías fundamentales, velando por el respeto y efectiva vigencia del reconocimiento de los derechos humanos como estándar mínimo. Se trata de una obligación consustancial al ejercicio de la jurisdicción, cuya consecuencia inmediata es el deber de observar los derechos previstos en la CPR y en los tratados, dando directa

y desde la perspectiva del derecho interno, "[...] el control de convencionalidad es el realizado por los agentes del Estado y principalmente por los operadores de justicia (jueces, fiscales y defensores) al analizar la compatibilidad de las normas internas con la CADH".[27] Este control se remonta al voto razonado del juez Sergio García Ramírez en el caso *Mack c. Guatemala*[28], pero solo aparece mencionado en una decisión judicial de la Corte Interamericana de Derechos Humanos (CorteIDH) en el caso *Almonacid c. Chile* de 2006, en el cual esta declaró que:

> [...] es consciente que los jueces y tribunales internos están sujetos al imperio de la ley y, por ello, están obligados a aplicar las disposiciones vigentes en el ordenamiento jurídico. Pero cuando un Estado ha ratificado un tratado internacional como la Convención Americana, sus jueces, como parte del aparato del Estado, también están sometidos a ella, lo que les obliga a velar porque los efectos de las disposiciones de la Convención no se vean mermadas por la aplicación de leyes contrarias a su objeto y fin, y que desde un inicio carecen de efectos jurídicos. En otras palabras, el Poder Judicial debe ejercer una especie de "control de convencionalidad" entre las normas jurídicas internas que aplican en los casos concretos y la

---

aplicación a sus disposiciones. En este sentido, el control de convencionalidad requiere una confrontación directa entre la norma internacional respectiva y el acto administrativo interno cuya ilegalidad se pretende.
Ver en general Cruzat Infante, José Manuel Antonio, c. Comisión para el Mercado Financiero (2019).

[27] Ver Nash (2013), p. 492.
El Tribunal Constitucional parece ya haber intentado su propia definición, más bien arraigada en el derecho penal.
Ver en general Artículos 3 bis, inciso primero, y 9°, del DL N° 321 de 1925, del Ministerio de Justicia, que establece la libertad condicional para las personas condenadas a penas privativas de libertad, en los autos rol N° amparo-3030-2019 (8108-2020).
En igual sentido, ver en general Artículo 9° y 3 bis, del DL N° 321, que establece la libertad condicional para las personas condenadas a penas privativas de libertad, en el proceso rol ingreso corte amparo N° 1529-2019 de la Corte de Apelaciones de Santiago (6985-2020); y Artículo 9° del DL N° 321, en los autos rol protección N° 61113-2019 de la Corte de Apelaciones de Santiago (7181-2020).

[28] El juez García Ramírez señaló que para los efectos de la CADH y del ejercicio de su jurisdicción contenciosa, el Estado debe ser considerado como un todo. Por tanto, su responsabilidad es global y no puede quedar sujeta a la división de atribuciones que señale el derecho interno. Desde el punto de vista internacional, no es posible seccionar al Estado, y sustraer a algunos de sus órganos del régimen convencional de responsabilidad, dejando sus actuaciones fuera del "control de convencionalidad" que trae consigo la jurisdicción de la CADH.
Ver Mack Chang c. Guatemala (2003), párrafo 27.

Convención Americana sobre Derechos Humanos. En esa tarea, el Poder Judicial debe tener en cuenta no solamente el tratado, sino también la interpretación que del mismo ha hecho la Corte interamericana, intérprete última de la Convención Americana.[29]

El control de convencionalidad ha evolucionado con el tiempo.[30] En este lapso, la doctrina internacionalista ha comenzado a distinguir entre un control de convencionalidad verdadero y uno falso.[31] Así, el verdadero control de convencionalidad entrañaría, entre otras cosas, su característica más polémica respecto de los tratados de derechos humanos, que es su jerarquía. Esto, por cuanto dicho control supondría la "[p]rimacía del tratado internacional sobre cualquier otra norma, incluida la Constitución, que es vista solo como un hecho más, velando por que el objeto y fin del tratado no sea afectado por otras normas, actos y hechos"[32], e implicaría que la CorteIDH "determina el cumplimiento o incumplimiento de esas obligaciones internacionales, establece en su caso la responsabilidad internacional y, como consecuencia de ello, la reparación".[33] Por el contrario, el falso control de convencionalidad "no es más que una mera aplicación de la Convención Americana y de la jurisprudencia derivada de las interpretaciones de ésta, que no es más que los Estados cumplan con sus obligaciones primarias al ser parte de los tratados interamericanos, y que, en caso de que ello no ocurra, como todo sistema internacional, subsidiaria o complementariamente actúa la [CorteIDH], previo paso por la [Comisión Interamericana de Derechos Humanos], en ejercicio de un verdadero control de convencionalidad".[34]

La propuesta armonizadora del control de convencionalidad está enfocada en dar primacía a las normas internacionales de la CADH respecto de las normas internas, erigiendo a la CorteIDH como una suerte de garante de estas. Sin embargo, el efecto mismo del control no es del todo claro en doctrina. Pablo Contreras, por ejemplo, propone distinguir entre un control de convencionalidad fuerte y uno débil. El primero "importaría la obligación del juez

---

29   ALMONACID ARELLANO C. CHILE (2006), párrafo 124.
30   Al respecto, ver DELPIANO (2013), pp. 269-300.
31   Ver CASTILLA (2014), p. 167.
32   Ibid., p. 168.
33   Ibid., p. 164.
34   Ibid., p. 170.

nacional de 'desplazar' la aplicación de la norma interna por violar la CADH y la interpretación de ella en las sentencias de la Corte IDH", en tanto que el segundo "se puede entender como un mandato de interpretación de las normas internas conforme a lo dispuesto en la CADH y la interpretación que de la misma ha efectuado la Corte".[35] Sin embargo, Contreras reconoce que no es claro cuál es el objeto del control fuerte, y que sus parámetros mismos son difíciles de precisar. Desde sus orígenes, el control de convencionalidad tiene un cierto carácter represivo, pues como ya postulara la CorteIDH en *Almonacid c. Chile* "el juez nacional no podía sino preterir la aplicación de la norma interna para dar vigencia al tratado y asegurar su *effet utile*".[36] Según Néstor Sagüés, este carácter ha sido interpretado como un deber de inaplicación de las normas de derecho interno incompatibles con la CADH, así como una obligación hermenéutica de los jueces nacionales.[37]

El control de convencionalidad es una teoría que se construye y justifica sobre la base de la especial categoría de los derechos humanos, por lo que no existe un equivalente para otros tipos de tratados. En su aplicación por los tribunales internos, el control de convencionalidad ha recibido diversas críticas por parte de la doctrina[38]; entre otras razones porque, como señala Karlos Castilla, viene a:

> [o]bligar a los jueces y órganos vinculados con la administración de justicia a que coloquen por debajo de la CADH todas las normas que integran su derecho nacional, incluida su propia Constitución, teniendo como sustento sólo una sentencia, por obligatoria que ésta sea, es una labor que se muestra complicada y ha sido inconsistentemente desarrollada tanto por la Corte IDH, como por la doctrina que respalda ello sin cuestionamientos.[39]

Agreguemos a esto que la concepción más represiva del control de convencionalidad no se aleja mucho de las aspiraciones de quienes sostienen la superioridad jerárquica de los tratados sobre derechos humanos.

---

35 Contreras (2014), pp. 253-4.

36 Ibid., p. 253.

37 Ver Sagüés (2014), p. 24.

38 Ver Mejía-Lemos (2014), p. 147. Ver también Castilla (2014); y García Belaúnde (2015).

39 Castilla (2013), p. 95.

3. EL BLOQUE CONSTITUCIONAL DE DERECHOS

La existencia de un bloque constitucional de derechos es una idea que por largo tiempo ha estado presente tanto en la doctrina como en la jurisprudencia chilenas. Como las otras teorizaciones, esta también se ha construido sobre la base de ciertos influjos del derecho comparado, y, por qué no decirlo, cierta cuota de incertidumbre. El bloque constitucional de derechos parece invitarnos a reflexionar en torno a un contenido más que a un concepto, en el sentido tradicional de las instituciones jurídicas. Este ha sido el acercamiento teórico, por ejemplo, de Humberto Nogueira, quien ha sostenido que "[el] bloque constitucional de derechos fundamentales en Chile está constituido por los atributos y garantías de los derechos esenciales o fundamentales, asegurados directamente por la Constitución y por las normas de reenvío expresa y directamente establecidas por ella y que remiten al Derecho Internacional convencional [...]".[40] Como agrega Vanessa Suelt, el contenido mismo de este bloque es dinámico, en tanto "varía de país en país o es una expresión del tiempo-lugar en que la figura de la interpretación es adaptada por los tribunales constitucionales y la doctrina".[41] Así, en Chile se han considerado incorporados a este bloque los principales tratados sobre derechos humanos de la ONU, entre otras razones por aplicación del ya mencionado artículo 5 inciso 2° de la CPR.

En virtud de esta teoría, existiría un solo gran continente cuyo contenido no se agota con los derechos fundamentales que prevén las constituciones de los diversos países, sino que comprende un conjunto de otros derechos emanados de fuentes diversas, que tienen en común un origen internacional. Esta característica esencial de esta teoría ha permitido que:

> [l]as altas cortes latinoamericanas han utilizado la noción de bloque constitucional de derechos para articular el [derecho internacional de los derechos humanos (DIDH)] y el derecho interno, incorporando al bloque constitucional las normas y principios del DIDH en materia de derechos fundamentales, así como la jurisprudencia de los órganos de protección, con objeto de servir como baremo de constitucionalidad, elemento para

---

40 NOGUEIRA (2015), p. 313.
41 SUELT (2016), p. 308.

completar el catálogo de derechos y para darle un alcance más amplio y comprehensivo a derechos consagrados constitucionalmente.[42]

La teoría del bloque constitucional de derechos, también llamada regularidad constitucional en otros sistemas jurídicos[43], es parte del debate que se da en torno a la jerarquía de los tratados internacionales sobre derechos humanos y la teoría del control de convencionalidad.[44] La posición que se adopte respecto de cada uno de los elementos de esta tríada influirá en el alcance y los efectos del proceso de armonización y el poder interpretativo que tenga el ente decisor llamado a hacerlo. En efecto, si el bloque constitucional de derechos implica incorporar a la Carta Fundamental un número indeterminado de derechos no previstos en esta, ello implica que estos derechos, o los textos en los cuales se consagran[45], tienen al menos un rango constitucional. Esto ha sido criticado por autores como Francisco Zúñiga, quien ha señalado que:

> [e]l 'bloque constitucional de derechos' incorpora a la Constitución material a los tratados internacionales e insufla el parámetro del control de constitucionalidad que emplea el Tribunal Constitucional, utilizando para ello incorrectamente la garantía institucional del artículo 5°, inciso segundo, de la Constitución y, de este modo, sustrae tales tratados del campo de la legalidad o decisión de los tribunales del fondo.[46]

4. EL PRINCIPIO DE INTERPRETACIÓN CONFORME

Tal como el principio de jerarquía normativa, el de interpretación conforme es una respuesta de derecho interno para solucionar discordancias o antinomias entre la Constitución y las normas de rango inferior. Sus orígenes se pueden encontrar en la jurisprudencia de la Corte Suprema de los EE.UU, particularmente en el voto formulado en 1796 por el juez Samuel Chase en el caso *Hylton c. EE.UU.*,

---

42 NASH y NÚÑEZ DONALD (2017), p. 208.

43 Ver en general PARDO, LÓPEZ ANDRADE y SILVA DÍAZ (2016).

44 El bloque de constitucionalidad no debe por eso ser confundido con el bloque de convencionalidad. Al respecto ver e.g. FERRER MAC-GREGOR (2011), pp. 584-5.

45 Ver e.g. NOGUEIRA (2015), p. 311.

46 ZÚÑIGA (2010), p. 67.

y responde a la máxima que señala que "ante la duda de inconstitucionalidad, la única alternativa de interpretación del juez es interpretar la ley de conformidad con la Constitución".[47] Este principio vino entonces a atenuar las pretensiones derogatorias propias de otras instituciones, y lleva el debate de la armonización a un plano distinto: el de la hermenéutica. En efecto, el principio de interpretación conforme, *mutatis mutandi*, busca armonizar las normas de derecho interno con las normas de derecho internacional, sin entrar en un debate respecto de la supremacía o inferioridad de una norma respecto de otra, intentando conciliar la norma nacional con el estándar internacional, para "desechar aquellas 'interpretaciones' contrarias o incompatibles al parámetro convencional; por lo que, en realidad, se realiza un 'control' de la interpretación que no cubra dicho parámetro".[48] La consecuencia de este postulado es relevante, debido a que "[a]l ser la armonización el fin de la interpretación, la derogación o inaplicación de las normas jurídicas no es una opción válida para considerarse, ya que el objetivo de este principio es la conciliación permanente de la estructura normativa contenida en el bloque de constitucionalidad".[49] Como señala Nogueira:

> Así no hay una prevalencia jerárquica entre leyes y tratados, por lo que ambas serán igualmente válidas aunque entren en conflicto, el tratado no determina la nulidad de la norma de Derecho Interno, sino que sólo prevalece la aplicabilidad de la norma internacional sobre la norma interna, porque así lo determina el Derecho Internacional, el que a su vez se aplica porque así lo han decidido los órganos constitucionales pertinentes en el ejercicio de la soberanía nacional (artículo 5° inciso primero de la Constitución), pero que debe ser aplicado conforme al Derecho Internacional, una vez que la Constitución haya autorizado su incorporación y aplicabilidad.[50]

Desde este punto de vista, resulta apropiado lo que indica Eduardo Ferrer Mac-Gregor, en el que:

---

47 ENRÍQUEZ (2015), p. 113.
Ver en general *HYLTON C. EE.UU.* (1796).

48 FERRER MAC-GREGOR (2011), p. 535.

49 DEL ROSARIO (2017), p. 38.

50 NOGUEIRA (1997), p. 19.

> [e]n términos generales, podríamos sintetizarla [a la cláusula de interpretación conforme] como la técnica hermenéutica por medio de la cual los derechos y libertades constitucionales son armonizados con los valores, principios y normas contenidos en los tratados internacionales sobre derechos humanos signados por los Estados, así como por la jurisprudencia de los tribunales internacionales (y en ocasiones otras resoluciones y fuentes internacionales), para lograr su mayor eficacia y protección.[51]

De lo dicho, podría concluirse que la calificación de principio que se da a esta institución resulta engañosa. Sin embargo, no debe perderse de vista que los principios en las ciencias jurídicas han recibido numerosas conceptualizaciones, pudiendo corresponder a: estándares derivados de categorías morales[52]; creaciones destinadas a salvar casos de lagunas y contradicciones que superan la previsión de los poderes colegisladores[53]; o "normas generales tácitas del propio ordenamiento jurídico, que pueden identificarse mediante un proceso de inducción a partir de las leyes particulares"[54]. Otra lectura posible radica en estimar que el empleo de la expresión interpretación conforme es suficientemente explicativo de esta institución, y que la calificación de principio llevaría a confusiones, pues se trata simplemente de un criterio hermenéutico entregado a quien tomará la decisión de resolver discordancias o antinomias entre normas.

5. DEBATES Y DESAFÍOS CONSTITUCIONALES

La jerarquía de los tratados internacionales en el ordenamiento jurídico chileno ha sido permanentemente debatida, sobre todo en el ámbito de los tratados de derechos humanos. Hay diversas propuestas que ofrecen respuestas a este nudo normativo. Será el juez, como intérprete último de la ley, quien deberá optar por una de ellas, a fin de encontrar una solución para el caso concreto. La convicción del juzgador respecto del lugar que ocupan los tratados en el sistema jurídico nacional tendrá un rol preponderante en esto. Sin embargo, con independencia del tipo de acuerdos internacionales de que se trate, el juez estará siempre

---

51   Ferrer Mac-Gregor (2011), p. 549.

52   Ver Dworkin (1985), p. 72.

53   Ver Vergara (2019), p. 194.

54   Pérez Luño (2000), p. 20.

obligado por los artículos 26 y 27 de la Convención de Viena sobre el Derecho de los Tratados. La primera de estas disposiciones señala que "[t]odo tratado en vigor obliga a las partes y debe ser cumplido por ellas de buena fe", mientras que la segunda prescribe que "[u]na parte no podrá invocar las disposiciones de su derecho interno como justificación del incumplimiento de un tratado". Sobre el artículo 26, es necesario destacar que el estado que es parte de un tratado ha consentido voluntariamente en obligarse por sus disposiciones. Al respecto, bien se le puede aplicar un principio de lógica relativa que establece que no se puede pretender algo y lo contrario a la vez.[55] Desde el punto de vista del derecho internacional general, que el tratado deba cumplirse de buena fe supone la obligación de actuar en forma razonable, de manera que su objeto y fin pueda verse realizado.[56] El artículo 27, por su parte, contiene el deber de no obstaculizar la ejecución de tratados internacionales mediante el derecho interno, así como de adoptar todas las medidas necesarias para permitir el cumplimiento de las obligaciones internacionales en el sistema jurídico nacional.[57]

Para el caso de los derechos humanos, la CADH tiene reglas adicionales y complementarias en sus artículos 2 y 26, que obligan a los estados parte a adoptar las medidas legales y administrativas que sean necesarias para asegurar la vigencia y desarrollo progresivo de los derechos de este tratado.[58] Por su

---

55 Ver SALMON (2011), p. 674.

56 Ver *Proyecto Gabcíkovo-Nagymaros (Hungría c. Eslovaquia)* (1997), párrafo 142.

57 Ver SCHAUS (2011), p. 698.

58 El Art. 2 señala:
Si el ejercicio de los derechos y libertades mencionados en el artículo 1 no estuviere ya garantizado por disposiciones legislativas o de otro carácter, los Estados Partes se comprometen a adoptar, con arreglo a sus procedimientos constitucionales y a las disposiciones de esta Convención, las medidas legislativas o de otro carácter que fueren necesarias para hacer efectivos tales derechos y libertades.
El Art. 26, en tanto, dice:
Los Estados Partes se comprometen a adoptar providencias, tanto a nivel interno como mediante la cooperación internacional, especialmente económica y técnica, para lograr progresivamente la plena efectividad de los derechos que se derivan de las normas económicas, sociales y sobre educación, ciencia y cultura, contenidas en la Carta de la Organización de los Estados Americanos, reformada por el Protocolo de Buenos Aires, en la medida de los recursos disponibles, por vía legislativa u otros medios apropiados.
La obligatoriedad del Art. 26 de la CADH recientemente fue confirmada por la CorteIDH en el caso *Asociación Lhaka Honhat (Nuestra Tierra) c. Argentina* (2020), al reiterar en su párrafo 196 la doctrina de que "estando establecido que un derecho debe entenderse incluido en el artículo 26 de la Convención, corresponde fijar sus alcances, a la luz del corpus iuris internacional en la materia", lo cual, en todo caso, no excluye la normativa nacional que pudiera

parte, la expresión "o de otro carácter" contenida en el artículo 2 del Pacto de San José de Costa Rica permite entender que la búsqueda de una interpretación conforme del derecho nacional con la CADH es una alternativa válida y jurídicamente plausible a la hora de solucionar antinomias y aplicar de buena fe este tratado, a pesar de las tesis derogatorias sostenidas por algunos autores.[59] El juzgador, frente a la aparente incompatibilidad entre las normas de derecho internacional y de derecho interno, tendrá un conjunto de interpretaciones posibles, lo que permitirá optar por aquella que permita superarla. Esta constatación, creemos, puede constituir la espada que corte el nudo gordiano de la armonización, teniendo especialmente en cuenta que nuestro país no dispone de normas expresas de interpretación constitucional. Para el caso de concluir que no hay una interpretación armónica posible, el debate entonces deriva en uno más bien político, y que busca determinar si el Estado satisface su obligación de dar cumplimiento a los tratados en el derecho interno, lo que debe ser resuelto por los mecanismos institucionales para ello, sea a través de medidas legislativas o administrativas, o por medio del control de constitucionalidad. Esta solución subsiste con independencia de todas las teorías reseñadas precedentemente, y evita las distinciones y subdistinciones que podrían ser necesarias para aplicarlas eficientemente. Fuera de estos casos, el juez contará con las disposiciones convencionales señaladas para adoptar su decisión, orientada a dar vigencia al tratado y adaptar, por la vía hermenéutica, el derecho convencional. Desde esta perspectiva, no es indispensable incorporar una cláusula de interpretación conforme como la prevista en la Constitución Española de 1978[60], un pronunciamiento expreso sobre la jerarquía de las normas convencionales como en la Constitución de la Nación Argentina, reformada en 1994[61], o los enigmáticos

---

ser razonable, conforme a los casos *POBLETE VILCHES Y OTROS C. CHILE* (2018); y *HERNÁNDEZ C. ARGENTINA* (2019).

59 Ver FERRER MAC-GREGOR Y PELAYO (2014), p. 98.

60 Cuyo Art. 10 señala:
1. La dignidad de la persona, los derechos inviolables que le son inherentes, el libre desarrollo de la personalidad, el respeto a la ley y a los derechos de los demás son fundamento del orden político y de la paz social.
2. Las normas relativas a los derechos fundamentales y a las libertades que la Constitución reconoce se interpretarán de conformidad con la Declaración Universal de Derechos Humanos y los tratados y acuerdos internacionales sobre las mismas materias ratificados por España.

61 El Art. 75 N° 22 de esta indica que:
[…] Los tratados y concordatos tienen jerarquía superior a las leyes.

términos de la propuesta de nueva Constitución chilena ingresada al Congreso Nacional en 2018[62].

Más allá de las fronteras nacionales, el derecho internacional y el derecho interno "no sólo comparten categorías jurídicas (lo que es muy visible en materia procesal o de responsabilidad), sino, naturalmente, también problemas sociales y humanos cruciales".[63] La existencia de estas categorías comunes podría invitar a buscar respuestas en una combinación de criterios hermenéuticos y procesales, tal como plantea la denominada doctrina del margen de apreciación. Precisamente, como plantea Manuel Núñez:

> [a]dmitiendo que en ciertos casos es posible la existencia de una plura-
> lidad de valoraciones en materia de derechos fundamentales, la doctrina
> del margen de apreciación aconseja al órgano jurisdiccional internacional
> o supranacional abstenerse de subrogar a las autoridades nacionales en la
> valoración de aquellas circunstancias que permiten configurar las versiones
> locales de los derechos universales.[64]

La Declaración Americana de los Derechos y Deberes del Hombre; la Declaración Universal de Derechos Humanos; la Convención Americana sobre Derechos Humanos; el Pacto Internacional de Derechos Económicos, Sociales y Culturales; el Pacto Internacional de Derechos Civiles y Políticos y su Protocolo Facultativo; la Convención sobre la Prevención y la Sanción del Delito de Genocidio; la Convención Internacional sobre la Eliminación de todas las Formas de Discriminación Racial; la Convención sobre la Eliminación de todas las Formas de Discriminación contra la Mujer; la Convención contra la Tortura y otros Tratos o Penas Crueles, Inhumanos o Degradantes; la Convención sobre los Derechos del Niño; en las condiciones de su vigencia, tienen jerarquía constitucional, no derogan artículo alguno de la primera parte de esta Constitución y deben entenderse complementarios de los derechos y garantías por ella reconocidos. Sólo podrán ser denunciados, en su caso, por el Poder Ejecutivo Nacional, previa aprobación de las dos terceras partes de la totalidad de los miembros de cada Cámara.
Los demás tratados y convenciones sobre derechos humanos, luego de ser aprobados por el Congreso, requerirán del voto de las dos terceras partes de la totalidad de los miembros de cada Cámara para gozar de la jerarquía constitucional.

62   Su Art. 4 inciso segundo dispone que:
El ejercicio de la soberanía reconoce como limitación el respeto a los derechos humanos. Es deber de los órganos del Estado y de todas las personas respetar y promover tales derechos garantizados por esta Constitución, así como aquellos establecidos en los tratados internacionales vigentes ratificados por Chile, y en la Declaración Universal de los Derechos Humanos aprobada y proclamada por la Asamblea General de Naciones Unidas el 10 de diciembre de 1948. Los órganos del Estado deberán conciliar estos derechos con los establecidos en esta Constitución.

63   Roldán (2009), p. 11.

64   Núñez Poblete (2012), p. 5.

BIBLIOGRAFÍA

Acosta, Paola (2016): "Zombis vs. Frankenstein. Sobre las relaciones entre el derecho internacional y el derecho interno", *Estudios Constitucionales*, vol. 14, N° 1: pp. 15-60.

Aguilar, Gonzalo (2009): "La responsabilidad por vulneración de derechos fundamentales y el reconocimiento del principio de supremacía de dichos derechos. Comentario de la sentencia del Tribunal Constitucional recaída en el artículo 2331 del Código Civil", *Revista de Derecho de la Universidad Católica del Norte,* vol. 21, N°1: pp. 223-50.

Aldunate, Eduardo (2010): "La posición de los tratados internacionales en el sistema de fuentes del ordenamiento jurídico chileno a la luz del derecho positivo", *Ius et Praxis*, vol.16, N°2: pp.185-210.

Arévalo, Luz (2015): "El impacto de la jurisprudencia de la Corte Interamericana de Derechos Humanos en Colombia: avances y retrocesos", *Eunomía*, N° 9: pp. 86-104.

Bertelsen, Raúl (1996): "Rango jurídico de los tratados internacionales en el derecho chileno", *Revista Chilena de Derecho*, vol. 23, N° 2-3, Tomo I: pp. 211-22.

Bonilla, Julio (2013): "La armonización del derecho, concepto y críticas en cuanto a su implementación", *Revista e-mercatoria*, vol. 12, N° 2: pp. 80-139.

Bustos, Crisólogo (2002): "Naturaleza jurídica de los tratados y su relación jerárquica con la ley", *Revista de Derecho del Consejo de Defensa del Estado*, N° 7: pp. 35-47.

Carmona, Juan Ulises (2009): "La recepción de la Jurisprudencia de la Corte Interamericana de Derechos Humanos en el ámbito interno. El caso de México", en Castañeda, Mireya, y García Ramírez, Sergio (eds.), *Recepción nacional del derecho internacional de los derechos humanos y admisión de la competencia contenciosa de la Corte Interamericana* (Ciudad de México, UNAM).

Castilla, Karlos (2013): "¿Control interno o difuso de convencionalidad? Una mejor idea: la garantía de tratados", *Anuario Mexicano de Derecho Internacional*, vol. 13: pp. 57-91.

Castilla, Karlos (2014): "Control de convencionalidad interamericano: una mera aplicación del derecho internacional", *Revista Derecho del Estado*, N° 33: pp. 149-72.

Esta doctrina, que les reconoce a los jueces nacionales un cierto grado de flexibilidad interpretativa de los derechos consagrados en instrumentos internacionales al momento de implementarlos en el plano nacional, no ha estado sin embargo exenta de críticas. Como sostiene Javier García Roca, por ejemplo, es "demasiado imprecisa y discrecional, un criterio de decisión no reglado y de aplicación irregular, inidóneo en buena medida para cumplir cualquiera de estos fines".
García Roca (2007), p. 142.

Contreras, Pablo (2014): "Control de convencionalidad, deferencia internacional y discreción nacional en la jurisprudencia de la Corte Interamericana de Derechos Humanos", *Ius et Praxis*, vol. 20, N° 2: pp. 235-74.

Del Rosario, Mario (2017): *Bloque de derechos humanos como parámetro de constitucionalidad y convencionalidad* (Ciudad de México, Tribunal Electoral del Poder Judicial de la Federación).

Delpiano, Cristián (2013): "El control de convencionalidad y sus objeciones constitucionales", en Bassa, Jaime (ed.), *Los desafíos de la interpretación constitucional* (Valparaíso, EDEVAL).

Enríquez, Pedro (2015): "La interpretación conforme y su impacto en los jueces mexicanos", *Cuestiones Constitucionales*, N° 32: pp. 111-39.

Ferrer Mac-Gregor, Eduardo (2011): "Interpretación conforme y control difuso de convencionalidad. El nuevo paradigma para el juez mexicano", *Estudios Constitucionales*, vol. 9, N° 2: pp. 531-622.

Ferrer Mac-Gregor, Eduardo, y Pelayo, Carlos (2014): "Artículo 2. Deber a adoptar disposiciones de derecho interno", en Steiner, Christian, y Uribe, Patricia (ed.), *Convención Americana sobre Derechos Humanos: comentario* (La Paz, Plural Editores).

Fuentes Torrijo, Ximena (2008): "International and Domestic Law: Definitely and Odd Couple", *Revista Jurídica Universidad de Puerto Rico*, vol. 77, N° 2: pp. 483-506.

García Roca, Javier (2007): "La muy discrecional doctrina del margen de apreciación nacional según el Tribunal Europeo de Derechos Humanos: soberanía e integración", *Teoría y Realidad Constitucional*, N° 20: pp. 117-43.

Garcia Belaúnde, Domingo (2015): "El control de convencionalidad y sus problemas", *Pensamiento Constitucional*, N° 20: pp. 135-60.

Henríquez, Miriam (2008): "Jerarquía de los tratados de derechos humanos: análisis jurisprudencial desde el método de casos", *Estudios Constitucionales*, vol. 6, N° 2: pp. 73-119.

Henríquez, Miriam (2013): "Los jueces y la resolución de antinomias desde la perspectiva de las fuentes del derecho constitucional chileno", *Estudios Constitucionales*, vol. 11, N° 1: pp. 459-76.

Henríquez, Miriam (2018): "Cimientos, auge y progresivo desuso del control de convencionalidad interno: veinte interrogantes", *Revista Chilena de Derecho*, vol. 45, N° 2: pp. 337-61.

Hitters, Juan Carlos (2008): "¿Son vinculantes los pronunciamientos de la Comisión y de la Corte Interamericana de Derechos Humanos? (Control de constitucionalidad y convencionalidad)", *Revista Iberoamericana de Derecho Procesal Constitucional*, N° 10: pp. 131-56.

Kelsen, Hans (1982): *Teoría pura del derecho* (Ciudad de México, UNAM).

Lerner, Pablo (2004): "Sobre armonización, derecho comparado y la relación entre ambos", *Boletín Mexicano de Derecho Comparado*, vol. 37, N° 111: pp. 919-66.

López Medina, Diego, y Sánchez Mejía, Liliana (2008): "La armonización del derecho internacional de los derechos humanos con el derecho penal colombiano". *International Law: Revista Colombiana de Derecho Internacional*, N° 12: pp. 317-52.

Mejía-Lemos, Diego (2014): "Sobre la doctrina del control de convencionalidad: una apreciación crítica de la jurisprudencia relevante de la Corte Interamericana de Derechos Humanos", *Anuario Mexicano de Derecho Internacional*, vol. 14: pp. 117-51.

Monroy, Marco (2008): "El derecho internacional como fuente del derecho constitucional", *Anuario Colombiano de Derecho Internacional*, vol. 1, N°1: pp. 107-38.

Nash, Claudio (ed.) (2012): *Derecho internacional de los derechos humanos en Chile. Recepción y aplicación en el ámbito interno* (Santiago, Centro de Derechos Humanos, Universidad de Chile).

Nash, Claudio (2013): "Control de convencionalidad. Precisiones conceptuales y desafíos a la luz de la jurisprudencia de la Corte Interamericana de Derechos Humanos", *Anuario de Derecho Constitucional Latinoamericano*, vol. 19: pp. 489-509.

Nash, Claudio, y Núñez Donald, Constanza (2017): "Recepción formal y sustantiva del derecho internacional de los derechos humanos: experiencias comparadas y el caso chileno", *Boletín Mexicano de Derecho Comparado*, vol. 19, N° 148: pp. 185-231.

Nogueira, Humberto (2015): "El bloque constitucional de derechos en Chile, el parámetro de control y consideraciones comparativas con Colombia y México: doctrina y jurisprudencia", *Estudios Constitucionales*, vol. 13, N° 2: pp. 301-50.

Nogueira, Humberto (1997): "Los tratados internacionales en el ordenamiento jurídico chileno", *Ius et Praxis*, vol. 2, N° 2: pp. 9-62.

Nogueira, Humberto (2013): "El uso del derecho y jurisprudencia constitucional extranjera y de tribunales internacionales no vinculantes por el Tribunal Constitucional chileno en el período 2006-2011", *Estudios Constitucionales*, vol. 11, N° 1: pp. 221-74.

Núñez Poblete, Manuel (2012): "Sobre la doctrina del margen de apreciación nacional. La experiencia latinoamericana confrontada y el *thelos* constitucional de una técnica de adjudicación del derecho internacional de los derechos humanos", Acosta, Paola, y Núñez Poblete, Manuel (eds.), *El margen de apreciación en el sistema interamericano de derechos humanos: proyecciones regionales y nacionales* (Ciudad de México, UNAM).

Ortiz, Loretta (2005): "Armonización legislativa interna de las normas internacionales en materia de derechos humanos", en Gutiérrez Contreras, Juan Carlos (ed.), *Memorias del Seminario La Armonización de los Tratados Internacionales de Derechos Humanos en México* (Ciudad de México, Secretaría de Relaciones Exteriores).

Pardo, Jorge; López Andrade, Guillermo; y Silva Díaz, Ricardo (2016): "Control de convencionalidad y bloque de regularidad constitucional en el juicio de amparo", en Ferrer Mac-Gregor, Eduardo; y Herrera, Alfonso (eds.), *El juicio de amparo en el centenario de la Constitución mexicana de 1917* (Ciudad de México, UNAM), Tomo II.

Pastor, José Antonio (2017). *Curso de derecho internacional público y organizaciones internacionales* (Madrid, Tecnos).

Pérez Luño, Antonio Enrique (2000): "La peculiaridad normativa de los principios generales del derecho", *Persona y Derecho*, N° 42: pp. 131-60.

Ribera, Teodoro (2007): "Los tratados internacionales y su control a posteriori por el Tribunal Constitucional", *Estudios Constitucionales*, vol. 5, N° 1: pp. 89-118.

Ríos, Lautaro (1997): "Jerarquía normativa de los tratados internacionales sobre derechos humanos", *Ius et Praxis*, vol. 2, N° 2: pp. 101-12.

Roldán, Javier (2009): "La investigación en derecho internacional público", *Revista Estudios Jurídicos*, N° 9: pp. 1-26.

Saenger, Fernando (1993): "Consideraciones para estimar que los tratados en materia de derechos humanos no forman parte de la Constitución", *Revista Chilena de Derecho*, vol. 20, N° 2-3: pp. 647-77.

Salmon, Jean (2011): "Article 26", en Corten, Olivier, y Klein, Pierre (eds.), *The Vienna Convention on the Law of Treaties: A Commentary* (Oxford, Oxford University Press).

Sagüés, Néstor (2014): "Nuevas fronteras del control de convencionalidad: el reciclaje del derecho nacional y el control legisferante de convencionalidad", *Revista de Investigações Constitucionais*, vol. 1, N° 2: pp. 23-32.

Schaus, Annemie (2011): "Article 27", en Corten, Olivier, y Klein, Pierre (eds.), *The Vienna Convention on the Law of Treaties: A Commentary* (Oxford, Oxford University Press).

Suelt, Vanessa (2016): "El bloque de constitucionalidad como mecanismo de interpretación constitucional. Aproximación a los contenidos del bloque en derechos en Colombia", *Vniversitas,* N° 133: pp: 301-82.

Vallée, Charles (1979): "Note sur les dispositions relatives au Droit international dans quelques constitutions récentes", *Annuaire Français de droit International*, vol. 25, N° 1: pp. 255-80.

Vergara, Alejandro (2019). "Para una teoría de los principios jurídicos a partir de la obra de Franck Moderne", en Alcaraz, Hubert, y Vergara, Alejandro (eds.), *Itinerario latinoamericano del derecho público francés. Homenaje al profesor Frank Moderne* (Valencia, Tirant lo Blanch).

Zúñiga, Francisco (2010): "Judicatura y activismo judicial", *Revista de Derecho Público*, N° 73: pp. 59-77.

INSTRUMENTOS CITADOS

Constitución de la Nación Argentina de 1853

Convención Americana sobre Derechos Humanos de 1969

Convención de Viena sobre el Derecho de los Tratados de 1969

Constitución Española de 1978

Estatuto de Roma de la Corte Penal Internacional de 1998

Constitución Política de la República de Chile de 1980/2005

JURISPRUDENCIA REFERENCIADA

Corte Internacional de Justicia

Proyecto Gabčíkovo-Nagymaros (Hungría c. Eslovaquia) (1997): Corte Internacional de Justicia, sentencia de fondo, 25 de septiembre.

Corte Interamericana de Derechos Humanos

Mack Chang c. Guatemala (2003): Corte Interamericana de Derechos Humanos, Serie C No. 101, voto razonado del juez Sergio García Ramírez, 25 de noviembre.

Almonacid Arellano c. Chile (2006): Corte Interamericana de Derechos Humanos, Serie C No. 154, sentencia, 26 de septiembre.

Poblete Vilches y otros c. Chile (2018): Corte Interamericana de Derechos Humanos, Serie C No. 349, sentencia, 8 de marzo.

Hernández c. Argentina (2019): Corte Interamericana de Derechos Humanos, Serie C No. 395, sentencia, 22 de noviembre.

Comunidades indígenas miembros de la Asociación Lhaka Honhat (Nuestra Tierra) c. Argentina (2020): Corte Interamericana de Derechos Humanos, Serie C No. 400, sentencia, 6 de febrero.

Corte Suprema de EE.UU.

Hylton c. EE.UU. (1796): Corte Suprema de EE.UU., sentencia, 8 de marzo.

Tribunal Constitucional de Chile

Requerimiento de inconstitucionalidad del Estatuto de Roma de la Corte Penal Internacional de 1998 (2002): Tribunal Constitucional chileno, Rol N° 346, sentencia, 8 de abril.

Requerimiento de inconstitucionalidad del artículo 1°, numerales 20, 3, letra c) y 48 del proyecto de ley que modifica la Ley N° 18.892, General de Pesca y Acuicultura (2012): Tribunal Constitucional chileno, Rol N° 2387, sentencia, 23 de enero.

Requerimiento de inaplicabilidad por inconstitucionalidad del artículo 14 de la ley n° 14.908, en los autos rit n° z-104-2012 del Juzgado de Familia de Valparaíso (2013): Tribunal Constitucional chileno, Rol N° 2265, sentencia, 21 de noviembre.

Requerimiento de inaplicabilidad por inconstitucionalidad del artículo 9° del DL N° 321, en los autos rol protección N° 61113-2019 de la Corte de Apelaciones de Santiago (2020): Tribunal Constitucional chileno, Rol N° 7181, sentencia, 2 de enero.

Requerimiento de inaplicabilidad por inconstitucionalidad del artículo 9° y 3 bis, del DL N° 321, que establece la libertad condicional para las personas condenadas a penas privativas de libertad, en el proceso rol ingreso corte amparo N° 1529-2019 de la Corte de Apelaciones de Santiago (2020): Tribunal Constitucional chileno, Rol N° 6985, sentencia, 23 de enero.

Requerimiento de inaplicabilidad por inconstitucionalidad de los artículos 3 bis, inciso primero, y 9°, del DL N° 321 de 1925, del Ministerio de Justicia, que establece la libertad condicional para las personas condenadas a penas privativas de libertad, en los autos rol N° amparo-3030-2019 a Corte de Apelaciones de Santiago (2020): Tribunal Constitucional chileno, Rol N° 8108, sentencia, 23 de abril.

Corte Suprema de Justicia

Acevedo y otros c. Fisco de Chile (2012): Corte Suprema, Rol N° 6920-2011, sentencia (casación en el fondo), 12 de septiembre.

Consejo de Defensa del Estado (2012a): Corte Suprema, Rol N° 2582-2012, sentencia (recurso de queja), 28 de noviembre.

Consejo de Defensa del Estado (2012b): Corte Suprema, Rol N° 2788-2012, sentencia (recurso de queja), 28 de noviembre.

Consejo para la Transparencia c. Ministros de la Corte de Apelaciones de Santiago (2012): Corte Suprema, Rol N°2423-2012, sentencia (recurso de queja), 28 de noviembre.

Cruzat infante, José Manuel Antonio, c. Comisión para el Mercado Financiero (2019): Corte Suprema, Rol N° 11.533-2019, sentencia (reclamo de ilegalidad), 21 de octubre.

§ 6. EL CONTROL PREVENTIVO Y LA INAPLICABILIDAD DE LOS TRATADOS INTERNACIONALES EN CHILE

Sebastián Soto Velasco[*]

INTRODUCCIÓN

Desde hace ya bastante tiempo, la deliberación constitucional se ha transformado en un espacio que no solo involucra a una comunidad política organizada en torno a un Estado. Redactar hoy una Constitución Política necesariamente conecta a esa comunidad con un contexto internacional del cual no es posible desentenderse. Y es que el constitucionalismo es hoy un fenómeno global. Las Constituciones de una región se trasladan a otras, y las tendencias jurisprudenciales iluminan también los debates de otras jurisdicciones. Lo mismo sucede con los procesos constituyentes: nunca son fenómenos aislados, sino que son parte de un verdadero diálogo global. Hanna Lerner y Amir Lupovici sostienen que se trata de un "fenómeno político internacional, además de nacional".[1] Mattias Kumm prefiere decir que ya no hay solo un *we the people*, sino más bien un "nosotros el pueblo, insertos en una comunidad internacional".[2] Tom Ginsburg, en tanto, nos recuerda que las "constituciones están –y siempre han estado– incrustadas en un contexto transnacional".[3]

Las páginas que siguen buscan ser leales a esta realidad examinando un aspecto, dentro de tantos otros que aborda este libro, que conecta nuestra discusión constitucional con el exterior: el control de constitucionalidad de los

---

[*] Debo agradecer al profesor Sebastián López Escarcena por sus comentarios y sugerencias, y a los ayudantes Camila Allende, Makarena Faúndez y Bruno Sanhueza por su trabajo.

[1] Lerner y Lupovici (2019), p. 413.

[2] Kumm (2016), p. 697.

[3] Ginsburg (2016), p. 74.

tratados internacionales. Para esto, la primera sección del presente trabajo se detiene en el control preventivo, estudiando tanto la norma constitucional como su interpretación jurisprudencial a partir de 1970, cuando se crea el Tribunal Constitucional (TC). Esta sección concluye destacando el aporte que ha realizado el TC en ciertas áreas, actuando a requerimiento de control preventivo. No puede decirse lo mismo del control preventivo obligatorio, que no ha dado lugar a doctrinas ni debates jurídicos relevantes. La segunda sección aborda el control represivo de constitucionalidad de los tratados, en particular la inaplicabilidad. Como en el caso anterior, comienza analizando la regulación constitucional de esta acción a partir de 1925, que luego se le trasladó al TC el 2005. También estudia brevemente la práctica jurisprudencial en estos casi cien años de control de constitucionalidad de tratados. Habiendo desarrollado el estado de la cuestión, la tercera sección aborda los debates futuros relacionados con el control de constitucionalidad de los acuerdos internacionales. Para ello, parte planteando una cuestión previa vinculada con la jerarquía de los tratados, y luego entrega razones para sostener la legitimidad del control de constitucionalidad de los acuerdos internacionales. Finalmente, este trabajo desarrolla ciertos argumentos en favor de que la nueva Constitución contemple un control judicial de constitucionalidad de los tratados, tanto preventivo como represivo.

1. EL CONTROL PREVENTIVO DE LOS TRATADOS INTERNACIONALES

1.1. Regulación constitucional

El control preventivo nació formalmente en nuestro país con el establecimiento del TC en 1970.[4] En esa reforma de la Constitución Política de 1925, el recién creado TC asumió diversas funciones propias de un árbitro entre poderes, según la clasificación de Steven Calabresi.[5] Los autores de esta reforma querían establecer un órgano que resolviera las cuestiones de constitucionalidad que se suscitaran durante la tramitación de los proyectos de ley, y que solían enfrentar al

---

4   Ver Ley N° 17.284, disponible en https://www.bcn.cl/leychile/navegar?idNorma=28888 &buscar=17284

5   Ver CALABRESI, Steven (2016): "Essay on the Origins and Growth of Judicial Review", Northwestern Law & Econ Research Paper No. 16-18, p. 2. Disponible en https://papers.ssrn.com/sol3/papers.cfm?abstract_id=2843823

Presidente de la República con el Congreso Nacional. El control que originalmente se le otorgó al TC no solo abarcaba los proyectos de ley, sino que también los acuerdos internacionales, incluidos en sus atribuciones en los términos siguientes: "resolver las cuestiones sobre constitucionalidad que se susciten durante la tramitación de los proyectos de ley y de los tratados sometidos a la aprobación del Congreso".[6] Durante los primeros años de funcionamiento del TC, bajo el gobierno de Salvador Allende, este no conoció de ningún requerimiento suscitado durante la tramitación de un tratado. En contraste con la casi veintena de requerimientos que tanto el Presidente Allende como distintos parlamentarios presentaron en este período para impugnar disposiciones incluidas en los proyectos de ley, ni el Presidente, ni alguna de las cámaras del Congreso Nacional, ni un tercio de los diputados o senadores en ejercicio plantearon una cuestión de constitucionalidad relativa a acuerdos internacionales.

La Constitución Política de la República (CPR) de 1980 no hizo cambios en esta materia, pues mantuvo el control preventivo facultativo y no modificó a los legitimados para requerirlo.[7] Con todo, incorporó el control preventivo obligatorio que, con el tiempo, también incidiría en los tratados internacionales. Este último tipo de control es el que ejerce el TC sobre las leyes interpretativas de la CPR y, en lo que aquí interesa, las normas orgánicas constitucionales de un proyecto de ley. Esta ha sido una de aquellas reglas de la CPR que se han emancipado de la voluntad original que se tuvo al introducirlas. Inicialmente, las leyes orgánicas constitucionales fueron pensadas como cuerpos autónomos y coherentes que contendrían en un solo instrumento el contenido fundamental de lo que buscaban regular, siendo todo ello de dicho rango orgánico-constitucional. Por eso, la CPR habla regularmente de "una ley orgánica constitucional". Sin embargo, al poco andar se produjo lo que, junto con Axel Buchheister, denominamos el desmembramiento de las leyes orgánicas constitucionales. Esto es, la diseminación del contenido de dichas leyes que establece la CPR en diversos cuerpos legales. Tal situación empieza a ocurrir muy tempranamente, cuando se hace patente que no será posible evitar que normas que regulan materias que la CPR califica como de rango orgánico-constitucional se encuentren junto a otras que son de *quorum* simple o calificado. Este desmembramiento genera, en una primera etapa, que cualquier proyecto de ley que tenga entre sus artículos, o

---

6   Art. 78 b, letra a, de la Constitución Política de 1925.

7   El único cambio que hizo la CPR fue reducir la proporción de parlamentarios que pueden requerirlo. En concreto, a un cuarto de los miembros de la respectiva cámara.

incluso en algún inciso, normas que regulan materias de rango orgánico-constitucional, deba ser sometido al control preventivo obligatorio del TC. Luego, en una segunda etapa, y como consecuencia de lo anterior, también los tratados que contengan normas cuyo contenido corresponde a aquel que debe regular una norma de rango orgánico constitucional entre sus artículos e incisos, serán sometidos al control preventivo del TC.[8]

Que el desmembramiento de las leyes orgánicas constitucionales alcanzara a los tratados internacionales fue tempranamente acogido por informes de comisiones tanto de la Cámara de Diputados como del Senado, a los que nos referiremos en el siguiente acápite. Más tarde, y como también veremos, esto fue declarado por el TC al pronunciarse sobre el requerimiento que impugnaba algunas normas del Convenio N° 169, sobre Pueblos Indígenas y Tribales de la Organización Internacional del Trabajo (OIT)[9], y finalmente incorporado a la CPR en la reforma constitucional del 2005[10]. Esta última solo vino a confirmar dicha situación, y la extensión del control preventivo obligatorio a los tratados. En efecto, el nuevo artículo 93 N° 1 expresamente señala que el TC debe ejercer el control de constitucionalidad de las leyes orgánicas constitucionales "y de las normas de un tratado que versen sobre materias propias de estas últimas".

De todo lo anotado es posible concluir que, en lo que respecta al control preventivo, el TC ha tenido desde su origen la atribución para resolver las cuestiones de constitucionalidad que se susciten durante la tramitación de los acuerdos internacionales. Asimismo, y en lo que respecta al control preventivo obligatorio de normas orgánicas constitucionales, la evolución interpretativa de la CPR ha llevado a que este también alcance a los tratados.

1.2. El control preventivo de tratados, en la práctica

Fue a inicios de los 2000 cuando el TC empezó a configurar con mayor intensidad su jurisprudencia en torno a la CPR y los tratados internacionales. Diversos requerimientos parlamentarios le permitieron pronunciarse sobre este asunto.

---

8   Ver en general BUCHHEISTER Y SOTO VELASCO (2005). Ver también SOTO VELASCO (2015), Cap. IX.

9   Ver CONVENIO N° 169, SOBRE PUEBLOS INDÍGENAS Y TRIBALES DE LA OIT (309-2000), considerandos 4-32.

10   Ver N° 20.050, disponible en https://www.bcn.cl/leychile/navegar?idNorma=241331

El 2006 se dictó la primera sentencia sobre una norma orgánica constitucional contenida en un tratado internacional. Desde entonces, el TC se ha pronunciado en 10 sentencias al respecto, con motivo del control preventivo obligatorio.[11] La regla que motiva dicho control es, la mayoría de las veces, el artículo 108 de la CPR. Esto es, aquella que ordena que una norma de *quorum* orgánico-constitucional determine las atribuciones del Banco Central. Le sigue el artículo 77 de la CPR, que ordena lo mismo respecto de las atribuciones de los tribunales de justicia. En lo que respecta al control preventivo facultativo, se han presentado ocho requerimientos: el primero fue en 1999, y el último en 2019, con motivo del requerimiento presentado por diputados del Frente Amplio y otras fuerzas políticas contra el Tratado Integral y Progresivo de Asociación Transpacífico.[12] Si nos detenemos en el contenido de las sentencias, tenemos un panorama dispar. Las dictadas en ejercicio de la atribución del control obligatorio de las normas orgánicas constitucionales de los tratados internacionales tienen una fundamentación escueta y bastante formal. Rara vez elaboran una reflexión judicial que pueda constituir un precedente digno de atención. Es cierto que esto puede deberse a que en todos los casos se consulta una o dos normas del tratado y no la totalidad de este. Sin embargo, esta limitación en cuanto al objeto del control no puede hacernos olvidar lo evidente: el control a requerimiento, a diferencia del control obligatorio, exige una argumentación más intensa por parte del juzgador, quien tiene que decidir entre los argumentos que le exponen las partes que se enfrentan. La ausencia de una contradicción proactiva hace que, casi por definición, el control obligatorio sea más pobre en su fundamentación jurídica.

Por esto, si queremos destacar las líneas jurisprudenciales más importantes que se han ido dibujando en el TC, tenemos que enfocarnos en sentencias que han resuelto requerimientos parlamentarios. Estos, junto a las contestaciones, informes y demás antecedentes que se han sumado a los distintos procesos, han generado sentencias mucho más ricas desde una perspectiva doctrinal. Una forma de mostrarlo es examinando la extensión de las decisiones judiciales. Así, las sentencias que se pronuncian en sede de control obligatorio son, la mayoría de las veces, muy breves. En promedio tienen 7,3 considerandos dedicados a pronunciarse sobre la constitucionalidad del asunto. Aquellas que resuelven

---

11   Los roles de las causas en que el TC dictó sentencia conociendo del control preventivo de normas orgánicas constitucionales son: 553-06; 830-07; 1050-08; 1483-09; 1415-09; 1315-09; 1818-10; 1898-11; 2522-13; & 2813-15.

12   Los roles de las causas en que el TC dictó sentencia conociendo de requerimientos parlamentarios son: 288-99; 309-00; 311-00; 312-00; 346-02; 383-03; 1988-11; & 6662-19.

requerimientos, en cambio, tienen en promedio 49,5 considerandos destinados a resolver la cuestión de constitucionalidad. Como es claro, esta cifra no mide la calidad de las sentencias, sino que únicamente su extensión. Pero aún así es un antecedente más que permite concluir que el control preventivo obligatorio no ha entregado mucho desde una perspectiva dogmática. Lo contrario se puede decir del control a requerimiento. Incluso discrepando de la argumentación que ha seguido el TC, es justo reconocer que las resoluciones que ha adoptado para resolver las diversas controversias han influido decisivamente en nuestro derecho, conectándolo con debates del constitucionalismo global y, en última instancia, revitalizando la relación entre el derecho internacional y el derecho constitucional chileno. A continuación, expondremos algunas de estas líneas jurisprudenciales.

1.2.1. Jerarquía de los tratados internacionales en el sistema de fuentes chileno

Tal vez uno de los asuntos más debatidos en el derecho público chileno, durante la década de 1990, fue el rango de los tratados de derechos humanos. Con motivo de la incorporación de una referencia a ellos en 1989, en el artículo 5 inciso segundo de la CPR[13], parte de la doctrina nacional sostuvo que tales acuerdos internacionales tendrían rango constitucional, e incluso supraconstitucional. El TC se pronunció al respecto el 2002, en su sentencia sobre el tratado constitutivo de la Corte Penal Internacional, y luego confirmó su criterio en fallos posteriores.[14] Quizás el más relevante de estos sea el relacionado con la Ley de Pesca y Acuicultura, donde, a diferencia de las decisiones anteriores, se alcanzó la unanimidad de los ministros en la materia. Según esta sentencia, en el derecho comparado pueden apreciarse diversas formas de regular la recepción de los tratados de derechos humanos. En algunos casos, estos prevalecen sobre el derecho interno, en otros tienen una jerarquía superior a las leyes, y también están los casos en que su rango es simplemente legal. Nuestro país, continúa el fallo:

---

13   Ver Ley N° 18825, disponible en https://www.bcn.cl/leychile/navegar?idNorma=30201

14   Ver *Estatuto de Roma de la Corte Penal Internacional* (346-2002), considerandos 59-75. Ver también *Ley N° 17.997, Orgánica Constitucional del TC* (1288-2009); y *Artículo 1°, numerales 20, 3, letra C) y 48 del proyecto que modifica la Ley N° 18.892, General de Pesca y Acuicultura* (2387-2012).
La discusión doctrinaria producida a raíz del primero de estos fallos fue extensa. Las diversas posturas pueden apreciarse en diversos artículos publicados en 1996, en la Revista Chilena de Derecho, vol. 23, N°s 2-3.

no contiene una mención explícita al rango normativo de los tratados internacionales, ni siquiera cuando éstos versan sobre derechos esenciales que emanan de la naturaleza humana. Con todo, de su contexto se infiere que los tratados internacionales tienen un rango inferior a la Constitución, porque están sometidos a control preventivo obligatorio de constitucionalidad cuando tratan materias de ley orgánica constitucional [...] lo que no sería posible si su valor fuere igual o superior a la Constitución misma.[15]

Si bien esta doctrina calmó levemente las aguas de la discusión constitucional, el asunto continúa siendo objeto de intenso debate.[16] En lo que ahora interesa, debe destacarse que fue por vía de control preventivo facultativo que el TC se pronunció sobre esta materia.

1.2.2. *Quorum* de las normas contenidas en los tratados internacionales

Un segundo aspecto discutido, que vino a zanjar el TC, fue el del *quorum* con que debían ser aprobados los tratados. ¿En conformidad al que corresponda en razón de la materia de las normas del tratado, o por *quorum* simple, cualquiera fuera su contenido? Esta última tesis fue la que sostuvieron, durante la década de 1990, sucesivos gobiernos a través del Ministerio de Relaciones Exteriores. La posición contraria fue expresada, principalmente, en el Congreso Nacional.[17] En su sentencia recaída en el Convenio N° 169 de la OIT, el TC resuelve que las normas de un tratado que versen sobre materias de rango orgánico-constitucional deben aprobarse con este *quorum*. Para sostener lo anterior, argumenta desde distintos puntos de vista.[18] Ante todo, y siguiendo una interpretación finalista, distingue entre las normas del tratado y el proyecto de acuerdo que las contiene. Las primeras deben aprobarse con el *quorum* que determine su contenido,

---

15 *Artículo 1°, numerales 20, 3, letra c) y 48 del proyecto que modifica la Ley N° 18.892, General de Pesca y Acuicultura* (2387-2012), considerandos 10-2.
   Esta sentencia agrega, respecto al Art. 5 inciso segundo de la CPR, que "lo que hace, entonces, esa norma constitucional es reforzar, mediante un enunciado específico, esa obligación en materia de derechos humanos, pero no tiene la virtud de elevar –ni podría hacerlo, ya que no fueron aprobados en ejercicio del Poder Constituyente– tales tratados a rango constitucional".

16 Ver e.g. López Escarcena y Núñez Poblete (2016), pp. 132 et seq.

17 Ver Troncoso (2011), pp. 15-6.

18 Ver *Convenio N° 169, sobre Pueblos Indígenas y Tribales de la OIT* (309-2000), considerandos 18, 24 & 25.

mientras que el segundo, que solo puede aprobarse o rechazarse, se entenderá aprobado cuando todas las disposiciones del tratado así lo fueran, por los *quorum* respectivos. De esta forma, concluye el TC, no pueden obviarse los *quorum*. Una segunda línea argumental reconoce que la práctica legislativa ya contemplaba que las votaciones relativas a tratados debían respetar los *quorum* establecidos en la CPR. Cita para ello el Informe de la Comisión de Constitución, Legislación, Justicia y Reglamento del Senado, acordado en la sesión del 13 de octubre de 1993.[19] Menciona también el TC el hecho de que la Comisión de Relaciones Exteriores, Asuntos Interparlamentarios e Integración Latinoamericana de la Cámara de Diputados resolvió de igual forma un asunto similar el 3 de enero de 1994. Como concluyó esta Comisión, si un tratado contiene normas propias de ley de *quorum* calificado, el acuerdo aprobatorio de la Cámara debe ser adoptado con el *quorum* inherente a dicha ley.

Esta jurisprudencia se consolidó más tarde con la reforma constitucional del 2005, y con la reforma a la Ley Orgánica Constitucional del Congreso Nacional.[20] Esta última hoy incluye en su texto otro de los planteamientos del TC, cuando establece que "las Cámaras se pronunciarán sobre la aprobación o rechazo del tratado, en votación única y con el quórum más elevado".[21]

1.2.3. Autoejecutabilidad de los tratados

Otra materia que ha sido abordada por el TC, en diversas sentencias, es el carácter autoejecutable de las disposiciones de los acuerdos internacionales. Lo hizo por primera vez en la decisión sobre el Convenio N° 169 de la OIT, y más adelante en las sentencias sobre la Convención para la Protección contra las

---

19   Ver Informe de la Comisión de Constitución, Legislación, Justicia y Reglamento del Senado, de 3 de noviembre de 1993, p. 7, disponible en
https://www.senado.cl/appsenado/templates/consultas_as_oa/listadoAS.html#
En este informe se señala que "una interpretación armónica y sistemática del texto constitucional lleva a concluir que la exigencia de que concurran tales mayorías debe aplicarse a cualquier normativa modificatoria de las mismas, aunque la disposición de que se trate no revista formalmente las características de una ley propiamente tal".

20   Ver Ley N° 20.447, disponible en
https://www.bcn.cl/leychile/navegar?idNorma=1014377&idParte=8940992&idVersion=2010-07-03

21   Art. 59 inc. segundo de la Ley N° 18918, Orgánica Constitucional del Congreso Nacional. Disponible en
https://www.bcn.cl/leychile/navegar?idNorma=30289

Desapariciones Forzadas, y sobre el Convenio para la Protección de Obtenciones Vegetales (UPOV-91).[22] En la primera de ellas, el TC sentó las bases de su doctrina posterior. Sostuvo el tribunal que, si las disposiciones de un tratado no son autoejecutables, es decir, "si requieren para su entrada en vigencia de la dictación de leyes, reglamentos o decretos que las implementen y, en tal evento, las haga aplicables como fuente del derecho interno", el control de constitucionalidad debe matizarse, pues no se trata de normas vigentes que entran en contradicción con la CPR. En cambio, si el tratado contiene normas autoejecutables, vale decir, "las que tienen el contenido y precisión necesarias que las habilita para ser aplicadas sin otro trámite como fuente del derecho interno", el control de constitucionalidad debe aplicarse en plenitud.[23] Con todo, el TC más tarde se ha abierto a la posibilidad de pronunciarse sobre normas no autoejecutables cuando es posible "inferir, razonablemente, que se configurará una inconstitucionalidad de fondo que es posible prever de inmediato".[24] Esto con miras a proteger cabalmente la supremacía constitucional.

Esta línea jurisprudencial ha llevado al TC a sostener que, en el Convenio N° 169 de la OIT, la regulación de la consulta indígena es autoejecutable, mientras que las demás disposiciones de este tratado no lo son; le ha permitido declinar pronunciarse sobre la constitucionalidad de una de las normas de la Convención para la Protección contra las Desapariciones Forzadas; y, gracias a la excepción antes mencionada, entrar a analizar la constitucionalidad de ciertas normas que no eran autoejecutables del Convenio para la Protección de Obtenciones Vegetales (UPOV-91).

1.3. Conclusión

Hemos analizado el control de constitucionalidad preventivo, que agrupa tanto al control obligatorio de normas orgánicas constitucionales como al control facultativo que se inicia por medio de un requerimiento parlamentario o presidencial.

---

22 Ver en general *Proyecto de Acuerdo Aprobatorio de la Convención Internacional para la Protección de Todas las Personas contra las Desapariciones Forzadas* (1483-2009); y *Requerimiento de inconstitucionalidad del Convenio Internacional para la Protección de Obtenciones Vegetales (UPOV-91)* (1988-2011).

23 *Convenio N° 169, sobre Pueblos Indígenas y Tribales de la OIT* (309-2000), considerando 48.

24 *Requerimiento de inconstitucionalidad del Convenio Internacional para la Protección de Obtenciones Vegetales (UPOV-91)* (1988-2011), considerando 17.

Este segundo, que nace en 1970, es el más interesante doctrinariamente, porque ha dado luz a reflexiones jurídicas que han marcado la doctrina nacional y la relación entre el derecho constitucional y el derecho internacional. El primero, en cambio, que se consolida formalmente el 2005, ha sido aplicado a los tratados por la mutación que han sufrido las normas orgánicas constitucionales a través del desmembramiento del que han sido objeto. A diferencia del otro tipo de control, este no ha dado lugar a doctrinas ni debates jurídicos relevantes respecto de los cuales debamos detenernos.

2. CONTROL REPRESIVO E INAPLICABILIDAD DE TRATADOS

2.1. Regulación constitucional

2.1.1. DESDE 1925 A LA REFORMA CONSTITUCIONAL DEL 2005: LA INAPLICABILIDAD EN LA CORTE SUPREMA

El control judicial de constitucionalidad de los preceptos legales nace formalmente en nuestro país con la Constitución Política de 1925, de la mano de la inaplicabilidad. Su artículo 86 autorizaba a la Corte Suprema "en los casos particulares de que conozca o le fueren sometidos en recurso interpuesto en juicio que se siguiere ante otro Tribunal" para declarar inaplicable "cualquier precepto legal contrario a la Constitución", para ese caso. ¿Son los tratados internacionales "preceptos legales"? Bajo la Constitución de 1925, la doctrina no se detuvo mayormente en esta pregunta. En las primeras décadas no se abordó el asunto. José Guillermo Guerra nada dice al respecto[25]; Carlos Estévez y Mario Bernaschina destacan que las normas reglamentarias no constituyen preceptos legales, pero no se refieren a los tratados[26]; Carlos Andrade recuerda que los decretos leyes y decretos con fuerza de ley sí son preceptos legales, mas omite cualquier referencia a los tratados[27]; y Rafael Raveau anota más de una decena de sentencias de inaplicabilidad dictadas en los 30, sin que ninguna de ellas se refiera a esta materia[28]. En los sesenta, Alejandro Silva Bascuñán y Raúl Bertelsen abordan el tema. Silva Bascuñán teoriza al respecto, y sostiene que la disposición

---

25   Ver en general GUERRA (1929).

26   Ver ESTÉVEZ (1949), p. 346; y BERNASCHINA (1951) p. 544.

27   Ver ANDRADE (1963), p. 600.

28   Ver RAVEAU (1939), pp. 383 et seq.

de un tratado vigente es un precepto legal susceptible de ser declarado inaplicable. Esto, pues la fórmula de promulgación de los mismos determina que deben llevarse a efecto como ley de la República, y porque la Constitución usa la expresión "precepto legal", por lo que "ha de entenderse que tal expresión comprende toda regla que tenga valor de ley, aunque formalmente no se contenga en un cuerpo jurídico así llamado".[29] Bertelsen, por su parte, adhiere a esta tesis, aunque no considera que sea la opción más conveniente para velar por la supremacía constitucional. Por eso propone una fórmula, que toma de la legislación francesa, de control preventivo de los tratados internacionales.[30] En los setenta, Enrique Evans incluye expresamente a los tratados internacionales dentro de la expresión "precepto legal".[31] Lo llamativo, con todo, es que ninguno de los autores referidos cita alguna decisión de la Corte Suprema que hubiera abordado el asunto. Podemos concluir que este asunto no fue una cuestión particularmente debatida en esas décadas por los operadores jurídicos. Aunque en teoría podía afirmarse que había control judicial de constitucionalidad de los tratados internacionales vigentes, en la práctica tal control era muy reducido.

Esto último no debiera extrañarnos. Por un lado, fue la Constitución de 1925 la que abrió la puerta al control judicial de constitucionalidad de las leyes. Por lo mismo, el ejercicio de esta nueva atribución fue gradual y paulatino, partiendo por las normas legales que mayor incidencia tenían en la resolución de las gestiones pendientes.[32] Por otro, la presencia de los tratados internacionales mutó en esas décadas en el sistema de fuentes chileno. De ser normas programáticas y con escasa incidencia en el derecho interno, empezaron a adquirir mayor fuerza adjudicativa. La CPR de 1980 no cambió en lo sustancial el control de constitucionalidad de las leyes por vía de la inaplicabilidad. El texto aprobado y vigente hasta el 2005 se refería a los "preceptos legales", y también entonces se entendió que podía plantearse respecto de tratados internacionales. Así por ejemplo lo afirma Luz Bulnes a inicios de los ochenta, cuando escribe que "la mayoría de la doctrina sostiene que el tratado es una verdadera ley" y, por lo

---

29 Silva Bascuñán (1963), p. 443.

30 Ver Bertelsen (1969), p.155.

31 Ver Evans (1970), p. 155.

32 De esto da cuenta Mario Bernaschina en 1951, cuando escribe que "a pesar de que la Corte Suprema ha tenido que conocer de muchos recursos de inaplicabilidad, solo en contadas ocasiones –diez o doce– se ha declarado que una ley vulnera la Constitución". Bernaschina (1951), p. 542.

tanto, procede contra ellos la inaplicabilidad.[33] Luego, la reforma constitucional del 2005 entregó al TC la atribución de resolver las inaplicabilidades, y volvió a utilizar la expresión "precepto legal". En ningún momento, durante la tramitación de esta reforma, se discutió excluir del control de constitucionalidad represivo a los tratados internacionales.[34] Lo que sí generó debate, pero con posterioridad, fueron otros asuntos, como el control preventivo, la jerarquía de los tratados y el *quorum* de aprobación.[35]

Como puede apreciarse, durante las décadas en análisis los tratados internacionales eran considerados "preceptos legales", tanto por la Corte Suprema como por el TC. Por lo mismo, eran susceptibles de control de constitucionalidad por vía de la inaplicabilidad.

---

33 BULNES (1983), pp. 28 y 38. Ver también PEÑA (2007), p. 60; y NAVARRO (2011), p. 38. Lo mismo afirma el TC en una sentencia donde tanto la mayoría como la minoría sostienen que la Corte Suprema incorporaba a los tratados internacionales dentro de la expresión "precepto legal".
Ver *LEY N° 17.997, ORGÁNICA CONSTITUCIONAL DEL TC* (1288-2009), considerando 47. Ver también la letra f) del voto disidente de los ministros José Luis Cea, Juan Colombo y Marisol Peña a esta sentencia.

34 En la historia de la Ley N° 20.050 del 2005, que introdujo diversas modificaciones a la CPR, solo aparece una pregunta que plantea el profesor Eduardo Vio sobre la inaplicabilidad de los tratados internacionales, en el siguiente sentido: "En cuanto al tema de la supremacía de la Constitución sobre los tratados [...] no se precave un eventual problema futuro: ¿qué sucedería si, posteriormente, un particular recurre a los tribunales y éstos declaran la inaplicabilidad del tratado correspondiente?".
Ver la historia de la Ley N° 20.050, disponible en https://www.bcn.cl/historiadelaley/nc/historia-de-la-ley/6131/

35 Como lo confirma lo señalado por el senador Hernán Larraín, quien sostuvo durante la tramitación de la Ley N° 20.381 del 2009, que modificó la ley orgánica constitucional del TC, que "al menos desde la Carta de 1925, se ha entendido que la expresión precepto legal incluye a los tratados internacionales, para los efectos de alegar su inaplicabilidad por inconstitucionalidad". Más tarde, agregó que "como partícipe directo en las reformas plasmadas por la ley N° 20.050 [...] nunca, en todas las etapas de su tramitación, se suscitó discusión en torno al sentido y alcance de la expresión 'precepto legal', porque el constituyente no pretendió alterar el entendimiento que se le había dado siempre".
Ver la historia de la Ley N° 20.050, disponible en https://www.bcn.cl/historiadelaley/nc/historia-de-la-ley/4724/

2.1.2. Del 2005 a nuestros días: la inaplicabilidad en el TC

El control de constitucionalidad de los tratados ha sido abordado por la doctrina con especial intensidad, antes y después de la reforma del 2005.[36] No obstante, fue en la tramitación del proyecto de ley que adecuaba la ley orgánica constitucional del TC a las modificaciones introducidas a ese órgano por la reforma de la CPR del 2005, que el debate doctrinario aterrizó en sede legislativa. Se produjo entonces una interesante reflexión jurídica sobre la posibilidad de utilizar la inaplicabilidad para impugnar un tratado. Primero, fue el legislador el que intentó excluir los acuerdos internacionales de la revisión de constitucionalidad por vía de la inaplicabilidad, según puede apreciarse en la historia de esa ley. Así, diversos parlamentarios plantearon que no procedía este, pues no solo estaba involucrada la responsabilidad internacional, sino que además la CPR no los incluía expresamente. En oposición a ellos, otros parlamentarios sostuvieron que debía mantenerse el control represivo por vía de la inaplicabilidad, pues lo contrario implicaba acotar las atribuciones constitucionales del TC por medio de una ley. Argumentaron, asimismo, que la declaración de inaplicabilidad para el caso concreto no implicaba vulnerar normas de derecho internacional. Incluso la propia Comisión de Constitución, Legislación, Justicia y Reglamento del Senado encargó sendos informes en derecho a prestigiosos juristas. Luz Bulnes, Francisco Orrego y Teodoro Ribera se manifestaron a favor de la inaplicabilidad de disposiciones de tratados. Ana María García y Hugo Llanos sostuvieron la tesis contraria.[37] Finalmente, el texto despachado por el Congreso Nacional optó por excluir a los tratados internacionales de la inaplicabilidad.[38]

El tema fue luego debatido al interior del TC, con motivo del control preventivo obligatorio del proyecto de su ley orgánica constitucional. El tribunal finalmente sostuvo que es procedente la inaplicabilidad de los tratados y declaró

---

36   Sergio Verdugo da cuenta de diversos autores que se pronunciaron sobre el control de constitucionalidad de los acuerdos internacionales, en este período.
Ver Verdugo (2010), notas 13-4 & 22-4 en pp. 453 & 455.

37   El Segundo Informe de la Comisión de Constitución, Legislación, Justicia y Reglamento del Senado daría cuenta, en su página 71, del encargo y de las posiciones de los informantes. Sin embargo, no detalla los argumentos.
El autor de este artículo efectuó una solicitud de transparencia al Senado para tener acceso a estos informes. Se le informó que estos se habían extraviado y no se encontraban ni en el Archivo del Senado ni anexados al Informe de la Comisión respectivo.

38   Para un completo análisis del debate en el Congreso Nacional respecto de la inaplicabilidad de los tratados, producido a raíz de la tramitación de la Ley N° 20.381 que modificó la Ley Orgánica Constitucional del TC, ver Arellano (2012), pp. 388-414.

inconstitucional los artículos del proyecto de ley que establecían lo contrario.[39] El TC construye su sentencia sobre tres líneas argumentales. En la primera, sostuvo que una ley no podía limitar las atribuciones que la CPR le había concedido, cuestión en la que a todas luces acierta.[40] La segunda se funda en la literalidad del texto constitucional y, específicamente, en la expresión "precepto legal". Invocando precedentes, el TC dice que antes del 2005 la Corte Suprema también había incluido las disposiciones de un tratado en dicha expresión.[41] Señala el tribunal que un tratado no es propiamente una ley, y de ahí su especial forma de tramitación legislativa. No obstante, agrega, se "integr[a] a nuestro derecho interno como un 'precepto legal'", y bien puede contener disposiciones propias de ley.[42] Aquí la sentencia también está en lo correcto, pues a la luz de la CPR no hay razones de peso para deducir que el constituyente ha excluido del control de constitucionalidad de los preceptos legales a los tratados internacionales. Más aún si desde 1925 se ha utilizado la misma voz y la práctica jurisprudencial ha sido consistente, aunque esporádica.

Sin embargo, en un contexto de cambio constitucional, no son estos los argumentos más relevantes. Si lo que nos interesa ahora es el diseño jurídico y no la interpretación de un texto ya dado, ambos planteamientos pierden fuerza. En el debate futuro, bastaría con resolver la contienda a nivel constitucional. Para ello sirve la tercera línea argumentativa que plantea el TC, la cual gira en torno al efecto jurídico de la inaplicabilidad[43] y que nos lleva a la pregunta de fondo: si puede o no la aplicación de un tratado vigente entrar en contradicción con la Constitución. En la sentencia sobre su ley orgánica constitucional, que sigue siendo hasta hoy la tesis del TC, la respuesta se despliega en dos niveles. En lo que respecta a la inaplicabilidad, el tribunal sostiene algo que ha repetido muchas veces. Que esta tiene "un efecto particular en el orden interno y para el caso concreto [...] sin que se altere de este modo la generalidad de la disposición del tratado ni su vigencia desde el punto de vista del derecho internacional".[44] De esta forma, el TC descarta que la inaplicabilidad pueda tener un efecto derogatorio o, como anota el voto particular del ministro Mario Fernández, "no afecta

---

39 Ver en general *Ley N° 17.997, Orgánica Constitucional del TC* (1288-2009).

40 Ver ibid., considerandos 40 & 71.

41 Ver ibid., considerando 47.

42 Ver ibid., considerandos 53 & 55.

43 Ver ibid., considerandos 42 & 58-69.

44 Ver ibid., considerando 42.

a la norma, sino a los efectos de su aplicación en un caso concreto".[45] En esto, el TC es consistente con la configuración que ha adquirido en nuestro derecho, al menos en teoría, la inaplicabilidad. Si el efecto de la aplicación de una norma es inconstitucional, el tribunal ordena su inaplicación para un caso concreto, sin que ello incida en la vigencia de la norma ni genere responsabilidad internacional del Estado. Se trata de una decisión de efectos jurídicos acotados que, aun a la luz del derecho internacional, no implica la suspensión del tratado. Distinto es el caso cuando ejerza la atribución que le confiere el artículo 93 N° 7 de la CPR. Aquí, el TC reconoce que la declaración de inconstitucionalidad de un tratado "genera el mismo efecto que una ley derogatoria", lo que "implicaría una infracción a las normas del derecho internacional sobre formación y extinción de los tratados" al vulnerar el artículo 54 N° 1 de la CPR.[46] Dicho de otra forma, un tratado vigente es susceptible de revisión judicial de constitucionalidad, pero solo en aquellos casos en que el efecto de la declaración no importa una expulsión del acuerdo internacional correspondiente del ordenamiento jurídico con efectos generales.

La sentencia sobre su ley orgánica constitucional reunió a los ministros Raúl Bertelsen, Hernán Vodanovic, Mario Fernández, Jorge Correa Sutil, Marcelo Venegas y Enrique Navarro. Los ministros Juan Colombo, José Luis Cea, Francisco Fernández Fredes y Marisol Peña sostuvieron la tesis contraria y fundaron su voto en dos argumentos. De acuerdo con el primero de estos, progresivamente el constitucionalismo chileno ha ido separando a la ley del tratado y por ello en la actualidad, a diferencia de antes, puede entenderse que los tratados no son propiamente "preceptos legales". Conforme al segundo argumento, permitir la inaplicabilidad de un tratado vulnera el artículo 54 N° 1 inciso quinto de la CPR, que establece: "Las disposiciones de un tratado sólo podrán ser derogadas, modificadas o suspendidas en la forma prevista en los propios tratados o de acuerdo a las normas generales de derecho internacional". La sentencia que acoge la inaplicabilidad sería una suerte de suspensión del tratado, que iría en contra de esta disposición.

La tesis del TC fue objeto de intenso debate en la doctrina nacional. Su efecto, con todo, ha sido poco perceptible, pues, como veremos a continuación, la actividad jurisprudencial en esta materia ha sido escasa. Pese a ello, el asunto merece ser analizado a la luz de un nuevo contexto constitucional. Abordaremos esa temática en el siguiente capítulo.

---

45   Ver ibid., voto particular del ministro Mario Fernández, considerando 33.

46   *Ley N° 17.997, Orgánica Constitucional del TC* (1288-2009), considerando 58.

2.2. El control represivo de los tratados, en la práctica

Mientras esta estuvo radicada en la Corte Suprema, no hubo muchos antecedentes de inaplicabilidad de tratados. Bajo el imperio de la Constitución de 1925, la doctrina constitucional casi no mencionó decisiones judiciales relacionadas con esta materia. En la recopilación de jurisprudencia editada por Mario Bernaschina en 1954 no aparece ninguna.[47] Sí encontramos algunas referencias en la obra que editó Enrique López, que reúne jurisprudencia de la Corte Suprema entre 1950 y 1979.[48] En 1959, la Corte rechazó un requerimiento sobre la atribución que una ley miscelánea entregaba al Presidente de la República para que, mientras se desarrollara la Segunda Guerra Mundial, adoptara todas las medidas necesarias para poner en ejecución las recomendaciones de organismos internacionales vinculadas con la política continental de ayuda recíproca. La Corte Suprema rechazó el recurso y, entre sus fundamentos, sostuvo que "los acuerdos de Río de Janeiro y de Washington no son verdaderos tratados internacionales ni tienen el carácter jurídico de leyes", por lo que concluyó que "no procede ejercitar en contra suya el recurso de inaplicabilidad".[49] Años después, rechazando una inaplicabilidad contra un decreto supremo, la Corte afirmó que un "precepto legal" es aquel que tiene "carácter de ley, comprendido en la definición contenida en el artículo 1° del Código Civil, o que esté revestido de fuerza legal".[50] En esta última frase ciertamente pueden incluirse los tratados internacionales. Bajo el imperio de la CPR de 1980 tampoco parece haber habido muchas sentencias resolviendo inaplicabilidades en contra de acuerdos internacionales. Eso puede deducirse del silencio que guardan los trabajos empíricos sobre el tema.[51] El traslado de la inaplicabilidad al TC no ha generado un cambio en esta tendencia.

---

[47]   Ver en general Bernaschina (1954).

[48]   Ver en general López Bourasseau (1984).

[49]   Ibid., p. 208.

[50]   Ibid., p. 207.

[51]   El estudio de Hernán Larraín sobre la inaplicabilidad en los setenta y los ochenta no se refiere a los tratados internacionales.
Ver en general Larraín (1990).
Tampoco lo hace el de Gastón Gómez al examinar las inaplicabilidades en los noventa.
Ver en general Gómez (1999).
Por su parte, Enrique Navarro identifica una sentencia que rechaza una inaplicabilidad del Convenio sobre Aspectos Civiles del Secuestro Internacional de Niños.
Ver Navarro (2011), p. 38.

Desde el 2005, hasta la fecha, solo encontramos seis sentencias de inaplicabilidad. De ellas cinco son inadmisibilidades y solo una entra al fondo. De la lectura de todas ellas aparece que se acepta la inaplicabilidad de los tratados, pese a ciertas nostalgias. Así, la mayoría de las inadmisibilidades se fundan en la causal legal de falta de fundamento plausible y no invocan el numeral 4 de la ley orgánica constitucional del TC; esto es, que no se está ante un "precepto legal".[52] Hay dos excepciones. La primera es una sentencia del 2015 en la que los ministros Peña, Juan José Romero y Fernández Fredes, con la oposición del ministro Domingo Hernández, declaran la inadmisibilidad respectiva, fundados en que esta no procede por no ser estos "preceptos legales".[53] La segunda es una sentencia que declara la inadmisibilidad de una inaplicabilidad que impugnaba el Estatuto del Tribunal Militar Internacional de Nuremberg, porque no constituye este un precepto legal determinado.[54] Respecto de la sentencia que entra al fondo, corresponde a una inaplicabilidad que se rechazó el 2009, cuando aún estaba fresca la disputa sobre esta materia. Es interesante constatar que ella reúne en una prevención a los ministros Peña, Fernández Fredes, Carlos Carmona y José Antonio Viera-Gallo, quienes recordaron su posición contraria a la inaplicabilidad de los tratados, con resignación.

2.3. Conclusión

El control represivo de constitucionalidad de preceptos legales nació en nuestro derecho con la Constitución de 1925, junto a la inaplicabilidad. Aun cuando hubo largos períodos de silencio, los tratados fueron considerados "preceptos legales" y, por lo mismo, susceptibles de ser declarados inaplicables. Con todo,

---

52 Ver en general *ARTÍCULOS 1, 3 Y 12 DE LA CONVENCIÓN SOBRE LOS ASPECTOS CIVILES DEL SECUESTRO INTERNACIONAL DE NIÑOS, EN LA CAUSA ROL N° 388 DE LA CORTE DE APELACIONES DE SAN MIGUEL* (572-2007); *ARTÍCULO 22 DEL ACUERDO RELATIVO A LA APLICACIÓN DEL ARTÍCULO VII DEL ACUERDO GENERAL SOBRE ARANCELES ADUANEROS Y COMERCIO DE 1994, EN LA CAUSA ROL N° 7032-2008 SOBRE CASACIÓN EN EL FONDO ANTE LA CORTE SUPREMA* (1832-2010); y *TRATADO ENTRE LA REPÚBLICA DE CHILE Y LA REPÚBLICA DE ARGENTINA SOBRE CONTROLES INTEGRADOS DE FRONTERAS* (2353-2012).

53 Ver en general *ARTÍCULO 1° DE LA LEY N° 17.301, QUE CREA LA JUNTA NACIONAL DE JARDINES INFANTILES, Y DEL ARTÍCULO 14, PÁRRAFO 3, DE LA CONVENCIÓN INTERNACIONAL DE LOS DERECHOS DEL NIÑO DE 1989, EN LA CAUSA ROL N° 708-2015 DE LA CORTE SUPREMA* (2789-2015).

54 Ver en general *ESTATUTO DEL TRIBUNAL MILITAR INTERNACIONAL DE NUREMBERG, EN EL PROCESO DE FUERO ROL N° 16.379-2005, ANTE EL MINISTRO EN VISITA DE LA CORTE DE APELACIONES DE SANTIAGO, SEÑOR MIGUEL VÁSQUEZ PLAZA* (6447-2019).

las cifras recientes muestran que este tema, tan relevante en la doctrina, no es una vía particularmente atractiva en la estrategia judicial. Tal vez esto se deba a que las dudas doctrinarias han agregado incertidumbre al momento de elegir si utilizar o no esta acción, o a que regularmente la norma decisiva en la gestión pendiente es una ley, y no exclusivamente normas de tratados internacionales. Sean estas u otras razones, lo cierto es que la inaplicabilidad de los tratados internacionales ha sido en nuestra historia una cuestión de competencia de los tribunales, pero de uso esporádico.

3. LA CONSTITUCIONALIDAD DE LOS TRATADOS EN DEBATE

Numerosos temas relevantes para las relaciones entre el derecho internacional y el derecho constitucional surgen a raíz de una nueva Carta Magna. Asuntos vinculados con la jerarquía de este último; su incorporación al sistema de fuentes; la distribución de competencias entre los órganos del Estado en materias vinculadas con el derecho internacional; la deliberación, tanto en la etapa de negociación como durante el proceso de aprobación de los tratados, y su interpretación; la implementación de las sentencias de tribunales internacionales, entre tantos otros. En lo que sigue daremos una mirada normativa al control de constitucionalidad, tanto preventivo como represivo; es decir, tanto al que se efectúa durante el proceso de aprobación de un tratado en el Congreso Nacional, como al que tiene lugar una vez que este ha sido ratificado y se encuentra vigente.

3.1. Cuestión previa: la jerarquía de los tratados

Como asunto previo, es necesario detenernos en un tema que ha sido objeto de amplia discusión en nuestra doctrina. Aceptar el control de constitucionalidad de los tratados, en cualquiera de sus formas, supone que estos tienen un rango infraconstitucional. Si fueran equivalentes a la Constitución, no podría haber un control de constitucionalidad, pues un sistema de fuentes que les concede la misma jerarquía impediría que haya normas constitucionales que sean contrarias a la Carta Fundamental, y que estas sean susceptibles de dicho control judicial, salvo en aspectos formales de procedimiento, según veremos más adelante. Por tanto, establecer la jerarquía de los tratados internacionales en el futuro debate constitucional será una cuestión importante, que requerirá una serie de definiciones. Ante todo, exige que haya una mención expresa de cuáles, si alguno, son los tratados vigentes de rango constitucional. Esto, tras una deliberación acabada sobre los efectos y el alcance de esta jerarquización.[55] A nuestro juicio, la seguridad jurídica y el efecto pedagógico que cumple la Constitución formal en los operadores jurídicos desaconsejan usar frases genéricas, como "tratados internacionales sobre derechos humanos". Si hoy, al decir de Sebastián López, estamos en estas tan relevantes materias "a merced de las oscilaciones de la doctrina y la jurisprudencia nacionales"[56], una regulación tangencial que evite definir los aspectos esenciales en las relaciones entre el derecho internacional y el derecho interno nos mantendría donde mismo. Por eso, si se opta por la jerarquía constitucional, los tratados que la tengan deberán ser individualizados con precisión. No puede nuevamente intentar extraerse una conclusión sobre la jerarquía de los acuerdos internacionales de disposiciones tan genéricas como el artículo 5 inciso segundo de la CPR, o no atingentes a este problema como su artículo 54 N° 1. Tampoco puede, como advierten Pablo Contreras y Domingo Lovera, incluir la Constitución una "modalidad de internalización jerárquicamente configurada, de arriba hacia abajo" que olvida el aporte que los propios estados pueden hacer a la protección de los derechos.[57] Junto con definir cuáles son los eventuales tratados de rango constitucional, debe también determinarse los procedimientos necesarios para que en el futuro otros acuerdos internacionales adquieran esa jerarquía.[58] Igualmente será necesario regular la forma de terminar estos tratados.

Que se siga este camino es una cuestión que merece reflexión. Elevar a rango constitucional determinados tratados importa también entregar a los órganos internacionales que los aplican influencia significativa en la interpretación de las normas de la Constitución y, en definitiva, en la evolución jurídica del país. Fruto del constitucionalismo global, esto no es extraño en la actualidad. Con todo, no debe olvidarse que el pacto constitucional tiene un carácter político y

---

55 Cuando se discutió el tema para la reforma de la Constitución de la Nación Argentina de 1994, este generó intensos debates.
    Ver GELLI (2018), p. 263.

56 LÓPEZ ESCARCENA (2012), p. 366.

57 Ver CONTRERAS Y LOVERA (2018), p. 124.

58 Como da cuenta la experiencia argentina, su Constitución exige que, tras la aprobación del respectivo tratado por el Congreso de la Nación, se efectúe una votación adicional que debe reunir a las "dos terceras partes de la totalidad de los miembros de cada Cámara para gozar de la jerarquía constitucional".
    Art. 75 N° 22 de la Constitución de la Nación Argentina.

jurídico para una comunidad que no solo comparte una cierta tradición que la hace diferente de otras, sino que también se proyecta en una convivencia que no es universal. Por eso no es un camino recomendable trasladar la facultad interpretativa, propia de constituciones que son cuerpos vivos, a instancias ajenas y desconectadas de la comunidad que esta regula. En cualquier caso, si se sigue o no esta ruta, igualmente habrá un número considerable de tratados de rango infraconstitucional, por lo que será necesario definir si serán o no objeto de control judicial de constitucionalidad. Sobre esto nos detendremos a continuación.

3.2. La legitimidad del control de constitucionalidad de los tratados

En el Federalista se puede leer que negar la revisión judicial de constitucionalidad de las leyes equivale a "afirmar que el mandatario es superior al mandante, que el servidor es más que su amo [o] que los representantes del pueblo son superiores al pueblo mismo".[59] Hacer lo mismo con la revisión judicial de constitucionalidad de los tratados tendría la misma dificultad. Al contener la Constitución las normas supremas en el sistema de fuentes de un determinado ordenamiento jurídico, todo tratado internacional (que no tenga jerarquía constitucional, como hemos dicho) debe subordinarse a los mandatos de la Carta Fundamental. Visto así, los mismos argumentos que legitiman la revisión judicial de las leyes se extienden a los tratados, pues estos también son normas jurídicas que despliegan sus efectos vinculantes en el sistema de fuentes de una determinada comunidad. No desconocemos que el debate sobre la legitimidad de la revisión judicial de constitucionalidad de las leyes es hoy intenso. Sin embargo, el argumento sobre el que se suelen levantar las críticas en contra de esta es, en síntesis, la superioridad democrática y normativa de la ley por sobre las decisiones de los jueces o, dicho en términos waldrianos, la "dignidad de la legislación".[60] Incluso si esto fuera correcto, el argumento no se podría extender acríticamente a los tratados internacionales. La deliberación legislativa que tradicionalmente se desarrolla en las legislaturas es muy distinta a la que se produce respecto de un tratado. Desde los orígenes del constitucionalismo contemporáneo, los acuerdos internacionales han sido instrumentos dejados en manos del jefe de Estado, donde la participación de las legislaturas es reducida. Chile no ha sido ni es la excepción. Por

---

59   Ver MADISON, HAMILTON y JAY (2001), p. 332.

60   Ver en general WALDRON (1999).

ello, suponer una superioridad democrática o normativa del tratado por sobre la decisión judicial es más que discutible.

Si el asunto se mira en contexto, actualmente diversos países contemplan el control judicial de constitucionalidad de los tratados internacionales. Según Mario Mendez, la presencia del control *ex ante* se ha esparcido rápidamente en las Constituciones de Europa, África y Latinoamérica, desde que Francia y la Unión Europea incorporaran expresamente el control de constitucionalidad preventivo. Respecto al control represivo, este autor sostiene que, aunque el número de países que lo aceptan es inferior a los que contemplan el control *ex ante* de tratados, de todas formas su cantidad no debe despreciarse. Austria fue el primero en hacerlo en 1964. Desde entonces, se han sumado Brasil, México, Polonia, Portugal, Serbia y Angola. Adicionalmente, otros países han incorporado el control *ex post* de tratados por la vía de las prácticas constitucionales, como Bélgica, Alemania, Italia, Japón y EE.UU. En este último grupo Mendez incluye a Chile.[61] Dermot Hodson e Imelda Maher, por su parte, confirman lo señalado. La intervención de los tribunales fue originalmente controversial, pero hoy está más que aceptada. En los primeros años de la integración europea, el involucramiento de los tribunales fue mirado con recelo. Sin embargo, actualmente esta es una regla de tal aceptación que el Tratado de Lisboa de 2007, por ejemplo, en virtud del cual se reformó la Unión Europea, ha sido llevado a tribunales en ocho países. Nada de esto debilita la democracia, la integración o la responsabilidad internacional. Por el contrario, el control de constitucionalidad ha sido un vehículo para facilitar un amplio escrutinio judicial.[62] En ocasiones, se ha criticado al derecho internacional por ser un marco normativo desconectado de las realidades locales e impuesto por burocracias distantes. Este planteamiento, ciertamente discutible, no nos debe impedir reflexionar sobre los mecanismos internos para hacer que las normas internacionales dialoguen con las normas internas. Como señala Mendez, adoptar el control de constitucionalidad de tratados en su versión preventiva y represiva permite que emerja un derecho de los tratados, por ejemplo, más respetuoso de las normas internas y así "el control de constitucionalidad doméstico, quizá contraintuitivamente, ayud[e] a reforzar la legitimidad del propio derecho internacional".[63]

---

61 Ver MENDEZ (2017), p. 96.

62 Ver HODSON Y MAHER (2018), pp. 170 et seq.

63 MENDEZ (2017), p. 109.

3.3. ¿A qué control judicial de constitucionalidad debieran estar sometidos los tratados?

En nuestro derecho, se ha extendido la idea de someter a todos los tratados internacionales a control preventivo obligatorio. Parece ser, como anota Sergio Verdugo, "un lugar común en parte importante de la doctrina nacional".[64] Este autor examina los planteamientos de Humberto Nogueira, Miriam Henríquez, Emilio Pfeffer, Arturo Fermandois, Miguel Ángel Fernández, Aldo Monsálvez y Fernando Gamboa, los que –cada cual a su modo– plantean la necesidad de un control obligatorio preventivo de los tratados. Más recientemente, la propuesta volvió a figurar en listado de reformas al TC que un grupo de abogados elaboró el 2019.[65] Diversas son las razones que plantean los autores de estas propuestas. Ante todo, el control preventivo obligatorio busca resguardar la supremacía constitucional, al establecer un mecanismo que intenta impedir que entren en vigor tratados contrarios a la Constitución. También se argumenta que el control preventivo es más adecuado que el control represivo, pues este último puede generar responsabilidad internacional si un tratado vigente es declarado inconstitucional. Respecto del control preventivo facultativo o a requerimiento no hay muchas reflexiones disponibles. No obstante, si se promueve el control obligatorio de los tratados, puede suponerse que también sería razonable el control facultativo. ¿Cómo negar el control cuando es un grupo de parlamentarios el que lo solicita, si aceptamos el control de constitucionalidad preventivo? Sin embargo, pareciera que hasta la fecha la discusión del control facultativo de los tratados ha seguido la suerte de la atribución principal; esto es, del control preventivo facultativo de los proyectos de ley. Por ejemplo, el proyecto de nueva Constitución Política que la Presidenta Michelle Bachelet propuso eliminar toda forma de control preventivo a requerimiento, aun cuando planteaba mantener el control preventivo obligatorio de las normas de un tratado que versaran sobre materias orgánico-constitucionales.[66]

---

64 VERDUGO (2010), p. 451.
Ya en 1963, Jorge Guzmán Dinator, leyendo las conclusiones de un seminario organizado en la Biblioteca Nacional, sostuvo la necesidad de incorporar a nuestra Constitución el control preventivo de los tratados.
Ver NAVARRO (2011), p. 28.

65 La propuesta está disponible en https://www.cepchile.cl/documentos/Informe-Final-Grupo-Estudio-Reforma-al-TC.pdf

66 Ver Art. 94 N° 1 del proyecto de CPR, enviado al Congreso a comienzos del 2018.

Como vimos, el control represivo de tratados vigentes por la vía de la inaplicabilidad también ha sido debatido. Tanto antes como después de la sentencia del TC sobre su ley orgánica constitucional, muchos cuestionaban esta forma de control porque ponía en riesgo la responsabilidad del Estado, al contemplar un mecanismo judicial que dejaría sin efecto las normas de un tratado. Diversos autores proponen eliminar cualquier forma de control represivo, para exigir un control obligatorio preventivo. De esa forma, sugieren, se resguardaría la supremacía constitucional. En este escenario, consideramos que una eventual nueva Constitución debiera tener presente los siguientes elementos.

3.3.1. Es necesario un control de constitucionalidad preventivo formal

El control preventivo formal es aquel que revisa si se han seguido los procedimientos establecidos para aprobar el tratado. En el caso chileno, esos procedimientos están establecidos en la CPR y en la ley orgánica constitucional del Congreso Nacional, siendo competencia del TC exclusivamente las "cuestiones de constitucionalidad": esto es, hacer exigibles las normas contenidas en la CPR. El ejercicio de esta atribución ha sido de importancia para nuestro derecho, y lo seguirá siendo. Ha permitido, por ejemplo, resolver si un tratado fue aprobado con el *quorum* de votación que exige la CPR[67], o si en la tramitación de un proyecto se respetaron los trámites que supuestamente exigía el ordenamiento jurídico[68]. Cualquiera sea la opinión que tengamos sobre las decisiones que resolvieron estos casos, lo cierto es que es relevante que exista un órgano que, juzgando en derecho, resuelva estas controversias procedimentales. Si no existiera, podría aprobarse un tratado con un *quorum* distinto al que la CPR establece, podría omitirse un trámite o vulnerarse de cualquier otra forma los procedimientos establecidos en la CPR. Asimismo, el control preventivo de aspectos de forma seguirá siendo importante para nuestro derecho, pues seguir las reglas procedimentales preestablecidas es una garantía para la deliberación y para el respeto a las minorías. Si no hubiera un control del procedimiento, la mayoría parlamentaria podría simplemente obviar ciertos trámites considerados

---

67 Ver en general *Requerimiento de inconstitucionalidad del Convenio Internacional para la Protección de Obtenciones Vegetales (UPOV-91)* (1988-2011).

68 Ver en general *Artículo 1°, numerales 20, 3, letra c) y 48 del proyecto que modifica la Ley N° 18.892, General de Pesca y Acuicultura* (2387-2012).

esenciales –y por lo mismo, establecidos en la CPR–, sin opción alguna para la minoría de proteger los derechos que el procedimiento les garantiza.

Por último, dos reflexiones finales sobre este punto. La primera es que podría argumentarse que el control preventivo formal no es imprescindible, dado que el respeto a las reglas de procedimiento podría ser realizado por aquel tribunal que, eventualmente, asuma el control de constitucionalidad represivo. Sin embargo, y como hemos argumentado en otra parte, nos parece que no es conveniente que el control sobre vicios de procedimiento sea efectuado tan lejos del término del proceso legislativo, una vez que la ley ya entró en vigencia.[69] La segunda reflexión es que el control preventivo formal adquiere especial relevancia si el tratado se incorpora al sistema de fuentes con un rango constitucional, como podría ocurrir en el futuro si así lo autoriza la nueva Constitución. Esto, pues las especiales exigencias que suele imponerse a los cambios constitucionales podrían intentar obviarse por la vía de aprobar un tratado internacional incorporado a nivel constitucional sin seguir los procedimientos y *quorum* que exija la Carta Fundamental. La falta de un órgano que controle el cumplimiento de las formas sería un incentivo para incorporar a la Constitución tratados internacionales sin seguir las formas preestablecidas.

3.3.2. Se requiere un control de constitucionalidad preventivo sustantivo

Pero no solo debiera contemplarse un control preventivo formal, sino que también uno sustantivo. Es decir, aquel que se pronuncia sobre el contenido del tratado y su conformidad con la Constitución. Como se analizó más arriba en relación con el control obligatorio, el preventivo es una forma de resguardar la supremacía constitucional. La Constitución, como pacto fundamental, se encuentra por sobre los tratados internacionales que no han sido aprobados, y sus normas exigen que no solo la forma de incorporarlos, sino que también el contenido del propio tratado se encuentre conforme a la Carta Magna. Es claro que no hay responsabilidad del Estado si este, antes de la entrada en vigencia del tratado, decide no ratificarlo. Los vicios sustantivos de un tratado pueden ser diversos. Por ejemplo, vulnerar derechos fundamentales, alterar las competencias constitucionales de los órganos del Estado, o generar inmunidades no autorizadas en nuestro derecho. En Chile, el TC se ha aproximado a cuestiones constitucionales sustantivas para, entre otros asuntos, resolver que un tratado internacional no

---

69　Ver en general Soto Velasco (2020).

puede conceder jurisdicción en ciertas materias a tribunales internacionales sin modificar la CPR, o resolver que el uso de la expresión "pueblos indígenas" no configura un estatuto de poderes especial que vulnera la Carta Fundamental.

La atribución del control preventivo sustantivo exige algunas consideraciones. Primero, el control preventivo sustantivo no procedería respecto de aquellos tratados que se incorporen con rango constitucional, si así lo contempla la Constitución estableciendo un procedimiento para ello. No obstante, evidentemente debiera corresponder para los tratados de jerarquía infraconstitucional, como será la regla general. Segundo, en cuanto a si el control debe ser obligatorio o facultativo, debe señalarse que el asunto es menos relevante que el anterior. En doctrina, como ya se anotó, hay una preferencia por el control obligatorio. Sin embargo, este no ha sido un vehículo que genere una jurisprudencia sostenida o una reflexión jurídica contundente. En cambio, a través del control facultativo se han originado sentencias con contenido relevante, que han dado pie a que la doctrina discuta, zanjando para el futuro ciertos temas que antes generaban división en la comunidad jurídica. Y es que el control a requerimiento, más que el control obligatorio, es el más propiamente judicial, pues exige del juzgador una toma de posición ante posturas contrapuestas que han sido defendidas en los estrados. De esta manera, las partes plantean sus argumentos y enfrentan su defensa, y el juez argumenta para acoger o rechazar sus diversas alegaciones. Por eso, a nuestro juicio, el derecho se enriquece si el control sustantivo se efectúa solo cuando hay una controversia entre partes identificables. Una última reflexión sobre el control preventivo sustantivo. Lo escrito no desconoce que en Chile hay una intensa discusión sobre el control preventivo facultativo de constitucionalidad de las leyes.[70] Frente a este debate, lo natural sería pensar que en el futuro el control preventivo facultativo de tratados seguirá la suerte de este. Si se elimina el control preventivo facultativo, se eliminará tanto para los proyectos de ley como para los tratados. Sin embargo, hay algunas diferencias. La primera es que, como se vio, la preferencia por el control obligatorio es mayor entre la comunidad de académicos del derecho internacional que en su equivalente del derecho constitucional. Mientras los primeros promueven el control obligatorio de tratados, los segundos casi no defienden el control obligatorio de proyectos de ley. La segunda diferencia es que la comunidad de internacionalistas tiene cuestionamientos extendidos al control represivo de constitucionalidad de tratados, mientras que la comunidad de constitucionalistas –y casi el mundo

---

70 Ver e.g. Sierra (2015), pp. 377-413.

entero– acepta o promueve el control judicial de constitucionalidad de las leyes. En este escenario, podría darse que se mantengan formas de control de constitucionalidad preventiva de tratados con independencia de lo que suceda con el control preventivo de proyectos. Con todo, como veremos, no es esa la fórmula más sensata, en nuestra opinión.

3.3.3. Es menester contar con un control represivo de constitucionalidad

Resta definir si debe o no haber control represivo de constitucionalidad de los tratados. Consideramos que sí, por las razones que exponemos a continuación.

1. **El control preventivo obligatorio no puede, en todas las hipótesis, reemplazar el control represivo.** Como vimos, en Chile se ha extendido la idea de imponer el control de constitucionalidad obligatorio de todos los tratados internacionales y eliminar el control represivo. Quienes así argumentan, sostienen que esta fórmula es una salida razonable a la tensión entre las exigencias de supremacía constitucional del orden interno y los principios asentados en el derecho internacional. La propuesta tendría sentido si el control preventivo abstracto y el control represivo concreto fueran intercambiables; o sea, sustitutos uno del otro. Sin embargo, sabemos que no lo son. Ante todo, porque los legitimados activos son diversos: en el control preventivo suelen ser autoridades, mientras que en el control represivo cualquier parte de una gestión pendiente. Y tampoco lo son porque, en teoría y al menos en su concepción actual, el control preventivo es un control abstracto del precepto legal y el control represivo es un control de los efectos de la aplicación del precepto en el caso concreto. Visto así, tal como lo suele argumentar el TC, no sería posible reemplazar un control por el otro. Pero detengámonos algo más en esta última argumentación, pues hay buenas razones para cuestionarla. Como ha teorizado Ricardo Salas, y puede apreciarse en la práctica jurisprudencial, dentro de la inaplicabilidad hay diversos tipos de controles que se confunden. Salas señala que, pese a lo que sostiene el TC y la doctrina dominante, hay una inaplicabilidad impropia o abstracta y una inaplicabilidad propia o concreta. La primera es "una derecha inconstitucionalidad de control puramente abstracto de carácter legislativo", en el que el TC se transforma en un "legislador negativo" con efecto *inter partes*.[71]

---

[71] Ver Salas (2018), p. 191.
   Y agrega respecto a la pretendida exigencia de efectos inconstitucionales al aplicar la norma:

En cambio, la inaplicabilidad propia o concreta es un control "preventivo" que tiene por objeto las sentencias judiciales en el cual el juez constitucional actúa como juez de equidad constitucional correctiva. Salas agrega que "la fuente del derecho controlada es precisamente aquella que es producida mediante el acto de aplicación, es decir, la sentencia judicial que aplica dicho precepto legal".[72] La tesis de Salas es interesante no solo porque acierta en que la práctica jurisprudencial del TC ha transformado la inaplicabilidad en algo distinto a lo que el propio tribunal y la doctrina suelen enseñar. También lo es porque, tras el provocador análisis que efectúa, se puede concluir que, aun cuando la inaplicabilidad tiene facetas de control abstracto, generar una regla que siempre excluya a los tratados internacionales de la inaplicabilidad impediría un tipo de control que hoy no puede efectuar el control preventivo abstracto. Esto es, en palabras de Salas, el control reservado a la inaplicabilidad propia.[73] Entonces, sin importar el tribunal que conozca del recurso ni el nombre que reciba tal acción, en la medida que nuestro derecho contemple un mecanismo de control judicial de constitucionalidad que se concentre en los efectos o resultados de la aplicación de preceptos legales en un caso concreto, será necesario someter a los tratados también a dicho control. Y, como se ha dicho, el control preventivo abstracto no alcanza a ser un sucedáneo suficiente.

Otro argumento para promover el control de constitucionalidad represivo de tratados internacionales es que este suele estar vinculado a situaciones fácticas que permiten ponderar de mejor forma los alcances de la aplicación de una norma jurídica. El contenido de estas se determina no solo por sus propias estructuras, sino que también por la interpretación que de ellas hacen los operadores jurídicos. Las cláusulas de los tratados no están exentas de tal proceso. Por eso, extraer del control de constitucionalidad concreto a los acuerdos

---

No suele haber en los fallos del Tribunal Constitucional una apreciación morosa de los hechos sobre los que versa la gestión de fondo pendiente ni tampoco explícitas declaraciones por las que, defendiendo la constitucionalidad abstracta de un precepto legal, al mismo tiempo pronuncie la inconstitucionalidad de su aplicación a un caso concreto.
Ibid.

72 Ibid., p. 205.

73 Este tipo de control, que es exclusivamente constitucional, dará lugar a una sentencia de inaplicabilidad cuando "siendo subsumible un caso en el supuesto de hecho de un precepto legal y no siendo objetable la constitucionalidad de las consecuencias jurídicas que se consiguen para ese supuesto de hecho, con todo, estas consecuencias revisten tales características para el peculiar caso pendiente que, aplicárselas, resulta inconstitucional". SALAS (2018), p. 212.

internacionales, más aún cuando contienen normas autoejecutables, implica desconocer que esos mandatos normativos tienen un contenido que se configura por su aplicación y circunstancias, siendo ellas determinantes en la definición de su eventual inconstitucionalidad.

2. El control represivo no afecta necesariamente los principios del derecho internacional. Uno de los argumentos más recurrentes para oponerse a alguna fórmula de control represivo de constitucionalidad es que este podría generar la responsabilidad internacional del Estado, al vulnerar principios fundamentales del derecho internacional como el *pacta sunt servanda*. Es lo que se dijo en nuestro país con motivo de la sentencia del TC, y se escucha también en el extranjero.[74] No será en estas páginas, escritas por un profesor de derecho constitucional, donde se desarrolle un debate tan profundamente extendido entre los académicos dedicados al derecho internacional. Simplemente quisiéramos recordar que varios de los argumentos que se suelen plantear para sustentar la responsabilidad internacional en tales circunstancias han sido cuestionados por otros profesores con buenos fundamentos. Por ejemplo, como señala Ximena Fuentes, el artículo 27 de la Convención de Viena sobre el Derecho de los Tratados (CVDT), que dispone que las normas de derecho interno no pueden justificar el incumplimiento de un tratado, "nunca tuvo por objeto otorgarle a los tratados una determinada jerarquía dentro de los sistemas jurídicos de cada Estado".[75] Su objetivo, continúa, es más simple y busca declarar que "el derecho doméstico no sirve para justificación frente a la violación de una obligación internacional".[76] Por lo mismo, suponer que la CVDT exige desactivar las normas constitucionales internas no sería correcto. Como agrega María Angélica Benavides, la pretendida "suspensión" de un tratado que generaría la inaplicabilidad no es de aquellas que proscribe el artículo 43 de la CVDT.[77] Por el contrario, "la suspensión dice más bien relación con una situación temporal y general en la aplicación del tratado

---

74   Ver MENDEZ (2017), p. 99.

75   FUENTES TORRIJO (2015), p. 175.

76   Ibid.

77   El Art. 43 de la CVDT señala:

> La nulidad, terminación o denuncia de un tratado, el retiro de una de las partes o la suspensión de la aplicación del tratado, cuando resulten de la aplicación de la presente Convención o de las disposiciones del tratado, no menoscabarán en nada el deber de un Estado de cumplir toda obligación enunciada en el tratado a la que está sometido en virtud del derecho internacional independientemente de ese tratado.

y no por regla general, para casos concretos".[78] Asimismo, esta autora sostiene que la inaplicación no suspende un tratado, sino más bien que significa preferir los efectos de una norma nacional que tiene un mayor "desarrollo doctrinario del derecho que se invoca más protector".[79]

Por último, desde una perspectiva global, Mendez propone una fórmula más coherente entre el control represivo, que efectúa el derecho interno, y el derecho internacional. El autor, analizando mecanismos de control de constitucionalidad, propone partir distinguiendo entre fórmulas débiles y fuertes de control judicial. Las fórmulas débiles permiten que los tribunales adviertan de modo no vinculante sobre la constitucionalidad de una norma. Y las fórmulas fuertes, que también son consistentes con el derecho internacional, consistirían por ejemplo en facultar a los tribunales para que exijan a los gobiernos la renegociación de un tratado, o posponer los efectos de una decisión.[80] Si bien estas fórmulas son ajenas a nuestra tradición, vale la pena utilizar esta categoría para analizar la inaplicabilidad en Chile. Así, podría argumentarse que esta es, a su modo, una forma de control débil de constitucionalidad, tanto porque mantiene la vigencia general del tratado como porque su cuestionamiento está atado a los efectos del caso concreto. Si la jurisprudencia constitucional se mantiene y empieza a alejarse de los efectos para, como plantea Salas, transformarse en un control abstracto, el mensaje es claro y propio de un control fuerte: será necesario renegociar el tratado a fin de salvar la incompatibilidad de las normas. Esta lectura entrega mecanismos institucionales para reaccionar cuando una norma de un tratado despliega sus efectos inconstitucionales por mucho tiempo. Todo ordenamiento jurídico debiera evitar tal situación, pues –como advierte Mendez– permitir su vigencia no sería una "reconciliación apropiada entre los intereses del constitucionalismo y aquellos del 'pacta sunt servanda' y la certeza del derecho internacional".[81]

---

[78] Benavides (2018), p. 54.

[79] Ibid, p. 56.
José Miguel Poblete también enuncia el tema planteando que lo relevante es definir si la inaplicabilidad tiene un efecto de invalidez parcial o de adecuación. O, dicho en sus palabras, "la respuesta a si la derrotabilidad es una forma de invalidez de la regla derrotada".
Poblete, José Miguel (2015): *Acción de inaplicabilidad y control concreto de constitucionalidad. El caso chileno*, Tesis para optar al grado de Magíster en la Facultad de Derecho de la Pontificia Universidad Católica de Chile, pp. 226 et seq. Disponible en https://repositorio.uc.cl/handle/11534/21243

[80] Ver Mendez (2017), p. 100.

[81] Ibid., p. 101.

3. Epílogo. Un camino para el diálogo. En definitiva, si el control preventivo no logra reemplazar en plenitud al control represivo, y si los efectos de la inaplicabilidad no son contrarios al derecho internacional, como se ha argumentado, parece razonable admitir formas de control represivo de constitucionalidad de los tratados. Por lo demás, no debe olvidarse que crecientemente el control judicial de constitucionalidad es visto como una herramienta dialógica, y no necesariamente como la voz final de un tribunal. Es, dicho de otra forma, un punto seguido más que un punto final. Visto así, la posibilidad de someter a control de constitucionalidad los efectos de la aplicación de un tratado es una forma de permitir la integración de ambas fuentes del derecho y, por lo mismo, el enriquecimiento de todo el ordenamiento jurídico. El derecho constitucional y el derecho internacional, como toda norma jurídica, son cuerpos vivos que mutan con el paso del tiempo y la interacción con otras fuentes del derecho. Excluir del control de constitucionalidad a los tratados internacionales implica negar que, en este proceso de mutación al que está sometida toda fuente del derecho, participe también la norma fundamental de una comunidad política, como es la Constitución.

CONCLUSIÓN

¿Debe incorporarse a una nueva Constitución el control de constitucionalidad de los tratados? En las páginas anteriores hemos propuesto una respuesta afirmativa. Para ello, se analizó nuestra historia de control de constitucionalidad de los acuerdos internacionales. Primero, el control preventivo que nace en 1970, y luego el control represivo, que es más antiguo y nos acompaña desde 1925. Ambos fueron examinados tanto en su contenido normativo como en su práctica jurisprudencial vinculada con los tratados. Al respecto, puede apreciarse que el control preventivo ha dado lugar a interesantes debates que, más allá de su contenido, han permitido definir temas altamente controvertidos en el derecho internacional y el derecho constitucional. El control represivo vía inaplicabilidad de tratados, en cambio, ha estado más presente en los libros que en la práctica judicial, pues –según hemos visto– ha tenido un uso esporádico. Nuestra investigación propone que la nueva Constitución mantenga un control preventivo de los tratados tanto en su faceta formal (vicios de procedimiento) como sustantiva (vicios de fondo). Este tipo de control, que no es extraño en el derecho comparado, tiene diversas virtudes tanto para la deliberación política como para la supremacía de la Carta Fundamental. Igualmente, este trabajo se inclina por un control de constitucionalidad represivo respecto de los efectos de la aplicación de las normas de un tratado. Esta atribución, que tampoco es ajena al derecho comparado, facilita un asentamiento paulatino y, al mismo tiempo, más acabado de los tratados en un ordenamiento jurídico nacional que está subordinado a su norma fundamental. Impedir esta forma de control de constitucionalidad empobrece el derecho internacional y su inserción en una comunidad política determinada, y le quita una herramienta para transformarlo en un derecho más vivo.

BIBLIOGRAFÍA

Andrade, Carlos (1963): *Elementos de derecho constitucional chileno* (Santiago, Editorial Jurídica de Chile).

Arellano, Pilar (2012): *Historia fidedigna de la nueva Ley Orgánica Constitucional del Tribunal Constitucional de Chile* (Santiago, Tribunal Constitucional de Chile).

Benavides, María Angélica (2018): "La acción de inaplicabilidad y los tratados internacionales", en Asociación Chilena de Derecho Constitucional (ed.), *Una nueva Constitución para Chile. Libro homenaje al profesor Lautaro Ríos* (Santiago, Editorial Jurídica de Chile).

Bernaschina, Mario (1951): *Manual de derecho constitucional* (Santiago, Editorial Jurídica de Chile).

Bernaschina, Mario (1954): *Repertorio de legislación y jurisprudencia chilenas. Constitución y leyes políticas* (Santiago, Editorial Jurídica de Chile).

Bertelsen, Raúl (1969): *Control de constitucionalidad de la ley* (Santiago, Editorial Jurídica de Chile).

Buchheister, Axel, y Soto Velasco, Sebastián (2005): "Criterios para la calificación de normas orgánico-constitucionales en la jurisprudencia del Tribunal Constitucional", *Revista Chilena de Derecho*, vol. 32, N° 2: pp. 253-75.

Bulnes, Luz (1982): "El recurso de inaplicabilidad en la Constitución de 1980", en Facultad de Derecho de la Universidad de Chile (ed.), *Recursos de rango constitucional* (Santiago, Facultad de Derecho, Universidad de Chile).

Contreras, Pablo, y Lovera, Domingo (2018): "Nueva Constitución y derecho internacional de los derechos humanos. Problemas y desafíos", en Asociación Chilena de Derecho Constitucional (ed.), *Una nueva Constitución para Chile. Libro homenaje al profesor Lautaro Ríos* (Santiago, Editorial Jurídica de Chile).

Estévez, Carlos (1949): *Elementos de derecho constitucional* (Santiago, Editorial Jurídica de Chile).

Evans, Enrique (1970): *Relación de la Constitución Política de la República de Chile* (Santiago, Editorial Jurídica de Chile).

Fuentes Torrijo, Ximena (2015): "Una nueva Constitución para Chile y el diseño de un esquema de incorporación del derecho internacional al sistema jurídico chileno", en Chía, Eduardo, y Quezada, Flavio (eds.), *Propuestas para una nueva Constitución (originada en democracia)* (Santiago, Instituto Igualdad; Facultad de Derecho, Universidad de Chile; y Friedrich Ebert-Stiftung).

Gelli, María Angélica (2018): *Constitución de la Nación Argentina. Comentada y concordada* (Buenos Aires, La Ley), Tomo II.

Ginsburg, Tom (2016): "Constitution Making as a Transnational Legal Order", *Proceedings of the Annual Meeting (American Society of International Law)*, vol. 110: pp. 74-6.

Gómez, Gastón (1999). *La jurisdicción constitucional: funcionamiento de la acción o recurso de inaplicabilidad, crónica de un fracaso* (Santiago, Universidad Diego Portales).

Guerra, José Guillermo (1929): *La Constitución de 1925* (Santiago, Establecimientos Gráficos Balcells).

Hodson, Dermot, y Maher, Imelda (2018): *The Transformation of EU Treaty Making: The Rise of Parliaments, Referendums and Courts since 1950* (Cambridge, Cambridge University Press).

Kumm, Mattias (2016): "Constituent Power, Cosmopolitan Constitutionalism, and Post-Positivist Law", *International Journal of Constitutional Law*, vol. 14, N° 3: pp. 697-711.

Larraín, Hernán (1990): "Recurso de inaplicabilidad, amparo y protección. Un análisis de la labor judicial", *Revista Chilena de Derecho*, vol. 17, N° 1: pp. 87-103.

Lerner, Hanna, y Lupovici, Amir (2019): "Constitution-Making and International Relations Theories", *International Studies Perspectives*, vol. 20, N° 4: pp. 412-34.

López Escarcena, Sebastián (2012): "La complementariedad de la Corte Penal Internacional según el Tribunal Constitucional Chileno", *Revista de Derecho de la Universidad Católica del Norte*, vol. 19, N° 1: pp. 353-68.

López Escarcena, Sebastián, y Núñez Poblete, Manuel (2016): "Procesos cautelares extraterritoriales: los casos Ledezma y López y Ceballos en las cortes chilenas", en Fermandois, Arturo, y Soto Velasco, Sebastián (eds.), *Sentencias Destacadas 2015* (Santiago, Ediciones LyD).

López Bourasseau, Enrique (1984): *Jurisprudencia constitucional. 1950-1979* (Santiago, Editorial Jurídica de Chile).

Madison, James, Hamilton, Alexander, y Jay, John (2001): *El Federalista* (México, Fondo de Cultura Económica).

Mendez, Mario (2017): "Constitutional Review of Treaties. Lessons for Comparative Constitutional Design and Practice", *International Journal of Constitutional Law*, vol. 15, N° 1: pp. 84-109.

Navarro, Enrique (2011): *El control de constitucionalidad de las leyes en Chile (1811-2011)* (Santiago, Tribunal Constitucional de Chile).

Peña, Marisol (2007): *Cuatro estudios de justicia constitucional* (Santiago, Tribunal Constitucional de Chile).

Raveau, Rafael (1939): *Tratado elemental de derecho constitucional chileno y comparado* (Santiago, Editorial Nascimento).

Salas, Ricardo (2018): "Una reconstrucción dogmática de la inaplicabilidad por inconstitucionalidad", *Estudios Constitucionales*, vol. 16, N° 1: pp. 187-226.

Sierra, Lucas (ed.) (2015): *Diálogos constitucionales. La academia y la cuestión constitucional en Chile* (Santiago, Centro de Estudios Públicos).

Silva Bascuñán, Alejandro (1963): *Tratado de derecho constitucional* (Santiago, Editorial Jurídica de Chile), Tomo III.

Soto Velasco, Sebastián (2015): *Congreso Nacional y proceso legislativo. Teoría y práctica* (Santiago, Thomson Reuters).

Soto Velasco, Sebastián (2020): "Control de constitucionalidad de los vicios de forma de los proyectos de ley por el Tribunal Constitucional", en Henríquez, Miriam (ed.), *Jurisdicción constitucional y vicios de forma* (Valencia, Editorial Tirant Lo Blanch).

Troncoso, Claudio (2011): *Parlamento y política exterior en Chile. Un balance de veinte años. 1990-2010* (Santiago, Konrad Adenauer Stiftung).

Verdugo, Sergio (2010): "¿Control obligatorio para todos los tratados internacionales? Crítica a una propuesta inconveniente", en Javier Couso (ed.), *Anuario de derecho público* (Santiago, Ediciones UDP).

Waldron, Jeremy (1999): *Law and Disagreement* (Oxford, Oxford University Press).

INSTRUMENTOS CITADOS

Constitución de la Nación Argentina de 1853

Convención de Viena sobre el Derecho de los Tratados de 1969

Estatuto de Roma de la Corte Penal Internacional de 1998

Constitución Política de la República de Chile de 1980/2005

JURISPRUDENCIA REFERENCIADA

Requerimiento de inconstitucionalidad del Convenio N° 169, sobre Pueblos Indígenas y Tribales en Países Independientes de la Organización Internacional del Trabajo, de 1989 (2000): Tribunal Constitucional chileno, Rol N° 309, sentencia, 4 de agosto.

Requerimiento de inconstitucionalidad del Estatuto de Roma de la Corte Penal Internacional de 1998 (2002): Tribunal Constitucional chileno, Rol N° 346, sentencia, 8 de abril.

Requerimiento de inconstitucionalidad respecto de los artículos 1, 3 y 12 de la Convención sobre los Aspectos Civiles del Secuestro Internacional de Niños, en la causa Rol N° 388 de la Corte de Apelaciones de San Miguel (2007): Tribunal Constitucional chileno, Rol N° 572, sentencia, 31 de enero.

Proyecto que modifica la Ley N° 17.997, Orgánica Constitucional del Tribunal Constitucional (2009): Tribunal Constitucional chileno, Rol N° 1288, sentencia, 25 de agosto.

Proyecto de Acuerdo Aprobatorio de la Convención Internacional para la Protección de todas las Personas contra las Desapariciones Forzadas (2009): Tribunal Constitucional chileno, Rol N° 1483, sentencia, 29 de septiembre.

Acción de inaplicabilidad por inconstitucionalidad respecto del artículo 22 del Acuerdo Relativo a la Aplicación del Artículo VII del Acuerdo General sobre Aranceles Aduaneros y Comercio de 1994, en la causa Rol N° 7032-2008 sobre casación en el fondo ante la Corte Suprema (2010): Tribunal Constitucional chileno, Rol N° 1832, 17 de noviembre.

Requerimiento de inconstitucionalidad del Convenio Internacional para la Protección de Obtenciones Vegetales (UPOV-91) (2011): Tribunal Constitucional chileno, Rol N° 1988, sentencia, 24 de julio.

Requerimiento de inconstitucionalidad del artículo 1°, numerales 20, 3, letra c) y 48 del proyecto de ley que modifica la Ley N° 18.892, General de Pesca y Acuicultura (2012): Tribunal Constitucional chileno, Rol N° 2387, sentencia, 23 de enero.

Requerimiento de inaplicabilidad por inconstitucionalidad del artículo 1° de la Ley N° 17.301, que crea la Junta Nacional de Jardines Infantiles, y del artículo 14, párrafo 3, de la Convención Internacional de los Derechos del Niño de 1989, en la causa Rol N° 708-2015 de la Corte Suprema (2015): Tribunal Constitucional chileno, Rol N° 2789, sentencia, 25 de marzo.

Requerimiento de inconstitucionalidad respecto del Estatuto del Tribunal Militar Internacional de Nuremberg, en el proceso de fuero Rol N° 16.379-2005, ante el Ministro en visita de la Corte de Apelaciones de Santiago, señor Miguel Vásquez Plaza (2019). Tribunal Constitucional chileno, Rol N° 6447, 31 de mayo.

Requerimiento de inconstitucionalidad respecto del Tratado entre la República de Chile y la República de Argentina sobre Controles Integrados de Fronteras (2012): Tribunal Constitucional chileno, Rol N° 2353, 4 de diciembre.

§ 7. EL DERECHO INTERNACIONAL EN EL RAZONAMIENTO DE LA CORTE SUPREMA: UNA MIRADA A LOS ÚLTIMOS 10 AÑOS

Elvira Badilla Poblete

INTRODUCCIÓN

El interés que despierta la aplicación del derecho internacional por los jueces radica en la permanente búsqueda de respuestas adecuadas a cómo incorporar el derecho internacional en el derecho interno. No abundan los consensos en nuestra doctrina en torno a este tema, que ha sido trabajado más por constitucionalistas que por internacionalistas. A fin de contribuir a lo escrito sobre este asunto, y sobre otros de interés relativos a la recepción del derecho internacional en el derecho chileno, este artículo centra su análisis en cómo la Corte Suprema ha venido usando el derecho internacional en su jurisprudencia en los últimos dos lustros. Se ofrece un estudio de casos seleccionados, ordenados con criterio cronológico, que intenta abarcar distintas materias relevantes sobre las cuales se ha pronunciado este tribunal. La selección de fallos revisados nos permite concluir que la Corte Suprema ha hecho un uso sustantivo y sistemático del derecho internacional, principalmente del de los derechos humanos, durante los diez años estudiados. Asimismo, hemos podido constatar que el rango jerárquico que le asigna la jurisprudencia de este tribunal a los tratados, particularmente los de derechos humanos, no siempre coincide con el que le atribuye la doctrina nacional.

1. EL DERECHO INTERNACIONAL EN EL ORDENAMIENTO CHILENO

La incorporación del derecho internacional en el derecho interno es un tema que ha ocupado a la doctrina tanto extranjera como nacional.[1] Escasamente se han ocupado los autores chilenos sobre la incorporación del derecho internacional

---

1   En el derecho comparado ver e.g. Paust (1999); Bazán (2010); Haljan (2013); Acosta (2016); Aust y Nolte (2016); Bjorge (2016); Castillo (2019).

consuetudinario y los principios generales del derecho internacional. Por su parte la jurisprudencia chilena ha reconocido ambas fuentes como parte integrante del derecho interno, desde inicios del siglo XX.[2] En la doctrina nacional, la discusión se ha centrado en la incorporación y la jerarquía de los tratados en Chile, particularmente aquellos sobre derechos humanos. La Constitución Política de la República (CPR) no indica de manera expresa el rango que los tratados tienen en el sistema jurídico chileno. Aun cuando la reforma constitucional de 2005 entregó nuevos elementos interpretativos a una discusión doctrinaria que se venía dando desde 1989, con los cambios introducidos al artículo 5 de la Carta Fundamental[3], no logró solucionar este asunto, el que sigue siendo motivo de atención, particularmente desde la literatura constitucionalista, con algunas voces desde el derecho internacional y que hemos resumido a continuación.

Revisando la doctrina nacional al respecto, encontramos que Gonzalo Aguilar ha señalado que el artículo 5 inciso segundo de la CPR otorga rango constitucional al derecho internacional convencional de los derechos humanos. Este autor estima que es parte de nuestra tradición jurídica el respeto del derecho internacional consuetudinario y de los principios generales del derecho internacional por parte de la Corte Suprema, práctica que ha desarrollado principalmente a lo largo del siglo XX.[4] Destaca, asimismo, que son principios bien asentados por dicho tribunal: el de supremacía del derecho internacional sobre el derecho nacional, en toda su extensión; el de incorporación automática de las normas internacionales consuetudinarias y de los principios generales del derecho internacional; y el de la adecuación absoluta del orden jurídico interno al derecho internacional.[5] En sus trabajos más recientes, Aguilar sostiene que el control de convencionalidad que los jueces nacionales tienen que aplicar respecto de la Convención Americana sobre Derechos Humanos (CADH) emana

---

2   Así lo ha reconocido expresamente la Corte Suprema, por ejemplo, en el asunto *P.F.R. y otros* (2006), considerando 23.
    Todas las sentencias de la Corte Suprema de Justicia citadas en este trabajo están disponibles en https://www.pjud.cl, salvo se indique otra cosa.
    Ver Benadava (1992), pp. 9-33; Infante (1996), p. 297; Nogueira (1996), p. 371; y Aguilar (2009), pp. 113-4.

3   Ver, e.g., Saenger (1993); Mohor y Fiamma (1994); Infante (1996); Medina (1996); Nogueira (1996); Cea (1997); Cumplido (2003); Pfeffer (2003); Peña (2005); y Henríquez (2007).

4   Ver Aguilar (2009), pp. 113 & 133.
    Como veremos, esto último se ha ido incrementando en las dos primeras décadas del siglo XXI.

5   Ibid.

de las obligaciones contenidas en los artículos 1 y 2 de dicho tratado, y de los artículos 26 y 27 de la Convención de Viena sobre Derecho de los Tratados (CVDT), en relación con el principio del efecto útil. Así, el Estado debe ajustar su derecho interno, si es necesario, para cumplir con un tratado.[6] No se trata solo de una obligación en el orden internacional. Llevado a la labor del juez, este debe controlar que las normas internas estén conformes a la CADH y en dicha aplicación debe primar el criterio de preferencia del estándar más alto de protección del ser humano.[7]

Eduardo Aldunate, por su parte, intenta responder la pregunta sobre la ubicación de los tratados en el sistema de fuentes del ordenamiento jurídico chileno, a partir del derecho nacional vigente. Vale decir, rechazando aquellas posturas que invocan el artículo 27 de la CVDT para dar primacía al derecho internacional por sobre el interno.[8] Este autor ha sido crítico respecto de otros que consideran que los tratados sobre derechos humanos tienen rango constitucional, tras la inserción del inciso segundo al artículo 5 de la CPR en 1989.[9] Frente a la incorporación de las normas internacionales sobre derechos humanos, Aldunate teme que se produzca una disolución de la entidad constitucional nacional, pues estima que los precepctos constitucionales y los internacionales obedecen a distintas identidades: una "estatal-nacional-constitucional" y otra "regional-universal-internacional", respectivamente[10]. Aunque no compartamos su tesis, esta idea de Aldunate es coherente con su propuesta de punto de partida seguro en la interpretación de los derechos humanos desde el "análisis histórico de las circunstancias y el sentido protectivo que les dieron origen", a fin de "no debilitar la función normativa del texto constitucional".[11]

María Angélica Benavides aborda la relación entre derecho internacional y derecho interno analizando el control de convencionalidad que la jurisprudencia de la Corte Interamericana de Derechos Humanos (CorteIDH) exige actualmente de los estados, y señala que se trata de un control de compatibilidad

---

6   Aguilar (2019), pp. 357-98.
     Sobre el control de convencionalidad, ver e.g. Contreras (2015); Núñez Donald (2016); y Paúl (2019).

7   Ibid., pp. 391-2.

8   Ver Aldunate (2010), p. 190.

9   Ver Aldunate (2008), pp. 338-42.

10   Ibid., p. 123.

11   Ibid., p. 108.

de interpretación entre normas.[12] La autora invita al intérprete a recurrir al derecho nacional y al internacional, haciendo uso de todos los elementos que este último proporciona, hasta lograr una interpretación armónica que logre la mayor protección de los derechos. Para Benavides, no es deseado llegar a una inaplicabilidad.[13]

Ximena Fuentes, en tanto, es contraria a la tesis que pretende dar superioridad a los tratados en el derecho interno a partir del artículo 27 de la CVDT. Indica que no existe precedente en dicho sentido al momento de la redacción del texto de la norma y que se trata de una cuestión que cae en el ámbito de la responsabilidad del Estado por incumplimiento de sus obligaciones internacionales.[14] Junto a Diego Pérez, esta autora propone más recientemente, a partir de la teoría sobre la autoejecutabilidad y no autoejecutabilidad de los tratados en el derecho interno, una solución a la aplicación directa que respete la distribución de competencias que hace la CPR en la creación de las normas. Fuentes y Pérez reconocen que en Chile la jurisprudencia les ha dado aplicación directa a los tratados y les ha otorgado valor supralegal a estos, al igual que la doctrina. Sin embargo, agregan, la CPR guarda silencio sobre la autoejecutabilidad de los tratados, salvo los de derechos humanos, los que vía artículo 5 inciso segundo deben ser aplicados por los jueces directamente. Como esta autoejecutabilidad no sería para todos los casos, el tema no estaría resuelto en nuestro ordenamiento jurídico.[15]

Para Miriam Henríquez, reconocer la jerarquía legal de los tratados de derechos humanos implicaría que un conflicto que pudiera darse entre un tratado y una ley se resolvería mediante el criterio de temporalidad, lo que sería contrario a las obligaciones asumidas por Chile, en virtud del principio del derecho internacional de que los estados no pueden invocar su derecho interno como excusa del incumplimiento de un tratado. Ahora bien, agrega, si se les reconoce rango supralegal a estos tratados, frente a un conflicto con una norma de rango legal, se aplicaría el criterio de jerarquía. Sostiene Henríquez que en el artículo 54.1 inciso quinto de la CPR estaría el reconocimiento implícito de la jerarquía supralegal de los tratados. Situándose en el supuesto de un conflicto entre tratado y la CPR, señala que se debe evitar el conflicto normativo entre

---

12   Ver Benavides (2017), pp. 365-88.

13   Ibid., p. 378.

14   Ver Fuentes (2008), pp. 488-91.

15   Ver Fuentes y Pérez Farías (2018), pp. 151-2.

ambos, lo que se lograría con un control previo obligatorio de constitucionalidad de los tratados.[16] Para esta autora, el control de convencionalidad también consiste en un control de compatibilidad entre normas, que en un sistema de justicia constitucional concentrado en un único órgano, como el caso de Chile, solo le competería al Tribunal Constitucional (TC). Para que este tribunal se pronuncie sobre las normas que irían en contra de la CADH sería necesario que se les haya otorgado jerarquía constitucional o supraconstitucional a los tratados de derechos humanos, y se reconozca el valor vinculante de la jurisprudencia internacional, que es algo que la CPR no hace.[17]

Siguiendo a Antonio Cançado Trindade, Claudio Nash considera que para definir la relación entre derecho internacional y el interno la doctrina de la complementariedad de ambos sistemas es más adecuada que la doctrina de la subsidiariedad, pues existe una retroalimentación entre estos. Para Nash, desde la reforma constitucional de 2005 los tratados poseen un rango supralegal, en virtud del artículo 54 N° 1 de la CPR, y los tratados de derechos humanos tienen un rango constitucional.[18] Junto a Constanza Núñez, Nash reconoce que la discusión acerca de la jerarquía de los tratados sobre derechos humanos en el orden interno no está resuelta, lo que no ha sido óbice para que los tribunales superiores de justicia hayan hecho una recepción sustantiva del derecho internacional de los derechos humanos en Chile, desde los primeros años del siglo XXI. No obstante, consideran que aún no es dable afirmar que existe una aplicación generalizada del derecho internacional de los derechos humanos, pues existen derechos y mecanismos propios de razonamiento e interpretación en dicho orden normativo que aún no han sido incorporados al discurso judicial chileno.[19]

Desde la introducción del inciso segundo del artículo 5 de la CPR, Humberto Nogueira siempre ha sostenido el rango constitucional y la autoejecutividad de los tratados sobre derechos humanos. En cuanto a los otros tratados, considera que tienen rango supralegal, ya que un acuerdo internacional que ha ingresado al orden interno por la vía que la CPR establece no puede verse afectado por una norma de diferente origen, como lo sería una ley, pues la Carta Fundamental

---

16   Ver Henríquez (2010), pp. 759-60.
     Art 54.1 inciso quinto de la CPR: "Las disposiciones de un tratado sólo podrán ser derogadas, modificadas o suspendidas en la forma prevista en los propios tratados o de acuerdo a las normas generales de derecho internacional".

17   Ver Henríquez (2018), p. 355.

18   Ver Nash (2012), p.14.

19   Ver Nash y Núñez Donald (2017), pp. 19-20 & 45.

es condición de aplicabilidad y no de validez del tratado.[20] Para este autor, las obligaciones que emanan de la CADH deben ejecutarse de buena fe. El derecho interno no puede ser un obstáculo para ello. Sustenta estas conclusiones en los artículos 26, 27 y 31.1 de la CVDT. Sin perjuicio de que el incumplimiento de las obligaciones convencionales genera al estado parte responsabilidad internacional, estima Nogueira que en virtud del artículo 54 N° 1 inciso quinto de la CPR se produce además un acto inconstitucional.[21] Constatamos que para este autor, en virtud del cumplimiento de buena fe de la CADH, las obligaciones generales contenidas en sus dos primeros artículos, y teniendo presente el principio del efecto útil en la aplicación del artículo 2 y el principio de complementariedad del sistema de la convención, todo el derecho interno debe ser interpretado de conformidad con este tratado, incluida la CPR.[22]

Finalmente, Manuel Núñez ha señalado que la jurisprudencia de los tribunales ordinarios chilenos se ha abierto al derecho internacional y sus fuentes dándoles una aplicación supralegal. En lo que se refiere a la CPR, señala que no existe jurisprudencia anterior a 2009 que lo aplique por sobre la Carta Fundamental o bien que haya colmado algún aspecto no regulado constitucionalmente. Para este autor, al igual que Aldunate, es esencial que al aplicar judicialmente el derecho internacional se respete la identidad constitucional nacional y se reconozca el carácter subsidiario que este posee, el que vendría dado desde el propio derecho internacional.[23]

Como hemos visto, el interés por definir dónde situamos las normas contenidas en los acuerdos internacionales en nuestro sistema de fuentes se ha centrado en los tratados sobre derechos humanos, cuestión que no debe extrañar y que responde a la naturaleza misma de este tipo de acuerdos, que como lo han sostenido la jurisprudencia y doctrina internacional y nacional reflejan valores que la sociedad y las constituciones estatales quieren proteger.[24] Entonces, el quid

---

20   Ver Nogueira (1996), pp. 343-44, 351 & 360-61.

21   Ver Nogueira (2012), pp. 414 -16; y Nogueira (2017), p. 148.

22   Ver Nogueira (2017) pp.184-9.

23   Ver Núñez Poblete (2009), pp.495-7, 505 & 511.
      El autor indica como excepción parcial a dicha tendencia jurisprudencial un voto de prevención sobre error judicial en una sentencia de la Corte Suprema de 1 de julio de 2007. Sostiene también que la jurisprudencia del TC es clara y uniforme en cuanto a la supremacía de la CPR sobre los tratados internacionales.

24   Ver *El efecto de las reservas sobre la entrada en vigencia de la Convención Americana sobre Derechos Humanos* (1982), párrafos 29-30; y *P.F.R. y otros* (2006), considerando 22. Ver también Nogueira (1996), p. 355; y Aldunate (2008), pp. 108-10.

del asunto pareciera ser que desde el constitucionalismo se pretende dar una respuesta, sin poner como base para dicho análisis que las normas de derecho internacional tienen un origen diferente a las normas internas y que mientras nuestra Constitución no señale expresamente la posición que estas ocupan en el orden interno, un tratado nunca podría ser derogado por una norma nacional, conforme lo dispone el artículo 54 N° 1 inciso quinto de la CPR.

2. DOS LUSTROS DE JURISPRUDENCIA DE LA CORTE SUPREMA

Los jueces hablan a través de sus fallos. Es en la parte considerativa de las sentencias que los tribunales plasman sus motivaciones y podemos encontrar las razones de su decisión, o *ratio decidendi*. Cada expresión utilizada por los jueces nos da luces del razonamiento que hay detrás de la decisión final. Es lo que conocemos en la sociedad moderna como la fundamentación de la sentencia. No es aceptable para la sociedad actual un fallo no razonado, en el que cada una de sus partes no configure un cuerpo coherente y unitario.[25] Las sentencias de la Corte Suprema que revisaremos a continuación nos permiten ver: cómo se aplica el derecho internacional en el ordenamiento jurídico chileno para suplir aquellos principios y conceptos que las normas internas, tanto legales como constitucionales, no ofrecen para resolver un caso concreto satisfaciendo los estándares internacionales[26]; de qué manera el derecho internacional ha sido utilizado como límite a la actividad estatal, o parámetro de legitimidad; o cómo se ha usado este para darles un contenido mínimo a los derechos consagrados en el orden interno o para reconocer la existencia de un nuevo derecho[27]. Incluso frente a un asunto que no está resuelto por la normativa nacional, la Corte Suprema ha recurrido al derecho internacional para llenar estas lagunas y así cumplir con su mandato constitucional. Para efectos de la selección de sentencias, entendemos por derecho internacional al conjunto de normas convencionales y consuetudinarias, los principios generales del derecho y el así denominado *soft law* que se manifiesta a través de declaraciones, códigos de conducta, y resoluciones de órganos internacionales, entre otras posibilidades.[28]

---

25 Ver en general Accatino (2003).

26 Ver en general Nash y Núñez Donald (2017).

27 Ver ibid., p. 29.

28 Ver Schachter (1989), pp. 11-2.

Se ha descrito a la actividad de interpretar como aquella que "[…] implica llevar a cabo un proceso reconstructivo de los materiales jurídicos en el cual se establezcan los valores y objetivos perseguidos por ese Derecho y se determine qué interpretación los desarrolla en mayor medida".[29] Como dan cuentan las páginas siguientes, estimamos que este ha sido el criterio que ha seguido la jurisprudencia de la Corte Suprema en los últimos años.

2.1. Lo que la Corte Suprema ha dicho

2.1.1. EL USO DEL DERECHO INTERNACIONAL MÁS ALLÁ DE LOS DERECHOS HUMANOS

Las sentencias en que la Corte Suprema se ha pronunciado sobre tratados que no son de derechos humanos son menos numerosas que las que se refieren a estos últimos. Encontramos casos en que frente a tratados de carácter económico les ha reconocido un rango supralegal en el ordenamiento jurídico nacional, lo que representa una evolución en sus decisiones judiciales.[30] Esto se refleja en un fallo de un recurso de casación de 2010, en que la Corte Suprema reiteró una línea jurisprudencial que venía sosteniendo desde hace algunos años, en materia de aplicación del derecho internacional[31], declarando que el Convenio de Varsovia de 1929, que regula el tráfico aéreo, cuyo decreto promulgatorio fuera publicado en el Diario Oficial en 1979, no ha sido derogado por el Código Aeronáutico de 1990. En sus fundamentos, el tribunal dejó claro que los tratados interna-cionales solo pueden ser aprobados, modificados o dejados sin efecto según las normas internacionales pertinentes, como lo reconoce la CPR en el artículo 54 N° 1 inciso quinto. Señaló la Corte que una norma internacional no puede ver afectada su validez por una norma interna, siendo esto una consecuencia que deriva del principio de buena fe y de cumplimiento de los compromisos

---

Como este autor señala, las normas de *sof law* se presentan de diferentes formas, bajo distintas denominaciones, como declaraciones de principios, códigos de conducta, acuerdos informales, estándares de trato, pautas, y otros.

Incluso es posible encontrar normas de *soft law* en un tratado, cuando su contenido normativo es más bien programático y no generan obligaciones concretas para los estados. Ver en general BOYLE Y CHINKIN (2007).

29 LIFANTE (2009), p. 277, siguiendo a Ronald Dworkin.

30 Ver FERNÁNDEZ (2010), pp. 433 -7.

31 Ver e.g. *RENTA NACIONAL COMPAÑÍA DE SEGUROS GENERALES S.A. C. AMERICAN AIRLINES* (2007), consi-derandos 6-7; y *RENTA NACIONAL COMPAÑÍA DE SEGUROS GENERALES S.A. C. CEBALLOS PÉREZ, ALEJANDRO, KINTETSU WORLD EXPRESS CHILE LIMITADA* (2008), considerandos 5-6.

adquiridos, los que para la Corte constituyen principios de *ius cogens* codificados en la CVDT y son una limitación implícita en el ordenamiento jurídico chileno para los operadores jurídicos. [32]

2.1.2. La utilización del derecho internacional en materia de derechos humanos

En un asunto en que se reclamó contra una resolución de la Comisión Regional del Medio Ambiente de la Región de Antofagasta, que calificó favorablemente el proyecto Actualización Plan Regulador San Pedro de Atacama, uno de los reproches de ilegalidad mencionados fue el haber faltado al deber de consulta a los pueblos indígenas que contempla el Convenio N° 169 de la Organización Internacional del Trabajo (OIT) sobre Pueblos Indígenas y Tribales de 1989. En su sentencia, la Corte Suprema se refirió a cómo debería ser la consulta indígena para cumplir con las exigencias de dicho convenio, y señaló que las instancias de participación que se utilizaron no satisfacen las especiales características que posee la consulta.[33] Resolvió que el despliegue de información no es un acto de consulta a los afectados y señaló los elementos que debería contener la consulta contenida en la norma internacional, como atender a "[…] elementos de análisis propios de la realidad por la que se reclama, como son la identidad social y cultural, sus costumbres y tradiciones y sus instituciones".[34] En un fallo más reciente, la Corte reiteró esta jurisprudencia indicando además que el proceso de consulta indígena no tiene como objeto la existencia de una alteración significativa del medio ambiente como consecuencia del proyecto en cuestión, y que es permanente durante todo el proceso de evaluación ambiental. Finalmente, sin entrar en la discusión de la jerarquía normativa del Convenio N° 169 de la OIT, soslayó su ubicación por sobre la norma legal.[35]

---

32   Ver *Consorcio Allianz de Seguros generales c. Lan Chile S.A.* (2010), considerandos 5-6.

33   Ver *Asociación Indígena Consejo de Pueblos atacameños c. Comisión Regional del Medio Ambiente Región de Antofagasta* (2011).

34   Ibid., considerando 8.
     Sobre el tratamiento de este derecho de consulta previa por la Corte Suprema, en sus primeros fallos y en la época de esta sentencia, ver Contesse (2012), pp. 209-25.
     En este período, la sentencia expuesta en el cuerpo de este trabajo se destaca, pues no era esta la línea argumentativa mayoritaria de la Corte en la materia.

35   Ver *Asociación Indígena Koñintu lafken-mapu penco representada por María Patricia Flores Quilapan y otros c. Servicio de Evaluación Ambiental Región Bío Bío y Comisión de Evaluacion Ambiental Región Bío Bío* (2017), considerandos 8-9.

En otro caso, sobre restricciones de ingreso de extranjeros al país, la Corte Suprema se pronunció sobre la situación de un ciudadano tunecino que solicitó una visa de residencia permanente para ingresar al país ante el Consulado de Chile en Rabat, Marruecos, la que fue denegada por el Ministerio de Relaciones Exteriores. Esta persona recurrió de amparo, y tras el rechazo apeló ante la Corte Suprema. En sentencia de 2014, este tribunal se refirió a la potestad discrecional del Estado de permitir o no el ingreso de extranjeros al país, agregando que esta discrecionalidad no puede convertirse en arbitrariedad y afectar derechos fundamentales. Sin perjuicio de invocar el derecho internacional humanitario de manera general, la norma que le sirve de sustento a su razonamiento es una norma de *soft law*, pues recurre a la Observación General N° 27 sobre la Situación de los Extranjeros con Arreglo al Pacto Internacional de Derechos Civiles y Políticos (PIDCP) en cuanto a que, si bien los estados tienen derecho a establecer limitaciones al ingreso de extranjeros, estas no deben comprometer la esencia del derecho ni invertir la relación entre norma y excepción, y que las restricciones deben ser proporcionales con el interés que se quiere proteger, siendo la vía menos perturbadora del derecho que se afectará con la limitación. Igualmente la Corte Suprema se hizo eco de lo resuelto por el TC en cuanto al nuevo estándar con que se deben aplicar los criterios de conveniencia y utilidad expresados en la ley de extranjería para otorgar o denegar visa a un extranjero, los que no pueden ir contra los derechos de las personas y, por tanto, deben respetar los pactos internacionales de derechos humanos.[36] Se ha dicho que en esta sentencia el derecho internacional de los derechos humanos se transforma en un criterio de validez sustantiva (o material), pues le otorgaría legitimidad a la decisión de la autoridad administrativa.[37]

En otra sentencia de 2014, en que la Corte Suprema conoció vía casación de un asunto sobre denuncia de obra nueva, una vez más recurrió al *soft law* para fundamentar su decisión y se involucró en varias definiciones sobre medio ambiente emanadas de dichos instrumentos internacionales.[38] Finalmente, sustentó su definición de medio ambiente sano en la Declaración de Estocolmo de la ONU de 1972, lo que responde a una práctica ya generalizada en la

---

36 Ver *S.L. c. Ministerio de Relaciones Exteriores* (2014), considerandos 5-7. Ver también *H.E.S.G. c. Gobernación Provincial de Iquique* (2015), considerandos 4 & 6.
  En este último caso, la Corte Suprema reiteró lo dicho en la sentencia expuesta más arriba.

37 Ver Nash y Núñez Donald (2017), p. 23.

38 Ver *Flores Tapia y otros c. Minera los Pelambres* (2014), considerandos 18 & 20.

doctrina.[39] Para enriquecer su definición, hizo un llamado a un instrumento que desde la estructura formal del derecho internacional vigente no forma parte de él: la Declaración Universal de los Derechos Humanos Emergentes de 2007.[40] Ese mismo año, en otro asunto en que se reclamó el derecho al recurso, la Corte Suprema utilizó las normas contenidas en la CADH para resolver, señalando la necesidad de una interpretación armónica entre normas legales y constitucionales; no solo las explícitas, sino aquellas incorporadas al ordenamiento jurídico interno vía artículo 5 inciso segundo de la CPR. Agregó la Corte que la normativa contenida en la CADH sobre el derecho al recurso constituye un elemento de análisis ineludible, arribando a la conclusión de que la norma interna contenida en el Código de Justicia Militar de 1944 que niega la posibilidad de revisión por tribunales superiores de las decisiones emitidas por la Corte Marcial es contraria a las normas sobre el derecho al recurso contenidas en la normativa internacional, y de la cual el Estado de Chile no puede sustraerse.[41] Vemos que la Corte Suprema hizo utilización de un principio bien reconocido del derecho internacional, consagrado en el artículo 27 de la CVDT. Sin duda, la Corte otorgó primacía al derecho internacional por sobre una norma interna que es contraria a aquel. Los mismos argumentos fueron vertidos por la Corte en 2015, conociendo vía recurso de queja, en un fallo que reconoció que la decisión del recurrido "[…] conculcó una prerrogativa esencial consagrada en la Convención Americana de Derechos Humanos, consistente en el derecho al recurso que se encuentra en la enumeración de las garantías procesales mínimas mencionadas en el artículo 8.2 de la citada Convención en cuanto se reconoce el derecho de recurrir del fallo ante juez o tribunal superior".[42] En este caso, para señalar las características que debe poseer el derecho al recurso, la Corte se refirió al fallo de la CorteIDH en *Norín Catrimán c. Chile*.[43]

En un caso sobre justicia penal de menores de edad, en el cual el juez de la instancia ordenó tomar muestras biológicas a un adolescente para incluirlo en el Registro de Imputados, que contiene las huellas genéticas de estos, la Corte Suprema razonó en su fallo de la siguiente manera, a propósito de la legislación

---

39 Ver Aguilar (2016), p. 378.

40 Sobre la Carta de Derechos Humanos Emergentes y su origen, ver en general el trabajo de Estel-la Pareja, titulado "La Carta de los Derechos Humanos Emergentes: una respuesta de la sociedad civil a los retos del siglo XXI", disponible en: http://www.europeanrights.eu

41 Ver *J.C.C.V.* (2014), considerandos 3-5.

42 Ver *Recurso de Queja* (2015), considerando 7.

43 Ver *Norín Catrimán y otros c. Chile* (2014), párrafo 270.

sobre responsabilidad penal adolescente: que el legislador creó un subsistema penal especial en favor de los adolescentes infractores de ley, que este subsistema tiene su apoyo en la norma internacional, en especial en el artículo 40.1 de la Convención sobre Derechos del Niño de 1989 (CDN), que dispone que los niños infractores deberán ser tratados de acuerdo con su particular dignidad, cuidando de fortalecer sus valores y de su reintegración a la sociedad, y que la norma nacional que regula la materia señala expresamente que se deberá tener en cuenta el interés superior del adolescente, lo que se expresa en el reconocimiento y respeto de sus derechos.[44] La Corte Suprema aplicó el criterio de especialidad, declarando que la norma nacional que creó este subsistema penal para los adolescentes infractores pretende lograr la reinserción social, tal como lo exige la norma internacional. Por lo tanto, aunque la norma que crea el registro de huellas genéticas no distinga entre adultos y menores, no corresponde su aplicación tratándose de un adolescente. Estimamos que la Corte Suprema utilizó el derecho internacional en este asunto para interpretar la norma interna.

En fallo de casación, sobre autorización para salir del país de un menor de edad, la Corte Suprema revisó si se ha infringido la norma internacional contenida en los artículos 3 y 12 de la CDN, en relación con el artículo 5 inciso segundo de la CPR. Para fundar su decisión analizó el principio de interés superior del niño, consagrado en la convención citada. Para completar dicha definición, acudió nuevamente al *soft law*, a partir de la Observación General N° 14 del Comité de los Derechos del Niño que le da contenido y analiza dicho principio, para luego recurrir a la Observación General N° 12 de este comité, que se refiere al derecho del niño a ser escuchado, realizando un análisis de coherencia entre normas internacionales; esto es, entre la CDN y la CVDT, en relación a las normas de interpretación de los tratados y ambas observaciones generales.[45] Vemos nuevamente un caso en que la Corte utilizó normas de *soft law* como elementos determinantes en la fundamentación de su decisión, pues le sirvieron para completar un vacío normativo. En otro caso de ese año, conociendo

---

44 Ver *J.G.S. c. Juez de Letras de Garantía de Quirihue* (2015), considerandos 1 & 5.

45 Ver *E c. F* (2015), considerandos 12-3 & 17-8.
  En cuanto el interés superior del niño y su uso por la Corte Suprema, ver DIRECCIÓN DE ESTUDIOS DE LA CORTE SUPREMA (2019): *El interés superior del niño o niña y adolescente y su aplicación en la jurisprudencia de la Segunda y Cuarta Sala de la Corte Suprema*, pp. 28-53. Disponible en https://decs.pjud.cl Ver también DÍAZ (2020), pp. 61-85.
  Respecto de las observaciones generales en el derecho internacional, ver KELLER Y GROVER (2012), pp. 116-98.

la Corte Suprema vía recurso de unificación de jurisprudencia un asunto laboral, se pronunció sobre la garantía de no discriminación, concluyendo que la normativa legal interna que la regula debe ser interpretada de manera amplia y no restrictiva. En este caso, la Corte Suprema utilizó la norma internacional como criterio de interpretación de la normativa legal nacional, señalando que esta no puede bajo ningún respecto ser más restrictiva que la norma constitucional o que las normas internacionales vigentes en Chile, declarando que la protección a la garantía de no discriminación o principio de igualdad contenido en el Código del Trabajo no queda limitada únicamente a aquellos actos discriminatorios basados en los motivos o criterios que expresamente prevé su artículo 2, sino que se extiende a todas aquellas discriminaciones o diferencias arbitrarias prohibidas por el artículo 19 N° 16 inciso tercero de la CPR y por el Convenio N° 111 de la OIT sobre la Discriminación (Empleo y Ocupación) de 1958. En busca de un concepto de discriminación generalmente aceptado por los países americanos, hizo uso de un tratado aún no vigente en Chile: la Convención Interamericana contra Toda Forma de Discriminación e Intolerancia de 2013. Es decir, recurrió a la práctica de los estados para dar forma a un concepto utilizado por la norma interna. Declaró, asimismo, que se debe hacer una interpretación armónica de las normas nacionales legales y constitucionales con las internacionales, y que estas últimas no podrían ser limitadas por una norma interna de rango inferior.[46] Estimamos que, por los dichos de la Corte, las normas internacionales tendrían, al menos, un rango supralegal.

El año 2016, conociendo vía casación un caso en que se reclamó error de derecho al aplicar las reglas del Código Civil de 1855 frente a la acción indemnizatoria de un delito de lesa humanidad, y no las normas constitucionales e internacionales que corresponde a estos casos, la Corte Suprema consideró improcedente en su fallo declarar la prescripción de la acción indemnizatoria ejercida por los familiares de la víctima. Para la Corte, no resulta coherente que, tratándose de delitos de lesa humanidad, en que la acción penal persecutoria es imprescriptible, la acción civil que de ellos deriva esté sujeta a las normas sobre prescripción establecidas en el Código Civil, pues es contrario a las normas del derecho internacional de los derechos humanos, las que forman parte del orden interno, en virtud del artículo 5 inciso segundo de la CPR. Sostuvo la Corte que, de existir un conflicto de normas, no corresponde aplicar las de

---

46 Ver *Sindicato Dos Central de Restaurantes Aramark c. Sociedad Aramark Servicios Mineros y Remotos Ltda.* (2015), considerandos 8-10.

derecho privado, por la naturaleza del asunto. Para arribar a estas conclusiones, recurrió a los artículos 1.1 y 63.1 de la CADH, que establecen la obligación de respetar y reparar los daños y consecuencias causadas por la violación a normas de derechos humanos, y también al artículo 38 letra c) del Estatuto de la Corte Internacional de Justicia de 1945, pues deriva de este los principios generales del derecho internacional, el cual reconoce la imprescriptibilidad de las acciones reparatorias cuando se trata de violaciones a los derechos humanos.[47] Sobre la imprescriptibilidad de la acción civil indemnizatoria para el caso de delitos de lesa humanidad, la evidencia demuestra que podemos hablar de una jurisprudencia asentada o cuasiasentada en esta materia, pues la Corte Suprema ha sostenido esta tesis durante la última década.[48] Así, en un fallo de casación reciente la Corte reiteró su jurisprudencia en la materia, y declaró que diferenciar las acciones penal y civil que emanan del delito que les sirve de sustento, y darles un tratamiento desigual es discriminatorio, y atentaría contra la coherencia y unidad del ordenamiento jurídico. Este fallo contiene una frase que el lector bien puede interpretar como un recordatorio que nos hace el tribunal sobre el carácter dinámico del derecho: "[…] pretender aplicar las normas del Código Civil a la responsabilidad derivada de crímenes de lesa humanidad posibles de cometer con la activa colaboración del Estado como derecho común supletorio a todo el ordenamiento jurídico, hoy resulta improcedente".[49]

En un recurso de amparo interpuesto a favor de una mujer mapuche embarazada que fue objeto de medidas de seguridad impuestas por parte de Gendarmería de Chile, consistentes en mantenerla con grilletes que ataban uno de sus pies a la camilla, una vez que ya se le había diagnosticado preclampsia, enfermedad que ponía en riesgo su vida como la de la criatura que estaba por

---

47 Ver *Montecino Undurraga Marco, Caucoto Pereira Nelson c. Fisco de Chile* (2016), considerandos 3-4 & 7.

48 Ver *c/ A. de J. M.P., Qte. M.C.S.SM y otra. Ddo civil: Fisco de Chile* (2013), considerando 7; *C/NN y otros* (2013), considerando 5; *R.U.M. y otros c. R.V.M. y otros* (2020), considerando 9. Ver también *Segura Soto Pabla del Carmen c. Fisco de Chile* (2012), cuyo voto de mayoría rechaza la tesis que ha seguido recientemente la Corte Suprema. Entre los dos votos de minoría de esta sentencia, el del ministro Sergio Muñoz hace una extensa e informada defensa de dicha tesis, en cuanto que no procede aplicar las normas del Código Civil, sino las normas constitucionales y los tratados internacionales ratificados por Chile que regulan el tema de la responsabilidad estatal. Esto es un ejemplo de derecho internacional directamente aplicable en Chile.

49 *c/ E.C.J., R.C.J., L.C.P., S.C.M., B.W.R., Qte. B.A.C., Dte. civil Fisco de Chile* (2020), considerando 15.

nacer, lo que permitía descartar que pudiera fugarse o evadir cumplir su condena, la Corte se apoyó en el artículo 10 N° 1 del PIDCP y el artículo 5.2 de la CADH, e indicó que estas normas tienen primacía por sobre el derecho interno, al estar contenidas en un tratado vigente y ratificado por Chile, según lo dispone el artículo 5 inciso segundo de la CPR.[50] Recurrió la Corte igualmente a instrumentos internacionales emanados de la Asamblea General de la ONU, como las Reglas Mínimas para el Tratamiento de los Reclusos, o Reglas Nelson Mandela[51], y las Reglas para el Tratamiento de las Reclusas y Medidas No Privativas de la Libertad para las Mujeres Delincuentes, o Reglas de Bangkok[52], las que le sirvieron para declarar que un instructivo de Gendarmería sobre situaciones como la del caso incumple la normativa dispuesta por estos instrumentos internacionales. Declaró asimismo la Corte que Gendarmería, con sus actuaciones, incurrió en un atentado contra el derecho de la amparada a vivir una vida libre de violencia, el que se encuentra garantizado por la Convención Interamericana para Prevenir, Sancionar y Erradicar la Violencia contra la Mujer de 1994, e indicó que se violó la Convención sobre la Eliminación de todas las formas de Discriminación sobre la Mujer de 1979 (CEDAW, por sus siglas en inglés), pues no se le dio a la amparada el trato diferenciado que correspondía en cuanto mujer y su condición especial de parturienta, particularmente teniendo en cuenta que esta convención establece que la discriminación puede presentarse por cualquier distinción o restricción y que prohíbe no solo los actos que tienen la intención de discriminar, sino también aquellos que generan una discriminación, aunque no exista dicha intención.[53]

En este caso, la Corte recurrió a varios instrumentos internacionales que no son tratados y recoge los conceptos allí utilizados sobre igualdad de trato entre hombre y mujer para fundar su decisión. De esta manera, citó la Recomendación General N° 25 del Comité de la CEDAW; los Principios y Buenas Prácticas sobre la Protección de las Personas Privadas de Libertad en las Américas de 2008[54]; el Conjunto de Principios para la Protección de Todas las Personas Sometidas a

---

50 Ver en general *L.B.C.LL. c. Gendarmería de Chile* (2016).

51 Ver en general Resolución 70/175 de la Asamblea General de la ONU de 17 de diciembre de 2015.

52 Ver en general Resolución 65/229 de la Asamblea General de la ONU de 16 de marzo de 2011.

53 Sobre discriminación múltiple y este fallo, ver Jopia y Labbé (2018), pp. 443-50.

54 Adoptados por la Comisión Interamericana de Derechos Humanos durante el 131° período ordinario de sesiones, 3 al 14 de marzo de 2008 (OEA/Ser/L/V/II.131 doc 26).

Cualquier Forma de Detención o Prisión de 1998[55], y la Observación General N° 28 del Comité de Derechos Humanos sobre igualdad de derechos entre hombres y mujeres[56]. Finalmente, en la parte resolutiva del fallo, decretó como medida que:

> La custodia de la amparada y las medidas de seguridad que se adopten por Gendarmería durante los traslados de aquélla a algún recinto asistencial de salud se efectuarán dando estricto cumplimiento a lo previsto en las Reglas 47, 48 y 49 de las Reglas mínimas de las Naciones Unidas para el tratamiento de los reclusos.[57]

Para la Corte, entonces, estas reglas emanadas de una resolución de la Asamblea General de la ONU serían vinculantes, pues ordenan a un órgano del Estado que actúe conforme lo dispuesto en dicho instrumento internacional. Esta sentencia dispuso que:

> Gendarmería de Chile deberá revisar y adecuar sus protocolos de actuación en materia de traslado a hospitales externos, conforme a la normativa Internacional suscrita por Chile relativa a mujeres privadas de libertad, embarazadas o con hijos lactantes, así como a aquella relativa a la erradicación de todas las formas de violencia y discriminación en contra de las mujeres.[58]

Vemos cómo la Corte Suprema nuevamente hizo una utilización de todo el espectro de fuentes que le ofrece el derecho internacional para fundar su decisión, no limitándose a las normas contenidas en tratados vigentes en Chile o que eran reconocidamente parte del derecho internacional consuetudinario, como solía hacerlo en décadas pasadas. Para la Corte, el Estado de Chile queda vinculado por aquellos instrumentos emanados de un órgano de una organización internacional en la que Chile es un miembro activo, como es la ONU.

A propósito del derecho a sufragio de personas privadas de libertad, la Corte Suprema sostuvo que Gendarmería de Chile, en el cumplimiento de su

---

55   Ver en general Resolución 43/173 de la Asamblea General de la ONU de 9 de diciembre de 1988.

56   Ver *L.B.C.LL. c. GENDARMERÍA DE CHILE* (2016), considerandos 6, 8, 10 & 12-4.

57   Ibid., parte resolutiva del fallo, medida 1.

58   Ibid., parte resolutiva del fallo, medida 3.

misión, debe respetar no solo las normas internas, sino también las internacionales incorporadas a nuestro ordenamiento jurídico. Añadió el tribunal que Chile se encuentra obligado en virtud del artículo 25 del PIDCP y del artículo 23 de la CADH, donde se consagra el derecho a sufragio, y que ninguna de estas normas distingue entre personas privadas de libertad y las que no lo están, y que si bien este derecho puede ser limitado por ley, dichas limitaciones no pueden ir más allá de las que contemplan los tratados citados, haciendo una aplicación del principio *pro homine* al interpretar la norma internacional de la siguiente manera: "[…] las disposiciones referidas consideran el derecho a sufragio como un derecho ciudadano, que debe ser garantizado en su ejercicio por el Estado y puede estar sujeto a eventuales restricciones que no pueden extenderse más allá de las señaladas en el respectivo instrumento".[59]

En una sentencia de 2018, la Corte Suprema ordenó al Servicio de Registro Civil e Identificación proceder a celebrar el matrimonio que se le había negado a la recurrente, una ciudadana extranjera sin situación migratoria regular.[60] En su fallo, la Corte reiteró lo dicho en un asunto sobre la misma materia resuelto en 2016.[61] En ambos casos, señaló que procede aplicar el artículo 17 de la CADH, que regula la protección a la familia. Declaró el tribunal que no todos los derechos fundamentales están reconocidos expresamente en la CPR, uno de los cuales es el derecho a contraer matrimonio, consagrado en dicho artículo 17. Haciendo aplicación del artículo 5 inciso segundo de la Carta Fundamental, vemos cómo la Corte complementó la normativa interna con la internacional. Ese año, conociendo un asunto sobre cambio de nombre y de sexo registral, la Corte Suprema hizo uso de diversas normas internacionales relativas a la materia, así como de la jurisprudencia

---

59   *Instituto Nacional de Derechos Humanos c. Servicio Electoral y gendarmería de Chile* (2017), considerando 7. Ver también ibid., considerandos 6 & 9.

     En *Quezada/Municipalidad de Conchalí* (2020), considerando 12, la Corte Suprema utilizó el mismo criterio de interpretación *pro homine* para señalar:

       De esta manera, la decisión de la autoridad recurrida debe ceder frente a la aplicación de las reglas protectoras de la maternidad porque éstas, asimismo contenidas en el artículo 10 N° 2, del Pacto Internacional de Derechos Económicos, Sociales y Culturales de la Organización de las Naciones Unidas, ratificado por Chile y publicado en el Diario Oficial de 27 de mayo de 1989, guardan concordancia con la protección de individuos, finalidad que ciertamente merece un reconocimiento mayor.

60   *M. c. Servicio de Registro Civil* (2018), considerando 4.

61   *V.V.C. y otro c. Servicio de Registro Civil e Identificación* (2016), considerando 5. Ver *Hube* (2017), pp. 220-4.

     En ambas sentencias a que hace referencia este párrafo, el fallo fue dividido (tres a dos).

de la CorteIDH, para fundar su decisión. La Corte Suprema señaló que está frente a un problema que el ordenamiento jurídico interno no ha resuelto, como es el de la identidad de género, y no solo de cambio de nombre. Asimismo, reconoció que son muchas las sentencias de las Cortes de Apelaciones que se han pronunciado sobre este tema, y dijo compartir los fundamentos de al menos 10 de estos fallos.[62] El tribunal hizo suyo el concepto de identidad de género adoptado por la CorteIDH en su opinión consultiva de 24 de noviembre de 2017 sobre *Identidad de género, e igualdad y no discriminación a parejas del mismo sexo*, utilizado por la Relatoría sobre los Derechos de las Personas LGBTI y por la Comisión Interamericana de Derechos Humanos (CIDH). Según la Corte, si bien la identidad de género no está expresamente mencionada en los tratados de derechos humanos ratificados por Chile, la CorteIDH ha entendido que puede encontrarse en lo dispuesto en el artículo 1.1 de la CADH, cuando habla de "cualquier otra condición social".[63]

En este caso, la Corte Suprema se refirió al valor vinculante de la opinión consultiva citada, recordando que la CorteIDH es el órgano al que los estados parte de la CADH encargaron la función de aplicación y de interpretación autoritativa del tratado. Para encontrar una solución al problema que se le presentó, la Corte estimó que la interpretación de la normativa vigente debe hacerse en conformidad al derecho internacional. Reforzando sus argumentos, citó la Convención Interamericana contra Toda Forma de Discriminación e Intolerancia de 2013[64], suscrita pero no ratificada por Chile, y las obligaciones que emanen de dicho acuerdo internacional: esto es, no entorpecer el objeto y fin del tratado, como se contempla en el artículo 18 de la CVDT. En este caso la

---

62   Ver *O.G.B.C.* (2018), considerando 5.
     La Corte Suprema menciona las causas identificadas con los roles números 597-2013, 629-2013, 2848-2014, 9901-2014, 4454-2015, 12571-2015, 13001-2015 y 3482-2016, todos de la Corte de Apelaciones de Santiago; y 949-2013 y 6809-2014 de la Corte de Apelaciones de Valparaíso. En la sentencia expuesta en el texto, el recurso se acogió con tres votos a favor, un voto concurrente del abogado integrante Rodrigo Correa, que compartió la decisión final, pero no fundamentos, y un voto en contra del ministro Ricardo Blanco.
     Sobre identidad de género ver también *GPA c. ONGF y otro* (2017), considerandos 2 & 4. En esta sentencia, la Corte Suprema casando de oficio en lo formal, dictó la de reemplazo pronunciándose sobre el concepto de identidad de género y remitiéndose a los intrumentos internacionales y la jurisprudencia internacional, tanto de la CorteIDH como de la Corte Europea de Derechos Humanos.

63   Ibid., considerando 8.

64   Esta convención fue suscrita por el Estado de Chile el 22 de octubre de 2015. A la fecha de la sentencia citada, aún no entraba en vigencia, pues solo lo hizo el 20 de febrero de 2020. Al cierre de este trabajo, Chile todavía no ha ratificado dicha convención.

Corte Suprema nuevamente recurrió al *soft law*, expresado en una resolución de la Asamblea General de la ONU sobre la Declaración sobre Derechos Humanos, Orientación Sexual e Identidad de Género de 2008, aprobada con el voto de Chile, y en los Principios sobre la Aplicación de la Legislación Internacional de Derechos Humanos con relación a la Orientación Sexual y la Identidad de Género, o Principios de Yogyakarta, de 2006.[65]

La Corte Suprema nuevamente se pronunció sobre el Convenio N° 169 de la OIT en una sentencia sobre un recurso de protección en contra de un particular que extrajo de un terreno de su propiedad un símbolo propio de la creencia de los recurrentes (un *palenke rewel o rewe*). Para resolver, la Corte hizo uso de la norma internacional y reconoció que en virtud del artículo 8 del Convenio N° 169 de la OIT, y de la normativa interna vigente, un símbolo ceremonial que forma parte de las costumbres e instituciones de los recurrentes merece un respeto especial acorde a su naturaleza.[66] Particular atención merece el considerando 6 de esta sentencia, donde la Corte puso un límite al reconocimiento anterior, fundado en la misma norma internacional, negando a los recurrentes el restablecimiendo del espacio ceremonial pampa de *nguillatue*, para reinstalar ahí el *palenke rewel* en forma definitiva, dado que esto afectaría el derecho de propiedad de un tercero. Para llegar a esta conclusión, la Corte citó el artículo 8 N° 2 del Convenio N° 169 de la OIT, que dispone que la preservación de las costumbres e instituciones propias de los pueblos indígenas no deben ser incompatibles con los derechos fundamentales del sistema jurídico nacional.

Por último, en un asunto sobre discriminación por discapacidad contra un municipio que no permitió al demandante llevar a cabo la evaluación exigida por la ley, para renovar la licencia de conducir en condiciones que fueran compatibles con su discapacidad, la Corte Suprema se remitió a lo que las normas y principios del derecho internacional de los derechos humanos disponen para las personas con discapacidad, que el tribunal estimó incorporadas al orden interno

---

65 Ver *O.G.B.C.* (2018), considerandos 3 & 6-8.

En un fallo reciente, en el que se recurrió de protección por la negativa del Registro Civil e Identificación de acceder a la petición de inscribir a dos mujeres como madres de dos niños, la Corte Suprema conociendo vía apelación resolvió que el recurrido no ha vulnerado las garantías constitucionales, y en los fundamentos de su sentencia vemos que el tribunal varía su tesis, con un voto de prevención, sobre el valor vinculante de las opiniones consultivas de la CorteIDH. Ver *A. c. Servicio de Registro Civil e identificación, Región del Bío Bío* (2020), considerandos 13-9.

66 Ver *Painepe c. Sociedad Agrícola las Vertientes Limitada* (2018), considerandos 3 & 6.

vía artículo 5 inciso segundo de la CPR. Citando en su fallo el preámbulo de la Convención de la ONU sobre los Derechos de las Personas con Discapacidad de 2006 y su Protocolo Facultativo, para describir en qué consiste esta, y utilizando las disposiciones de la Convención Interamericana para la Eliminación de todas las Formas de Discriminación contra las Personas con Discapacidad de 1999, la Corte estimó que la legislación interna en la materia es un reflejo de la normativa internacional sobre discapacidad, y que una de las formas de discriminación es negarse a adoptar "ajustes razonables".[67] En este fallo, la Corte nuevamente recurrió al *soft law* para reafirmar su razonamiento, citando lo dicho por el Comité sobre los Derechos de las Personas con Discapacidad, en sus Observaciones Generales N°s 1, 2, 4 y 6, concluyendo que el municipio, atendidas las obligaciones internacionales asumidas por Chile en los tratados citados, debió haber eliminado cualquier tipo de barreras de entorno, adecuando el examen de conducir solicitado a las condiciones particulares del demandante.[68]

3. DOS CASOS DESTACADOS POR SU SINGULARIDAD

3.1. El asunto de Leopoldo López y Daniel Ceballos

En este caso, la Corte Suprema conoció vía apelación de un recurso de protección rechazado por la Corte de Apelaciones de Valparaíso, en virtud del cual se solicitó que se otorgue la tutela constitucional en favor de los ciudadanos venezolanos Leopoldo López y Daniel Ceballos, detenidos en su país de origen y en huelga de hambre. Los recurrentes fundamentaron su petición en la doctrina de la jurisdicción universal. Por sentencia de 18 de noviembre de 2015[69], la Corte Suprema en votación dividida revocó la sentencia apelada y acogió la protección solicitada, ordenando la siguiente medida:

> [...] requerir, a través del Gobierno de Chile, a la Comisión de Derechos Humanos de la OEA, representada por su Presidente o un delegatario suyo debidamente autorizado, para que se constituya en el Estado de

---

67   *L.M.S. L. c. ILUSTRE MUNICIPALIDAD DE ÑUÑOA* (2018), considerando 7.

68   Ibid., considerandos 4, 5, 7, 8 & 11. Ver también *S.C.J.L. c. EMPRESA DE TRANSPORTE DE PASAJEROS METRO S.A.* (2018), considerandos 2, 3, 5 & 7.

69   Ver en general *DE LEOPOLDO LÓPEZ (CRISTÓBAL DANIEL CEBALLOS)* (2015).

Venezuela, ciudad de Caracas, cárcel militar Ramo Verde y cárcel común de Guarico o donde se encuentren privados de libertad a la fecha de la visita los ciudadanos venezolanos Leopoldo López y Daniel Ceballos y constate el estado de salud y de privación de libertad de ambos protegidos, recoja sus impresiones y evacúe un informe a la Asamblea General de la Organización de Estados Americanos, a fin de que ésta adopte todas las medidas aconsejables a la adecuada protección de sus derechos esenciales, respecto a lo cual se informará a esta Corte Suprema de Chile.[70]

La Corte llegó a esta decisión, en un fallo dividido de 3 a 2, que fundamentó señalando que, si bien la jurisdicción de los estados tiene como principio elemental la territorialidad, de manera excepcional se autoriza la utilización del principio de extraterritorialidad para juzgar casos conocidos fuera del territorio del estado sin nexo, lo cual le permite el ejercicio de su jurisdicción ordinaria en este caso. La Corte indicó en su fallo que la jurisdicción universal emana de dos fuentes: primero, del derecho de los tratados, en particular de los Convenios de Ginebra sobre derecho internacional humanitario de 1949 y su Protocolo Adicional I de 1977; la Convención para la Prevención y la Sanción del Delito de Genocidio de 1948; el Estatuto de la Corte Penal Internacional de 1998; la Convención contra la Tortura y Otros Tratos o Penas Crueles, Inhumanas o Degradantes de 1984, y el Pacto de San José de Costa Rica; y, segundo, del derecho consuetudinario internacional. La Corte concluyó que su competencia para conocer del asunto emana de los tratados citados, así como del *ius cogens*, agregando que la normativa interna está en armonía con el derecho internacional a que hace referencia.

En esta sentencia, la Corte Suprema declaró expresamente que los tratados sobre derechos humanos poseen rango supraconstitucional, cuestión que se aleja de la tendencia jurisprudencial que hemos expuesto en estas páginas. De hecho, la supraconstitucionalidad es una cuestión debatida incluso en la doctrina nacional.[71] De la lectura de esta decisión judicial surgen varias dudas sobre la procedencia de la acción constitucional y sobre los conceptos manejados por el tribunal en relación con la jurisdicción universal y el *ius cogens*[72], *y cómo estos le sirven para elucidar que procede la tutela constitucional reclamada. En efecto,*

---

70   Ibid., parte resolutiva.

71   Ver Zúñiga (2015), p. 178.

72   En cuanto al *ius cogens*, ver en general Díaz (2015).

coincidimos en que ambos conceptos son "figuras pertenecientes al derecho internacional que deben necesariamente ser aplicadas de acuerdo con la interpretación que les han dado la jurisprudencia y la doctrina relevante en esta área de la disciplina jurídica".[73] Esta sentencia generó varios comentarios en la doctrina nacional, ya que el concepto de jurisdicción universal para el derecho internacional no es un asunto resuelto.[74]

3.2. Cumpliendo un fallo de la Corte Interamericana de Derechos Humanos

Este caso proviene de una resolución del Pleno de la Corte Suprema de 16 de mayo de 2019, a propósito de la sentencia de la CorteIDH en la causa *Norín Catrimán c. Chile* de 29 de mayo de 2014, en la que se condena al Estado de Chile por violación de la CADH. A través del Ministerio de Relaciones Exteriores se solicitó la colaboración de la Corte Suprema en el cumplimiento del fallo de la CorteIDH, particularmente para:

> i) dejar sin efecto la declaración de las ocho víctimas de este caso […], como autores de delitos de carácter terrorista; ii) dejar sin efecto las penas privativas de libertad y penas accesorias, consecuencias y registros, a la mayor brevedad posible, así como las condenas civiles que se hayan impuesto a las víctimas; y iii) disponer la libertad personal de las víctimas que aún se encuentren sujetas a libertad condicional.[75]

No hay antecedentes de una situación como esta, en que la Corte Suprema deba dejar sin efecto penas impuestas por sentencia firme y ejecutoriada. No existe, además, en nuestro ordenamiento jurídico una manera formal de cumplir las sentencias de un tribunal internacional como la CorteIDH. Si bien de acuerdo con el artículo 68 de la CADH, los estados parte se comprometen a

---

73 LÓPEZ (2016), p. 589.

74 Ver LÓPEZ (2016); LÓPEZ Y NÚÑEZ POBLETE (2017). Ver también ZÚÑIGA (2015). Al respecto, resulta de interés un comentario a una reciente sentencia del Tribunal Constitucional Español relacionada con la jurisdicción universal en el derecho español, a propósito de la Ley Orgánica 1/2014 de 13 de marzo, que modificó la legislación vigente en la materia. Ver en general MARULLO (2019).

75 *AD 1386-2014* (2019). Corte Suprema de Justicia, resolución de cumplimiento de sentencia de la CorteIDH, 16 de mayo, considerandos 1, 5 & 12-3. Disponible en https://decs.pjud.cl

cumplir la decisión de la CorteIDH, la fórmula de cumplimiento es un asunto de derecho interno. A nivel regional, en 2017 la Corte Suprema de Justicia de la Nación Argentina no dio cumplimiento al fallo de la CorteIDH en el asunto *Fontevecchia y D'Amico c. Argentina* por estimar que este tribunal internacional no podía revocar las sentencias de dicha Corte Suprema. Parte de la doctrina ha considerado que con ello se habría llevado al Estado argentino a incurrir en responsabilidad internacional, por lo que se han propuesto vías de solución a fin de resguardar el sistema interamericano de derechos humanos.[76]

Es destacable que en la sentencia de la Corte Suprema chilena hay un reconocimiento unánime de la obligación de cumplir las sentencias de la CorteIDH. Lo único que se discutió en la audiencia pública, convocada al efecto por la Corte Suprema, fue la forma de cumplimiento del fallo internacional mencionado. El tribunal en pleno declaró que los fallos condenatorios nacionales indicados en la sentencia de la CorteIDH han perdido los efectos que le son propios, así como la obligación de respetar y promover los derechos humanos de todos los órganos del Estado, agregando que el juez nacional debe velar por el respeto y garantía de tales derechos, puesto que mediante el control de convencionalidad los jueces nacionales forman parte del sistema interamericano en la protección de los estándares de cumplimiento y garantía de los derechos humanos. Estimamos que estas afirmaciones de la Corte Suprema no deberían constituir una novedad, ya que son los estados los primeros llamados a cumplir con el respeto, promoción y protección de tales derechos, y que la actividad estatal se manifiesta también a través de sus jueces. Dentro de las prevenciones de esta sentencia[77], nos parece interesante destacar la del ministro Haroldo Brito, quien destacó la fórmula de salida que utilizó la Corte para no afectar el carácter de cosa juzgada

---

76   Ver ABRAMOVICH (2017); GIALDINO (2017); y HITTERS (2017).

En la sentencia de supervisión de cumplimiento de este caso, la CorteIDH aceptó una resolución de la Corte Suprema argentina de 5 de diciembre de 2017, que dispone:

[o]rdenar que se asiente junto a la decisión [de 25 de septiembre de 2001 de la Corte Suprema de Justicia] registrada en Fallos: 324:2895 la siguiente leyenda: '[e]sta sentencia fue declarada incompatible con la Convención Americana sobre Derechos Humanos por la Corte Interamericana (sentencia de 29 de noviembre de 2019'.

Ver *FONTEVECCHIA Y D'AMICO C. ARGENTINA* (2020), párrafo 7.

La CorteIDH aceptó "[…] que la anotación hecha en la sentencia civil condenatoria de 25 de septiembre de 2001 es suficiente para declarar el cumplimiento del componente de la reparación relativo a dejar sin efecto la atribución de responsabilidad civil a los señores Fontevecchia y D'Amico".

Ver ibid., párrafo 10.

77   Sobre disidencias de los jueces, ver VERDUGO (2011), p. 218.

de las sentencias, consistente en declarar que han perdido los efectos que les son propios, manteniendo la validez de la cosa juzgada. Otra prevención que debe ser mencionada, pues en definitiva no comparte los fundamentos del acuerdo del Pleno de la Corte Suprema, es la realizada por los ministros titulares Guillermo Silva, Arturo Prado y el ministro suplente Rodrigo Biel. El núcleo de su razonamiento está en los motivos segundo y tercero de esta prevención, en la que en suma no comparten la decisión del tribunal, pues consideran que: el artículo 63 de la CADH no da competencia a la CorteIDH para dejar sin efecto, anular o revocar sentencias judiciales firmes o ejecutoriadas de derecho interno; la competencia de la CorteIDH no puede alcanzar a ordenar que se revoquen o se reabran procesos concluidos por sentencia ejecutoriada; y la limitación al ejercicio de la soberanía impuesta por el artículo 5 de la CPR no da competencia a los tribunales internacionales ni nacionales para ejercer controles o activar mecanismos jurisdiccionales que no estén señalados en nuestra legislación.[78]

Sin duda, la forma de cumplimiento de las decisiones de los tribunales internacionales, a los que Chile les ha otorgado competencia, como la CorteIDH, es un tema pendiente que debiera ser abordado por el constituyente, a propósito de la regulación del derecho internacional en la nueva Carta Fundamental.[79]

CONCLUSIÓN

El estudio de las sentencias citadas en este trabajo da cuenta de una utilización sistemática y sustancial del derecho internacional, en particular del derecho internacional de los derechos humanos, por la Corte Suprema de Justicia de Chile. Como hemos podido ver, la doctrina nacional y la jurisprudencia de este tribunal no han sido coincidentes, en lo que dice relación con la jerarquía asignada a los tratados de derechos humanos en el sistema jurídico chileno. De hecho, ni siquiera nuestra doctrina es uniforme al respecto. Sin embargo, en un esfuerzo por evitar el conflicto entre la norma internacional y la constitucional, la Corte Suprema ha recurrido al gran espectro de instrumentos que le ofrece el derecho internacional para resolver cada caso en concreto. Sin duda, la nueva

---

78 Ver fundamento tercero del voto de prevención aquí citado.

79 A propósito de cumplimiento de las recomendaciones de un dictamen emanado del Comité de CEDAW, el Tribunal Supremo Español resolvió acoger una casación y reconoció efecto vinculante al dictamen del órgano de control del tratado. Ver en general *STS 1263* (2018). Para un comentario a esta sentencia, ver Escobar (2019), pp. 241-50.

Carta Fundamental tendrá mucho que decir sobre la relación entre el derecho internacional y el derecho interno, ojalá llenando los vacíos constitucionales existentes hoy. A continuación, compartimos las conclusiones que esta investigación ha arrojado:

1. El artículo 27 de la CVDT, y su interpretación como norma que da primacía al derecho internacional por sobre el derecho interno de los estados, es muy discutido en la doctrina, particularmente desde la introducción del control de convencionalidad por la CorteIDH. Sin embargo, dicha interpretación es altamente seguida por la jurisprudencia de la Corte Suprema.

2. La jerarquía constitucional de los tratados de derechos humanos en Chile no es un asunto armónico en la doctrina nacional. Sin embargo, existe consenso en cuanto a la supralegalidad de todos los tratados, sin diferenciar su contenido normativo, y se llama a una interpretación entre ambos órdenes que logre la mejor protección de los derechos.

3. La aplicación del derecho internacional por parte de la jurisprudencia de la Corte Suprema se refiere mayoritariamente al derecho internacional de los derechos humanos. Esto lleva a que el tratamiento de la materia por parte de la doctrina decante en las normas internacionales de derechos humanos y su ubicación en el orden constitucional vigente.

4. La Corte Suprema ha dado aplicación directa a los tratados, cuestión reconocida por la doctrina. Podemos afirmar que, en materia de tratados de derechos humanos, el tribunal ha hecho un uso sustantivo de estas normas de manera sistemática en los últimos 10 años.

5. En sus fallos, la Corte Suprema ha demostrado el esfuerzo que realiza en dar la mayor protección a los derechos esenciales que emanan de la naturaleza humana, llevando a cabo siempre una interpretación armónica entre normas legales, constitucionales e internacionales de derechos humanos. A través del artículo 5 inciso segundo de la CPR, el tribunal ha llegado a las normas internacionales de derechos humanos, incorporándolas así en su análisis, rechazando aquellas interpretaciones de la norma nacional que vayan en contra de aquellas. Esto evita el conflicto entre la norma internacional y la constitucional.

6. La Corte Suprema ha ido utilizando de manera progresiva el *soft law* para completar la norma internacional convencional aplicable al caso concreto. También le ha dado valor vinculante a instrumentos internacionales emanados de organizaciones internacionales, como son las resoluciones de la Asamblea General de la ONU, ordenando a los

órganos estatales actuar conforme a las disposiciones contenidas en dichas resoluciones.

7. En los casos de crímenes de lesa humanidad, frente a un conflicto de normas, la Corte Suprema ha aplicado reiteradamente la norma internacional convencional por sobre la norma interna.

8. La Corte Suprema ha reconocido y dado protección a derechos humanos no señalados expresamente en la CPR. Vía el artículo 5 inciso segundo de esta, ha recurrido al derecho internacional para darles a estos derechos la tutela reclamada en el orden interno.

9. Estimamos, en definitiva, que por medio de su interpretación del artículo 5 de la CPR la Corte Suprema ha evitado el conflicto entre el derecho internacional y la Carta Fundamental, reconociendo el rango constitucional de los tratados de derechos humanos, tal como parte de la doctrina lo hace.

BIBLIOGRAFÍA

Abramovich, Víctor (2017): "Comentarios sobre 'Fontevecchia', la autoridad de las sentencias de la Corte Interamericana y los principios de derecho público argentino", *Pensar en Derecho*, N° 10: pp. 9-25.

Accatino, Daniela (2003): "La fundamentación de las sentencias: ¿un rasgo distintivo de la judicatura moderna?", *Revista de Derecho de la Universidad Austral de Valdivia*, vol. 15, N° 2: pp. 9-35.

Acosta, Paola (2016): "Zombis vs Frankenstein. Sobre las relaciones entre el derecho internacional y el derecho interno", *Estudios Constitucionales*, vol. 14, N° 1: pp. 15-60.

Aguilar, Gonzalo (2009): "La Corte Suprema y la aplicación del derecho internacional: un proceso esperanzador", *Estudios Constitucionales*, vol. 7, N° 1: pp. 91-136.

Aguilar, Gonzalo (2016): "Las deficiencias de la fórmula 'derecho a vivir en un medio ambiente libre de contaminación' en la Constitución chilena y algunas propuestas para su revisión", *Estudios Constitucionales*, vol. 14, N° 2: pp. 365-416.

Aguilar, Gonzalo (2019): "Obligatoriedad del control de convencionalidad a la luz del derecho de los tratados", en Becerra, Manuel (ed.), *Anuario Mexicano de Derecho Internacional* (Ciudad de México, UNAM).

Aldunate, Eduardo (2008): *Los derechos fundamentales* (Santiago, Legal Publishing).

Aldunate, Eduardo (2010): "La posición de los tratados internacionales en el sistema de fuentes del ordenamiento jurídico chileno a la luz del derecho positivo", *Ius et Praxis*, vol. 16, N° 2: pp. 185-210.

Aust, Helmut, y Nolte, Georg (eds.) (2016): *The Interpretation of International Law by Domestic Courts: Uniformity, Diversity, Convergence* (Oxford, Oxford University Press).

Bazán, Víctor (2010): "El derecho internacional de los derechos humanos desde la óptica de la Corte Suprema de Argentina", *Estudios Constitucionales*, vol. 8, N° 2: pp. 359-88.

Benadava, Santiago (1992): "Las relaciones entre derecho internacional y derecho interno ante los tribunales chilenos", León, Avelino (ed.) *Nuevos enfoques del derecho internacional* (Santiago, Editorial Jurídica de Chile).

Benavides, María Angélica (2017): "El control de compatibilidad y el control de convencionalidad (o el problema de la competencia)", *Estudios Constitucionales*, vol. 15, N° 2: pp. 365-88.

Bjorge, Eirik (2016). "Common Law Rights: Balancing Domestic and International Exigencies". *Cambridge Law Journal,* vol. 75, N° 2: pp. 220-43.

Boyle, Alan, y Chinkin, Christine (2007): *The Making of International Law* (Oxford, Oxford University Press).

Castillo, Luis (2019): "La relación entre el derecho nacional y el derecho convencional como base del control de convencionalidad", *Estudios Constitucionales*, vol. 17, N° 2: pp. 15-52.

Cea, José Luis (1997): "Los tratados de derechos humanos y la Constitución política de la República", *Ius et Praxis*, vol. 2, N° 2: pp. 81-92.

Contesse, Jorge (2012): "El derecho a la consulta previa en el Convenio 169 de la OIT. Notas para su implementación en Chile", en Contesse, Jorge (ed.) *El Convenio 169 de la OIT y el derecho chileno. Mecanismos y obstáculos para su implementación* (Santiago, Ediciones UDP).

Contreras, Pablo (2015): "Análisis crítico del control de convencionalidad", en Núñez Poblete, Manuel (Ed.), *La internacionalización del derecho público* (Santiago, Thomson Reuters).

Cumplido, Francisco (2003): "La reforma constitucional de 1989 al inciso 2° del artículo 5° de la Constitución: sentido y alcance de la reforma. Doctrina y jurisprudencia", *Ius et Praxis*, vol. 9, N° 1: pp. 365-74.

Díaz Tolosa, Ingrid (2015): *Aplicación del ius cogens en el ordenamiento jurídico interno* (Santiago, Thomson Reuters).

Díaz Tolosa, Ingrid (2020): "Expulsión de extranjeros: la aplicación de la Convención sobre los Derechos del Niño en la jurisprudencia chilena", *Estudios de Derecho*, vol. 77, N° 169: pp. 61-85.

Escobar, Concepción (2019): "Sobre la problemática determinación de los efectos jurídicos internos de los 'dictámenes' adoptados por comités de derechos humanos. Algunas reflexiones a la luz de la STS 1263/2018, de 17 de julio", *Revista Española de Derecho Internacional*, vol. 71, N° 1: pp. 241-50.

Fernández, Miguel Ángel (2010): "La aplicación por los tribunales chilenos del derecho internacional de los derechos humanos", *Estudios Constitucionales*, vol. 8, N° 1: pp. 425-42.

Fuentes, Ximena (2008): "International Law and Domestic Law: Definitely an Odd Couple", *Revista Jurídica de la Universidad de Puerto Rico*, vol. 77: pp.483-505.

Fuentes, Ximena, y Pérez Farías, Diego (2018): "El efecto directo del derecho internacional en el derecho chileno", *Revista de Derecho Universidad Católica del Norte*, vol. 25, N° 2: pp. 119-56.

Gialdino, Rolando (2017): "Incumplimiento de una sentencia de la Corte Interamericana de Derechos Humanos. Un acto internacionalmente ilícito de la Corte Suprema Argentina", *Estudios Constitucionales*, vol. 15, N° 2: pp. 491-532.

Haljan, David (2013): *Separating Powers: International Law Before National Courts* (La Haya, T.M.C. Asser Press).

Henríquez, Miriam (2007): "Los tratados internacionales en la Constitución reformada", *Revista de Derecho Público*, vol. 69: pp. 313-23.

Henríquez, Miriam (2010): "Análisis jurisprudencial de la aplicación de los tratados de derechos humanos en recursos de protección (1989-2010)", *Estudios Constitucionales*, vol. 8, N° 2: pp. 745-62.

Henríquez, Miriam (2018): "Cimientos, auge y progresivo desuso del control de convencionalidad interno: veinte interrogantes", *Revista Chilena de Derecho,* vol. 45, N° 2: pp. 337-61.

Hitters, Juan Carlos (2017): "Control de convencionalidad. ¿Puede la Corte Interamericana dejar sin efecto fallos de los tribunales superiores de los países? (el caso *Fontevecchia vs. Argentina*)", *Estudios Constitucionales*, vol. 15, N° 2: pp. 533-68.

Hube, Constanza (2017): "Competencia de la Corte Suprema v/s competencia del Tribunal Constitucional", en Fermandois, Arturo, y Soto, Sebastián (eds.), *Sentencias Destacadas 2016* (Santiago, Ediciones LyD).

Infante, María Teresa (1996): "Los tratados en el derecho interno chileno: el efecto de la reforma constitucional de 1989 visto por la jurisprudencia", *Revista Chilena de Derecho*, vol. 23, N°s 2-3: pp. 277-97.

Jopia, Valeria, y Labbé, Natalia (2018): "Discriminaciones múltiples y la recepción en el derecho interno: el caso de Lorenza Cayuhán. Comentario a la sentencia rol N° 92795-2016 de la Corte Suprema", *Estudios Constitucionales*, vol. 16, N° 1: pp. 437-52.

Keller, Helen, y Grover, Leena (2012): "General Comments of the Human Rights Committee and Their Legitimacy" en Keller, Helen, y Ulfstein, Geir (eds.), *UN Human Rights Treaty Bodies: Law and Legitimacy* (Cambridge, Cambridge University Press).

Lifante, Isabel (2009): "La interpretación jurídica y el paradigma constitucionalista", *Anuario de Filosofía del Derecho*, N° 25: pp. 257-78.

López Escarcena, Sebastián (2016): "¿Jurisdicción universal protectora de los derechos humanos? El caso de los opositores venezolanos ante la Corte Suprema de Chile", en Couso, Javier (ed)., *Anuario de derecho público* (Santiago, Ediciones UDP).

López Escarcena, Sebastián, y Núñez Poblete, Manuel (2017): "Procesos cautelares extraterritoriales: los casos Ledezma y López y Ceballos en las cortes chilenas", en Fermandois, Arturo, y Soto, Sebastián (eds.), *Sentencias Destacadas 2015* (Santiago, Ediciones LyD).

Marullo, Chiara (2019): "La jurisdicción universal española en la STC 140/2018 de 20 de diciembre", *Revista Española de Derecho Internacional*, vol. 71, N° 2: pp. 311-7.

Medina, Cecilia (1996): "El derecho internacional de los derechos humanos", en Medina, Cecilia, y Mera, Jorge (eds.), *Sistema jurídico y derechos humanos: el derecho nacional y las obligaciones internacionales de Chile en materia de derechos humanos* (Santiago, Ediciones UDP).

Mohor, Salvador, y Fiamma, Gustavo (1994): "La jerarquía normativa de los tratados internacionales", *Revista de Derecho Público*, vol. 55-6: pp. 115-26.

Nash, Claudio (2012): *Derecho internacional de los derechos humanos en Chile. Recepción y aplicación en el ámbito interno* (Santiago, Centro de Derechos Humanos, Universidad de Chile).

Nash, Claudio, y Núñez Donald, Constanza (2017): "Los usos del derecho internacional de los derechos humanos en la jurisprudencia de los tribunales superiores de justicia en Chile", *Estudios Constitucionales*, vol. 15, N° 1: pp. 15-54.

Nogueira, Humberto (1996): "Los tratados internacionales en el ordenamiento jurídico chileno", *Revista Chilena de Derecho*, vol. 23, N°s 2-3: pp. 341-80.

Nogueira, Humberto (2012): "Los desafíos del control de convencionalidad del corpus iuris interamericano para los tribunales nacionales", *Revista de Derecho Público*, vol. 76: pp. 393-424.

Nogueira, Humberto (2017): "El control de convencionalidad por los estados parte de la Convención Americana sobre Derechos Humanos y tribunales chilenos", *Revista de Derecho de la Universidad Católica del Uruguay*, vol. 13, N° 15: pp. 143-200.

Núñez Donald, Constanza (2016): *Control de convencionalidad: teoría y aplicación en Chile* (Santiago, Editorial Librotecnia).

Núñez Poblete, Manuel (2009): "La función del derecho internacional de los derechos humanos en la argumentación de la jurisprudencia constitucional", *Revista de Derecho de la Pontificia Universidad Católica de Valparaíso*, vol. 32: pp. 487-529.

Paúl, Álvaro (2019): "The Emergence of More Conventional Reading of the Conventionality Control Doctrine", *Revue Générale de Droit*, vol. 49: pp. 275-302.

Paust, Jordan (1999): "Customary International Law and Human Rights Treaties are Law of the United States", *Michigan Journal of International Law* vol. 20, N° 2: pp. 301-36.

Pfeffer, Emilio (2003): "Los tratados internacionales sobre derechos humanos y su ubicación en el orden normativo interno", *Ius et Praxis*, vol. 9, N° 1, pp. 467-83.

Peña, Marisol (2005): "La reforma constitucional de 2005 en materia de tratados internacionales", *Estudios Internacionales*, vol. 38, N° 151: pp. 41-56.

Saenger, Fernando (1993): "Consideraciones para estimar que los tratados en materia de derechos humanos no forman parte de la Constitución", *Revista Chilena de Derecho*, vol. 20, N°ˢ 2-3: pp. 647-67

Schachter, Oscar (1989): "Recent Trends in International Law Making", *Australian Yearbook of International Law*, vol. 12: pp. 1-15.

Verdugo, Sergio (2011): "Aportes del modelo de disidencias judiciales al sistema político. Pluralismo judicial y debate democrático", *Revista de Derecho de la Universidad Católica del Norte*, vol. 18, N° 2: pp. 217-72.

Zúñiga, Francisco (2015): "Sentencia de la Excma. Corte Suprema de Justicia que acoge recurso de protección de venezolanos Leopoldo López y Daniel Ceballos. Rol N° 17.393-2015 de 18 de noviembre de 2015", *Revista de Derecho Público*, vol. 83: pp. 167-81.

INSTRUMENTOS CITADOS

Código Civil de 1855

Convenio de Varsovia de 1929

Código de Justicia Militar de 1944

Estatuto de la Corte Internacional de Justicia de 1945

Convención para la Prevención y la Sanción del Delito de Genocidio de 1948

Convenios de Ginebra sobre Derecho Internacional Humanitario de 1949

Convenio N° 111 de la OIT sobre la Discriminación (Empleo y Ocupación) de 1958

Convención Americana sobre Derechos Humanos de 1969

Convención de Viena sobre el Derecho de los Tratados de 1969

Declaración de Estocolmo de la ONU de 1972

Protocolo Adicional I de 1977 a los Convenios de Ginebra

Convención sobre la Eliminación de todas las formas de Discriminación sobre la Mujer de 1979

Convención contra la Tortura y Otros Tratos o Penas Crueles, Inhumanas o Degradantes de 1984

Conjunto de Principios para la Protección de Todas las Personas Sometidas a Cualquier Forma de Detención o Prisión de 1988

Convenio n° 169 de la OIT sobre Pueblos Indígenas y Tribales de 1989

Convención sobre los Derechos del Niño de 1989

Código Aeronáutico de 1990

Convención Interamericana para Prevenir, Sancionar y Erradicar la Violencia contra la Mujer de 1994

Conjunto de Principios para la Protección de Todas las Personas Sometidas a Cualquier Forma de Detención o Prisión de 1998

Estatuto de Roma de la Corte Penal Internacional de 1998

Convención Interamericana para la Eliminación de todas las Formas de Discriminación contra las Personas con Discapacidad de 1999

Constitución Política de la República de Chile de 1980/2005

Convención sobre los Derechos de las Personas con Discapacidad de 2006

Principios sobre la Aplicación de la Legislación Internacional de Derechos Humanos con relación a la Orientación Sexual y la Identidad de Género (Principios de Yogyakarta) de 2006

Declaración Universal de los Derechos Humanos Emergentes de 2007

Declaración sobre Derechos Humanos, Orientación Sexual e Identidad de Género de 2008

Principios y Buenas Prácticas sobre la Protección de las Personas Privadas de Libertad en las Américas de 2008

Reglas de la ONU para el tratamiento de las Reclusas y Medidas No Privativas de la Libertad para las Mujeres Delincuentes (Reglas de Bangkok) de 2011

Convención Interamericana contra Toda Forma de Discriminación e Intolerancia de 2013

Reglas Mínimas de la ONU para el tratamiento de los Reclusos (Reglas Nelson Mandela) de 2015

JURISPRUDENCIA REFERENCIADA

Corte Interamericana de Derechos Humanos

El efecto de las reservas sobre la entrada en vigencia de la Convención Americana sobre Derechos Humanos (1982): Corte Interamericana de Derecho Humanos, Serie A No. 2, opinión consultiva OC-2/82, 24 de septiembre.

Norín Catrimán y otros (Dirigentes, Miembros y Activistas del Pueblo Indígena Mapuche) c. Chile (2014): Corte Interamericana de Derechos Humanos, Serie C No. 279, sentencia, 29 de mayo.

Fontevecchia y D'Amico c. Argentina (2020): Corte Interamericana de Derecho Humanos, resolución de supervisión de cumplimiento de sentencia, 11 de marzo.

Tribunal Supremo Español

STS 1263 (2018): Tribunal Supremo Español, sentencia, 17 de julio.

Corte Suprema de Justicia

P.F.R. y otros (2006): Corte Suprema de Justicia, Rol N° 559-2004, sentencia (casación en el fondo), 13 de diciembre.

Renta Nacional Compañía de Seguros Generales S.A. c. American Airlines (2007): Corte Suprema de Justicia, Rol N° 4394-05, sentencia (casación en el fondo), 3 de julio.

Renta Nacional Compañía de Seguros Generales S.A. c. Ceballos Pérez, Alejandro, Kintetsu World Express Chile Limitada (2008): Corte Suprema de Justicia, Rol N° 5300-2006, sentencia (casación en el fondo), 24 de abril.

Consorcio Allianz de Seguros Generales c. Lan Chile S.A. (2010): Corte Suprema de Justicia, Rol N° 3069-08, sentencia (casación en el fondo), 13 de enero.

Asociación Indígena Consejo de Pueblos Atacameños c. Comisión Regional del Medio Ambiente Región Antofagasta (2011): Corte Suprema de Justicia, Rol N° 258-2011, sentencia (apelación de acción de protección), 13 de julio.

Segura Soto, Pabla, c. Fisco de Chile (2012): Corte Suprema de Justicia, Rol N° 9718-2009, sentencia (casación en el fondo), 4 de mayo.

C/ A. de J. M.P., Qte. M.C.S.SM y otra. Ddo. civil: Fisco de Chile (2013): Corte Suprema de Justicia, Rol N° 519-2013, sentencia (casación en el fondo), 18 de julio.

C/NN y otros (2013): Corte Suprema de Justicia, Rol N° 3841-2012, sentencia (casación en el fondo y en la forma), 4 de septiembre.

Flores Tapia y otros c. Minera los Pelambres (2014): Corte Suprema de Justicia, Rol N° 12938-2013, sentencia (de reemplazo, casación en el fondo), 21 de octubre.

J.C.C.V. (2014): Corte Suprema de Justicia, Rol N° 25491-2014, sentencia (recurso de hecho), 27 de noviembre.

S.L. c. Ministerio de Relaciones Exteriores (2014): Corte Suprema de Justicia, Rol N° 11521-2014, sentencia (apelación de recurso de amparo), 12 de junio.

De Leopoldo López (Cristóbal Daniel Ceballos) (2015): Corte Suprema de Justicia, Rol N° 17393-2015, sentencia (apelación de acción de protección), 18 de noviembre.

E c. F (2015): Corte Suprema de Justicia, Rol N° 25409-2014, sentencia (casación en el fondo), 20 de abril.

H.E.S.G. c. Gobernación Provincial de Iquique (2015): Corte Suprema de Justicia, Rol N° 1059-2015, sentencia (apelación de recurso de amparo), 20 de enero.

J.G.S. c. Juez de Letras de Garantía de Quirihue (2015): Corte Suprema de Justicia, Rol N° 559-15, sentencia (apelación de recurso de amparo), 8 de enero.

Recurso de Queja (2015): Corte Suprema de Justicia, Rol N° 3402-2015, sentencia (recurso de queja), 9 de abril.

Sindicato Dos Central de Restaurantes Aramark c. Sociedad Aramark Servicios Mineros y Remotos Ltda. (2015): Corte Suprema de Justicia, Rol N° 23808-2014, sentencia (unificación de jurisprudencia), 5 de agosto.

L.B.C.LL. c. Gendarmería de Chile (2016): Corte Suprema de Justicia, Rol N° 92795-16, sentencia (apelación de recurso de amparo), 1 de diciembre.

Montecino Undurraga, Marco, Caucoto Pereira, Nelson, c. Fisco de Chile (2016): Corte Suprema de Justicia, Rol N° 14343-2016, sentencia (casación en el fondo), 8 de junio.

V.V.C. y otro c. Servicio de Registro Civil e Identificación (2016): Corte Suprema de Justicia, Rol N° 35236-2016, sentencia (apelación de acción de protección), 30 de agosto.

Asociacion Indigena Koñintu Lafken-Mapu Penco representada por María Patricia Flores Quilapan y otros c. Servicio de Evaluación Ambiental Región Bío Bío y Comisión de Evaluación Ambiental Región Bío Bío (2017): Corte Suprema de Justicia, Rol N° 65349-2016, sentencia (apelación de acción de protección), 30 de enero.

GPA c. ONGF y otro (2017): Corte Suprema de Justicia, Rol N° 38238-16, sentencia (de reemplazo, casación de oficio), 19 de diciembre.

Instituto Nacional de Derechos Humanos c. Servicio Electoral y Gendarmería de Chile (2017): Corte Suprema de Justicia, Rol N° 87743-2016, sentencia (apelación de acción de protección), 2 de febrero.

L.M.S. L. c. Ilustre Municipalidad de Ñuñoa (2018): Corte Suprema de Justicia, Rol N° 41884-2017, sentencia (casación en el fondo), 9 de octubre.

M. c. Servicio de Registro Civil (2018): Corte Suprema de Justicia, Rol N° 6111-2018, sentencia (apelación de acción de protección), 18 de abril.

O.G.B.C. (2018): Corte Suprema de Justicia, Rol N° 70584-2016, sentencia (casación en el fondo), 29 de mayo.

Painepe c. Sociedad Agrícola las Vertientes Limitada (2018): Corte Suprema de Justicia, Rol N° 9021-2018, sentencia (apelación de acción de protección), 26 de julio.

S.C.J.L. c. Empresa de Transporte de Pasajeros Metro S.A. (2018): Corte Suprema de Justicia, Rol N° 41388-2017, sentencia (de reemplazo, casación de oficio), 25 de julio.

C/ E.C.J., R.C.J., L.C.P., S.C.M., B.W.R., Qte. B.A.C., Dte. civil Fisco de Chile (2020): Corte Suprema de Justicia, Rol N° 8948-2018, sentencia (casación en el fondo), 12 de junio.

Quezada /Municipalidad de Conchalí (2020): Corte Suprema de Justicia, Rol N° 44115-2020, sentencia (apelación de acción de protección), 26 de junio.

R.U.M. y otros c/ R.V.M. y otros (2020): Corte Suprema de Justicia, Rol N° 8914-2018, sentencia (casación en el fondo), 15 de junio.

A. con Servicio de Registro Civil e Identificación, Región del Bío Bío (2020): Corte Suprema de Justicia, Rol N° 33.316-2019, sentencia (apelación de acción de protección), 20 de julio.

§ 8. *SOFT LAW*: NI DERECHO NI TAN BLANDO

Álvaro Paúl[*]

INTRODUCCIÓN

"El derecho internacional lo exige". Ese es un argumento que se repite al momento de criticar o promover ciertos cambios legislativos o políticas públicas[1], lo que suele generar algunos debates[2]. El problema radica en que, muchas veces, no es el "derecho internacional" propiamente tal el que exige la conducta promovida, sino que solo la recomienda el *soft law*. Para entender las implicancias de esta distinción, este capítulo describirá brevemente en qué consiste el *soft law*, y revisará su tratamiento actual en el derecho chileno. Finalizará preguntándose si conviene plantear reformas a la Constitución Política de la República (CPR) en la materia.

Si se traduce literalmente, *soft law* significa "derecho blando", pero esta expresión sería bastante equívoca. Hoy en día, dicho concepto "usualmente se refiere a cualquier instrumento internacional que no sea un tratado, que contenga principios, normas, estándares, o cualquier otra declaración sobre un comportamiento esperado".[3] Así, la concepción actual de *soft law* incluye decisiones de organismos internacionales, conclusiones de conferencias internacionales,

---

[*] El autor agradece las observaciones que se le hicieron a un borrador de este trabajo en el seminario de ayudantes.

[1] Ver EL MERCURIO, "Matrimonio Homosexual" (07/06/2020), p. A2.

[2] Ver BERTRAND-GALINDO, Milenko, y GARRIDO, Nicolás, *El Reto de No Subestimar a la OMS*, disponible en https://www.latercera.com/opinion/noticia/la-oms-los-estados-y-el-derecho/SCE7XMP3DRCVVDBBZ53MNAIOAI/
Tal columna fue contestada por BENAVIDES, María Angélica, *La OMS, los Estados y el Derecho*. Disponible en https://www.latercera.com/opinion/noticia/la-oms-los-estados-y-el-derecho/SCE7XMP3DRCVVDBBZ53MNAIOAI/

[3] SHELTON (2014), p. 159.

planes de acción, resoluciones de la Asamblea General de la ONU, trabajos de la Comisión de Derecho Internacional (CDI), recomendaciones de comités de monitoreo de tratados, sentencias internacionales, respecto de Estados que no están obligados por ellas, declaraciones conjuntas de estados en alguna cumbre, entre otros. Es posible, incluso, encontrar algunas disposiciones de *soft law* que emanan, originalmente, de organizaciones mayormente privadas o híbridas, como la *International Organization for Standardization* (ISO), que son posteriormente adoptadas por regulaciones de entidades como la Organización Mundial del Comercio, con lo que se podría alegar que dichas normas se hacen menos blandas.[4] También se ha considerado que instrumentos de autorregulación de actores privados comerciales, que deciden someterse a determinados códigos de conducta, serían también *soft law*.[5] Por otro lado, en algunas ocasiones se usa dicha expresión para referirse a disposiciones de tratados que, si bien son vinculantes, son tan vagas que no crean ninguna obligación concreta para el Estado, y que, por eso, a pesar de ser derecho, se las considera "derecho blando".[6] Nosotros no usaremos la expresión *soft law* en este último sentido ni para referirnos a instrumentos meramente privados.

El *soft law* se puede observar en las distintas áreas del derecho internacional, por ejemplo, en el derecho del comercio, de la inversión y laboral.[7] En particular, mucho *soft law* ha emanado en el área del derecho internacional económico[8], y bastantes juristas consideran que el mejor modo de regular el derecho ambiental internacional es utilizando la persuasión mediante el *soft law*[9]. Sin embargo, el autor de este capítulo se especializa en el derecho internacional de los derechos humanos, por lo que la mayoría de los ejemplos que dará provienen de esa rama del derecho. No obstante, debe tenerse presente que los ejemplos que aquí se dan en el ámbito de los derechos humanos, pueden darse también en materia de inversión, ambiental, procesal o de otra naturaleza.

---

4   Ver e.g. FONTANELLI (2011), pp. 895-932.

5   HEYVAERT (2009), p. 649.

6   Así, por ejemplo, podría decirse que muchas disposiciones de tratados que establecen normas programáticas serían *soft law* según esta concepción.
Ver SHELTON (2014), pp. 159-60. Ver también KLABBERS (2005), p. 316.
Se les ha llamado *soft law* material.
Ver GARRIDO (2017), p. 68.

7   Ver en general KIRTON Y TREBILCOCK (2016).

8   Ver SHAW (2017), p. 88.

9   Ver KLABBERS (2005), p. 315.

Las sentencias de tribunales internacionales merecen una mención especial. Su parte dispositiva no puede considerarse *soft law* respecto de los estados parte en el proceso. Sin embargo, muchas veces se argumenta con referencia a tales sentencias respecto de estados que no fueron parte en un caso, a pesar de que el tratado que crea el tribunal no haya establecido la existencia de un sistema de precedentes, o haciendo referencia a su *obiter dicta*. Si se usan las sentencias de ese modo, están siendo tratadas como *soft law*, pues manifiestan ciertos comportamientos esperados, pero no obligatorios. Por eso, nosotros las consideraremos como *soft law* en este sentido, aunque esta clasificación podría ser discutida. Ahora, es de suma relevancia distinguir entre las sentencias de tribunales y las opiniones de otros órganos en asuntos cuasicontenciosos, como podrían ser los órganos de monitoreo de tratados de derechos humanos conociendo de peticiones individuales. En efecto, mientras las primeras pueden considerarse *soft law* solo en ciertas circunstancias, las segundas lo serán siempre, pues no obligarán a los estados, a menos que el tratado que crea tales órganos disponga lo contrario, pero contienen ciertas directrices que pueden orientarlos.

Puede decirse que el *soft law* es una manifestación de la desformalización de las políticas globales y, en ocasiones, de la difuminación de la distinción entre lo público y lo privado.[10] Además, muestra que gran parte de las regulaciones actualmente se llevan a cabo mediante mecanismos informales que, igualmente, se espera que tengan algunos efectos normativos[11], como podría ser, por ejemplo, dar inicio a una práctica, o sentar las bases para un futuro tratado. Lo importante es recordar que, como nos dice Malcolm Shaw, "el '*soft law*' no es derecho", pero puede ejercer una influencia importante en las políticas internacionales.[12]

1. CUESTIONES GENERALES SOBRE EL *SOFT LAW* Y LOS "ESTÁNDARES INTERNACIONALES"

El "derecho duro" de algunos tratados puede permitir gran discrecionalidad, con lo que será muy blando, mientras que el *soft law* puede establecer normas muy precisas, aunque no sean jurídicamente vinculantes. Por ejemplo, el plan de acción "Agenda 21" de la Conferencia de Río sobre el Medio Ambiente y el Desarrollo

---

10 Ver KLABBERS (2005), p. 327.

11 Ver ibid.

12 SHAW (2017), pp. 87-8.

no es un instrumento vinculante, pero tiene normas muy específicas, e incluso creó un organismo internacional, la Comisión sobre el Desarrollo Sostenible.[13] Por esto, en algunas ocasiones es difícil distinguir entre un instrumento de *soft law* y un tratado. Esta dificultad ha motivado el que algunos afirmen que existirían normas híbridas[14], aunque esta afirmación sea discutible en varios sentidos.

Puede ocurrir también que los tribunales, como veremos más adelante, traten el *soft law* como si fuera *hard law*, con lo que los efectos de ambos tipos de instrumentos se hacen indistinguibles.[15] No obstante, Jan Klabbers afirma que la más obvia diferencia entre ambos tipos de normas sería que los estados, para crear *hard law* en su forma de tratados, requieren la aceptación por parte de órganos democráticos –en el caso de Chile, del Congreso Nacional[16]–, mientras que los gobiernos son libres de acordar *soft law*[17]. *En otras palabras, podría decirse que este tendría cierto déficit democrático.* Otros afirman que la diferencia fundamental se observa en la intención de las partes: si ellas buscaron establecer obligaciones legales, no estaremos ante *soft law* (esta intención puede desprenderse de las circunstancias de celebración del documento).[18]

No hay que despreciar el *soft law*, pues hay distintos motivos que hacen importante tenerlo presente: por ejemplo, la posibilidad de que contribuya a crear el elemento de *opinio juris* de una futura costumbre internacional; es decir, lo que hace que una práctica constante y uniforme sea vinculante.[19] Por otro lado, si bien el *soft law* no es una fuente de derecho formal, puede ser una fuente material, es decir, un elemento que influye en la creación de normas de derecho. Así, por ejemplo, las Directrices de Londres para el Intercambio de Información acerca de Productos Químicos Objeto de Comercio Internacional, que tiene naturaleza jurídica de *soft law*, fue fundamental para la posterior aprobación del Convenio de Rotterdam sobre el mismo tema, que tiene naturaleza jurídica

---

13   Ver SHELTON (2014), p. 160.

14   Ver HEYVAERT (2009), pp. 649-50.

15   Ver KLABBERS (2005), p. 316.

16   Ver Art. 54.1 de la CPR.

17   Ver KLABBERS (2005), p. 316.

18   Ver SHAW (2017), p. 88.

19   La *opinio juris* es la convicción de los estados "de que al realizar un determinado acto o abstención ejercen un derecho o se conforman a una obligación, esto es, que se encuentran ante una norma jurídicamente obligatoria".
Ver VARGAS CARREÑO (2017), p. 85.

de tratado.[20] Por otro lado, un instrumento que originalmente no creaba obligaciones puede empezar a generarlas cuando un tratado así lo establezca, como ocurrió con la Carta de los Derechos Fundamentales de la Unión Europea, pues este instrumento nació como *soft law*, pero luego una modificación al tratado de la Unión Europea dispuso que dicha Carta tendría "el mismo valor jurídico que los Tratados".[21]

Otro motivo para no despreciar el *soft law* es que muchas veces se utiliza como argumento en discusiones doctrinales o para hacer activismo. Hay que estar atento en estas discusiones, pues frecuentemente se trata de dar la impresión de que tales instrumentos son vinculantes, a pesar de que no lo sean, con el afán de convencer a quienes no están al tanto del valor de estos instrumentos. Más aún, en la práctica ocurre que muchos interesados en la adopción de ciertas políticas públicas han logrado que políticos, e incluso la Corte Suprema, se refieran a instrumentos de *soft law* como si fueran documentos vinculantes. Incluso, esto se logró con un instrumento que ni siquiera es *soft law*, como es el documento llamado Principios de Yogyakarta, pues se trata de un instrumento privado suscrito por personas que han tenido relevancia en el ámbito internacional.[22]

En materia de *soft law*, conviene referirse a la expresión "estándar internacional". Este concepto suele ser usado por parte de la doctrina y algunos organismos internacionales para afirmar que determinadas prácticas de los estados serían adecuadas o inadecuadas.[23] Sin embargo, el término estándar es elástico, pues como señala Makau Mutua:

> no tiene ningún significado legal en particular, y no implica necesariamente una obligación legal de naturaleza alguna. Un estándar es un receptáculo inerte y vacío, donde uno puede hacer caber casi cualquier cosa. Se refiere a un nivel de logro o expectativa que puede llevar consigo una aspiración moral, cultural u otra de naturaleza civilizadora.[24]

---

20 Ver en general Convenio de Rotterdam para la Aplicación del Procedimiento de Consentimiento Fundamentado Previo a Ciertos Plaguicidas y Productos Químicos Peligrosos Objeto de Comercio Internacional.

21 Art. 6 de la versión consolidada del Tratado de la Unión Europea.

22 Ver BARRERA (2018), considerando 12.
Los Principios de Yogyakarta buscan aplicar la legislación internacional de derechos humanos al tema de la orientación sexual y la identidad de género.

23 Ver RODRÍGUEZ Y BARTOLINI (2014), p. 235.

24 MUTUA (2007), p. 557.

En nuestro medio también se ha hecho referencia a la indefinición del concepto de estándar jurídico internacional.[25]

En ocasiones se usa la expresión estándar internacional para hablar de tratados, pero la mayoría de las veces se utiliza para referirse a las posiciones de ciertos estados, organizaciones internacionales u ONGs en ciertas materias. Lo curioso es que mientras se hace referencia a tales posiciones, pueden desconocerse las posturas de otros estados u ONGs en las mismas materias. Muchas veces estos "estándares internacionales" solo reflejan las prácticas de algunos estados desarrollados económicamente. También se usa la expresión para referirse a ciertos criterios establecidos por tribunales internacionales.[26] Como se desprende de lo que hemos dicho, no todos los estándares internacionales harán referencia a *soft law*, pero muchos de ellos sí lo harán. Por tanto, lo afirmado en este capítulo es en gran medida aplicable también a los estándares, salvo cuando ellos se basen en instrumentos vinculantes y cuando, por el contrario, se basen en prácticas que no reflejan ni siquiera *soft law*. Como conclusión, debemos decir que un "estándar internacional" solo será autoritativo si se considera que quienes elaboran dicho estándar merecen crédito.

Lo dicho sobre la naturaleza no vinculante del *soft law* podría variar, en caso de que la Constitución de un estado decida darle un valor superior al que por naturaleza tiene en el ámbito internacional. Ello significaría transformar dichos instrumentos en una fuente de derecho a nivel interno. A nuestro juicio, ello no sería recomendable, pues dicha medida eludiría los resguardos

---

25   Ver MOLINA (2018).
      Esta autora muestra que la amplitud de este concepto se observa en una definición que la
      Comisión Interamericana de Derechos Humanos dio para efectos de un informe que preparó
      en 2015. Según este órgano, estándares jurídicos serían:
           el conjunto de decisiones judiciales, informes temáticos y de país, y otras recomendaciones
           adoptadas por la Comisión Interamericana de Derechos Humanos. El término 'estándares jurídicos' asimismo se refiere a los tratados regionales de derechos humanos que
           gobiernan el sistema interamericano, como la Convención Americana y la Convención de
           Belém do Pará. El concepto igualmente se refiere a las sentencias y opiniones consultivas
           emitidas por la Corte Interamericana de Derechos Humanos.
      Estándares jurídicos vinculados a la igualdad de género y a los derechos de las mujeres en
      el Sistema Interamericano de Derechos Humanos: desarrollo y aplicación, informe de la
      Comisión Interamericana de Derechos Humanos, OEA/SER.L/V/II.143, 3 de noviembre de
      2011, nota 5 en p. 2.
      Este informe está disponible en
      https://www.oas.org/es/cidh/informes/pdfs/EstandaresJuridicos.pdf
26   Ver BURGORGUE-LARSEN (2013), p. 207.

democráticos que tienen las demás fuentes del derecho interno. Desconocemos si existen Constituciones que otorguen este poder al *soft law*, pero sería algo teóricamente posible. En este capítulo, cuando hablemos del valor del *soft law*, lo hacemos en el entendido de que nos referimos a estados que no le conceden valor vinculante en sus Constituciones.

2. UTILIDAD DEL *SOFT LAW*

El *soft law* tiene varias utilidades, las que dependerán, en gran medida, del tipo del que estemos hablando. Si nos referimos al que emana de conferencias internacionales donde los estados tienen participación, puede operar como una especie de autorregulación voluntaria, que los estados tendrán en consideración o tratarán de cumplir, atendido que ellos han contribuido a su creación. Tal *soft law* contiene un compromiso político, pero no jurídico, de avanzar en una determinada dirección. Dichos compromisos pueden pavimentar el camino para avanzar hacia una obligación jurídica, una vez que los estados, gracias a la aprobación del *soft law*, se hayan hecho la idea de que conviene dirigirse en dicha dirección. Los tribunales nacionales e internacionales deben estar conscientes de este valor, y no tratar estos compromisos políticos como vinculantes, pues si lo hacen, irán contra la voluntad de los estados. Peor aún, si los estados llegan a considerar que estos acuerdos, teóricamente no vinculantes, no cumplen con su objetivo de ser solo un indicador voluntario, ellos evitarán adoptarlos en el futuro, con lo que el mundo se verá imposibilitado de gozar de sus beneficios.

Otra utilidad del *soft law* es servir como mecanismo auxiliar para determinar la existencia de ciertas reglas jurídicas. En ese sentido, un informe emanado de la CDI en materia de *ius cogens* –documento que en sí mismo es *soft law*, pero que cuenta con la autoridad jurídica de dicha comisión– considera que las decisiones de los comités de expertos pueden constituir un medio auxiliar para determinar que alguna norma es *ius cogens*. Sin perjuicio de ello, la CDI considera que "cabe conceder menos importancia a la labor de los órganos de expertos y a los escritos académicos que a las decisiones judiciales"[27], y que su pertinencia dependerá, por ejemplo, de factores "como el razonamiento seguido en la labor o los escritos, la medida en que los Estados aceptan las opiniones expresadas y

---

27 Informe de la CDI A/74/10 del 71° período de sesiones (del 29 de abril al 7 de junio y 8 de julio al 9 de agosto de 2019), p. 189.

la medida en que esas opiniones son corroboradas, ya sea por otras formas de prueba […] o por decisiones de cortes y tribunales internacionales"[28].

Además de lo anterior, algunos instrumentos específicos de *soft law* pueden tener un valor como documento que codifica costumbre internacional. Así, por ejemplo, los Artículos sobre Responsabilidad del Estado por Hechos Internacionalmente Ilícitos son un instrumento elaborado por la CDI, y posteriormente aprobado por la resolución de la Asamblea General de la ONU[29], que en parte codifica la costumbre internacional, según lo afirmó la misma CDI, y lo ha reconocido la Corte Internacional de Justicia (CIJ)[30].

Por su parte, las sentencias de tribunales internacionales, respecto de estados que no han sido parte en el caso concreto, permiten predecir cómo, probablemente, fallará dicho tribunal cuando se le presente un caso similar. En otras palabras, sirve de indicador a los estados sobre el modo como un tribunal interpretará el derecho internacional, en caso de que un asunto que los involucre llegue a su conocimiento. Así, si un estado no quiere ser condenado en un caso futuro, puede tratar de ajustarse a la jurisprudencia de dicho tribunal internacional, aun cuando esta decisión debiera depender más de si considera o no que dicha jurisprudencia se ajusta a derecho.

Por otro lado, las recomendaciones de comités de monitoreo también pueden ser útiles para conocer la visión de personas especializadas en un área determinada del derecho internacional. La autoridad de estos comités será generalmente mayor cuando interpreten los tratados que les dan vida, aunque seguirán siendo interpretaciones no auténticas, a menos que el tratado que las cree les permita dictar interpretaciones vinculantes para los estados parte.

3. ALGUNAS DESVENTAJAS DEL *SOFT LAW*

El *soft law* no solo conlleva beneficios, sino también desventajas, según se verá a continuación. Se ha dicho que "ante la multiplicación y la multiplicidad de los órganos productores de *soft law*, los riesgos de contradicciones o de divergencias

---

28   Ibid.

29   Ver en general Resolución 56/83 de la Asamblea General de la ONU del 12 de diciembre de 2001.

30   Ver e.g. *BOSNIA Y HERZEGOVINA C. SERBIA Y MONTENEGRO* (2007), párrafos 385, 398 & 401. Ver también ibid., párrafos 420 & 460. En estos últimos, la CIJ no dice expresamente que sean parte de la costumbre, sino que reglas generales del derecho.

van creciendo".[31] Tales contradicciones pueden observarse, por ejemplo, si comparamos resoluciones de comités de monitoreo de la ONU con sentencias de tribunales internacionales. A continuación, mostraremos solo un par de casos. Uno se dio cuando el Tribunal Europeo de Derechos Humanos (TEDH) decidió que Francia no había violado los derechos humanos al prohibir el uso de velos islámicos que cubrieran todo el rostro, mientras que el Comité de Derechos Humanos (CDH) llegó a la solución opuesta.[32] En otra materia, mientras que el TEDH considera que los estados tienen un muy amplio margen de apreciación para proteger la vida prenatal[33], el CDH es mucho más restrictivo[34].

Esta última contradicción sirve para mostrar que hay órganos que toman posiciones bastante marcadas en algunos temas, aunque el derecho internacional nada disponga sobre los mismos. En otras palabras, algunos órganos internacionales tienen agendas en ciertas materias, y tratan de adelantarlas con su *soft law*. Así, por ejemplo, el CDH, encargado de monitorear el Pacto Internacional de Derechos Civiles y Políticos, definió que los estados deben permitir el aborto en muchas circunstancias.[35] Lo hizo en su Observación General N° 36, referida —irónicamente— al derecho a la vida. Al redactarla, no se preguntó por el derecho a la vida del ser humano no nacido, a pesar de que al menos dos tratados internacionales hablan sobre la necesidad de protegerlo[36], mientras que solo un tratado de carácter regional se refiere al aborto, y en situaciones restringidas[37].

---

31 FLAUSS (2012), p. 343.

32 Compárense *S.A.S. C. FRANCIA* (2014) con *YAKER C. FRANCIA* (2016).
    También en materia de vestimenta islámica, pero esta vez con ocasión de la prohibición en universidades del velo de tipo hiyab, puede observarse otra contradicción entre el Tribunal Europeo y el CDH.
    Ver en general *LEYLA SAHIN C. TURQUÍA* (2005); y *HUDOYBERGANOVA C. UZBEKISTÁN* (2005).

33 Ver *A, B Y C C. IRLANDA* (2010), párrafo 231-8 & 249.

34 Ver en general *MELLET C. IRLANDA* (2016).

35 Ver Observación General N° 36 sobre el Artículo 6 del Pacto Internacional de Derechos Civiles y Políticos, relativo al derecho a la vida, del Comité de Derechos Humanos de la ONU, CCPR/C/GC/36, de 2 de noviembre de 2018, párrafo 8.

36 Ver Art. 4 de la Convención Americana sobre Derechos Humanos (CADH); y Preámbulo de la Convención sobre los Derechos del Niño.
    Respecto al primer tratado, ver en general PAÚL (2012).
    El segundo tratado, recogiendo lo dispuesto en la Declaración sobre los Derechos del Niño, dispone que "el niño, por su falta de madurez física y mental, necesita protección y cuidado especiales, incluso la debida protección legal, tanto antes como después del nacimiento".

37 La única excepción es un tratado africano llamado Protocolo de Maputo, que además de ser regional, no tiene una aceptación completa en su región.

Es interesante observar también cómo algunos de los órganos emisores de *soft law* demuestran la validez del proverbio según el cual los órganos públicos tienen una tendencia a extender su propio poder. Ello se observa cuando estos órganos pretenden aumentar el valor de sus opiniones, con independencia de lo que dicen los instrumentos que les otorgan sus potestades. Un ejemplo es el mismo CDH, que en su proyecto de Observación General N° 33 buscó alterar el valor de sus recomendaciones[38], dando a entender que ellas tenían un valor vinculante del cual carecen. Es por eso que, cuando el CDH invitó a los estados a presentar comentarios a su proyecto de observación, veintiuno respondieron, y prácticamente todos dijeron que las observaciones del CDH no son vinculantes.[39] Finlandia es un ejemplo representativo de estos estados objetores, y observó que, en caso de que el CDH considerara que un estado había violado el Pacto Internacional de Derechos Civiles y Políticos, el estado respectivo solo tenía obligación de "considerar las observaciones del Comité de buena fe", pero que no estaba obligado internacionalmente a cumplirlas.[40] Por su parte, hubo solo cuatro estados que no objetaron la vinculatoriedad de las recomendaciones del CDH, pero fue porque no se refirieron explícitamente al tema, a excepción quizá de Ecuador, que parece dar su aquiescencia a la opinión del CDH.[41] Finalmente, el CDH moderó el lenguaje de la Observación General N° 33, pero aunque no

---

Ver Art. 14.2.c del Protocolo a la Carta Africana de Derechos Humanos y de los Pueblos sobre los Derechos de las Mujeres en África de 2003.

El derecho internacional no consagra un derecho al aborto.

Ver e.g. Tozzi, Casillas y Marcilese (2011).

Sin embargo, algunos consideran que sí lo hace.

Ver e.g. Zampas y Gher (2008).

38   Denominadas "observaciones", aunque el CDH las llama "dictámenes" en su Observación General N° 33. Ver en general Observación General N° 33 sobre obligaciones de los estados parte con arreglo al Protocolo Facultativo del Pacto Internacional de Derechos Civiles y Políticos, del Comité de Derechos Humanos de la ONU, CCPR/C/GC/33 de 25 de junio de 2009.

39   Alemania, Australia, Bélgica, Canadá, Ecuador, Estados Unidos de América, Finlandia, Francia, Japón, Libia, Mauricio, México, Nueva Zelandia, Noruega, Polonia, Reino Unido de Gran Bretaña e Irlanda del Norte, Rumania, Rusia, Suecia, Suiza y Turquía. Disponible en: https://www.ohchr.org/EN/HRBodies/CCPR/Pages/GC33-ObligationsofStatesParties.aspx

40   Nota dirigida al Comité de DD.HH. el 22 de octubre de 2008, por la Oficina Jurídica del Ministerio de Asuntos Exteriores de Finlandia. Disponible en https://www.ohchr.org/Documents/HRBodies/CCPR/GC33/Finland.pdf

41   Los estados que no se refirieron al tema fueron Mauricio, México y Turquía. En el caso de México, también podría entenderse que estaba en contra de igualar las observaciones del CDH a decisiones judiciales.

afirme explícitamente que sus recomendaciones sean vinculantes, señala que "los Estados partes han de utilizar todos los medios que estén a su alcance para dar efecto a los dictámenes del Comité"[42], lo que algunos interpretan como una afirmación –no vinculante– de su obligatoriedad.

La Corte Interamericana de Derechos Humanos (CorteIDH) también ha hecho gala de este afán por dar mayor valor a sus propias opiniones. Lo ha hecho, a gran escala, al crear su doctrina del *control de convencionalidad*. Este libro trata sobre dicho tema en otro capítulo, por lo que no nos extenderemos al respecto más que para decir brevemente que dicha doctrina busca que las sentencias de la CorteIDH tengan el valor de precedente vinculante respecto de estados que no fueron parte en una controversia, y que dicho precedente sea aplicado directamente, incluso *contra legem*, por todos los órganos de un estado.[43]

Algunos miembros de la CorteIDH también buscan extender el valor de las opiniones consultivas de dicho tribunal. Así, por ejemplo, el entonces presidente de la CorteIDH, el juez Roberto de Figueiredo Caldas, señaló en un discurso que las opiniones consultivas buscan dar "criterios interpretativos generales y vinculantes".[44] Esta es una visión aislada emitida incidentalmente, que no tiene mayor valor y que es opuesta a la opinión de otros jueces[45], pero es indicativa de la referida tendencia. En todo caso, no es de extrañar que algunos jueces de la CorteIDH busquen ampliar el poder de estas opiniones, atendido que la misma Corte ha afirmado que sus opiniones consultivas operan a modo de "control de convencionalidad preventivo"[46], lo que puede interpretarse como un intento por dar un mayor valor a opiniones que no tienen poder vinculante por sí mismas[47].

---

42   Observación General N° 33 sobre obligaciones de los estados parte con arreglo al Protocolo Facultativo del Pacto Internacional de Derechos Civiles y Políticos, del Comité de Derechos Humanos de la ONU, CCPR/C/GC/33 de 25 de junio de 2009.

43   Sobre esta doctrina, ver en general Paúl (2019).

44   Ver Audiencia pública de solicitud de opinión consultiva presentada por el Estado de Costa Rica, parte 3. Disponible en https://vimeo.com/album/4592103/video/219002648. La frase referida puede verse a partir del momento 3:19:40.

45   Por ejemplo, el vicepresidente de la CorteIDH, en su voto parcialmente disidente a la misma opinión consultiva, recordó que "por esencia, la opinión consultiva no es vinculante para los Estados Partes de la Convención ni para los otros miembros de la Organización de los Estados Americanos, por lo que no procede que ordene la adopción de alguna conducta". Ver *Identidad de género, e igualdad y no discriminación a parejas del mismo sexo* (2017), párrafo 10.

46   *Titularidad de Derechos de las Personas Jurídicas en el Sistema Interamericano de Derechos Humanos* (2016), párrafo 26.

47   Para un breve análisis sobre el valor de las opiniones consultivas, ver Paúl (2018), pp. 214-7.

En este punto, es importante destacar que nuestra Corte Suprema ha dicho expresamente que tales opiniones no constituyen sentencias, por lo que "resulta discutible la potestad de ejecución e imperio en relación con su contenido".[48]

Otro inconveniente del *soft law* es que no existe ningún límite para su creación, con lo que puede llegar a regular los detalles más específicos de algunas materias. Por ello, si tribunales u órganos de tratados usan *soft law* para interpretar normas abiertas, de tratados o de una Constitución, pueden quitar todo margen de discreción a los estados o al legislador, a pesar de que la norma abierta se haya ideado para dejar este margen. Con ello, las exigencias mínimas acordadas en normas abiertas se transformarán en exigencias máximas o muy detalladas. A nivel internacional, si esto ocurre, se terminará regulando cuestiones a las que los representantes estatales jamás habrían accedido, en atención a que dicha reglamentación se encuentra naturalmente dentro del ámbito de competencia de los órganos estatales, o porque tales exigencias son altamente discutibles.[49]

Si los tribunales internacionales aplican el *soft law* como fuente, terminan esquivando, incluso, los pocos resguardos democráticos que tiene la aprobación de normas internacionales. Lo anterior empeora si, después de utilizar el *soft law*, vuelven a usarlo para interpretar las interpretaciones ya hechas, con lo que la jurisprudencia termina alejándose más y más de los tratados que deben aplicar los tribunales, y que son la razón por la que se establecieron.[50] Con esto, no queremos decir que los tribunales no debieran hacer nunca uso del *soft law*, pues en ocasiones puede ser verdaderamente necesario para definir jurisprudencialmente el contenido de algunas normas. Sin embargo, ello debe hacerse con suma cautela, recordando que tales tribunales fueron establecidos para interpretar normas en casos concretos, no para legislar so pretexto de interpretar. Debemos recordar que *extra compromisum arbiter nihil facere potest*[51]; es decir, un tribunal

---

48   *Arias c. Servicio de Registro Civil e Identificación* (2020), considerando 14.

49   Como ejemplo de detalles discutibles a los que pueden llegar los comités de monitoreo, pueden observarse algunas de las recomendaciones que han hecho en materia constitucional. Ver en general Núñez Poblete (2015).
     En estas, se le pide al Estado de Chile que reconozca una serie de asuntos en la CPR, a pesar de que algunos de ellos dependen de las políticas públicas que quiera establecer un país (como es el caso de modificar el antiguo sistema binominal, establecer cuotas para mujeres e indígenas en ciertos cargos, y permitir la huelga de funcionarios públicos), y que algunas de tales materias deban tener un rango constitucional (como reconocer la objeción de conciencia al servicio militar), lo que es más discutible aún.

50   Sobre cómo la CorteIDH ha ampliado el contenido de la CADH, ver en general Paúl (2017).

51   Ver Cheng (2006), pp. 259-66.

no puede actuar válidamente fuera de su competencia, lo que le impide alejarse de la aplicación de las normas sobre las que tiene jurisdicción.

Que un tribunal nacional o internacional busque tener jurisdicción para aplicar el soft law puede enmarcarse en los intentos de organismos para ampliar su poder, pues con ello el tribunal podrá ejercer su actividad respecto de temas que excedan su ámbito de competencia. Un ejemplo de esto se observa cuando la CorteIDH se refiere al *soft law* como formando parte del *corpus iuris* internacional que ella debe aplicar.[52] En todo caso, esta Corte no es la única que ha optado por aplicar el *soft law*, pues el TEDH también terminó por seguir esa ruta[53], aunque lo haga en forma más recatada que su par de América.

4. BUENA FE Y *SOFT LAW*

Los estados no pueden ser indiferentes a lo que diga el *soft law*, especialmente cuando ellos tomaron un compromiso político al aprobar una declaración u otro instrumento de una naturaleza similar. Ello es especialmente así porque, en el ámbito internacional, los estados tienen la obligación de actuar de buena fe, y podría denotar mala fe que un estado vote favorablemente declaraciones que señalan criterios de actuación, para luego escudarse en su falta de carácter vinculante para no tenerlas en consideración. Por otro lado, sería injusto exigirle a un estado que concurrió con su voluntad a un acuerdo meramente político que actúe como si hubiera consentido a un compromiso jurídico. Es necesario ponderar ambos factores, pero teniendo en cuenta que la buena fe "no es en sí misma una fuente de obligación, allí donde ninguna existiría si ésta faltara"[54], como nos dice la CIJ.

En atención a lo anterior, sería razonable exigir que los estados tengan en consideración el compromiso político al que llegaron, pero que este pueda ser soslayado en atención a cambios de circunstancias, como podría ser si se modifica el conocimiento científico sobre un tema tratado en el instrumento de *soft law*, o si el acuerdo político lo debe enfrentar un gobierno con ideas distintas de aquel que llegó al compromiso. En principio, esta exigencia de la buena fe no podría ser hecha valer ante tribunales internacionales, ya que no sería una obligación

---

52 Ver *Tarazona Arrieta y Otros c. Perú* (2014), párrafo 165.

53 Ver en general Flauss (2012).

54 *Nicaragua c. Honduras* (1988), párrafo 94.

jurídica. Sin embargo, los estados y otros actores internacionales podrían recurrir a mecanismos de presión política para incentivar que el estado actúe de acuerdo con lo comprometido, que es quizá una de las principales formas en que la comunidad internacional reacciona ante algunas conductas inadecuadas.[55]

Ahora, habría que dilucidar también qué exigencias les impone la buena fe a los estados frente al *soft law* creado sin la concurrencia de su voluntad, es decir, a las recomendaciones de órganos que apliquen o supervisen tratados. Antes de hacerlo, conviene recalcar que las interpretaciones de estos órganos no constituyen una interpretación auténtica, pues esta tiene dos características: emana de la entidad que creó la norma que se interpreta, y tiene el mismo valor que la norma interpretada.[56] El principio *eius est legem interpretare, cuius est condere*, es decir, que "[c]orresponde interpretar la ley a quien la establece"[57], es el que rige la interpretación auténtica. La Corte Permanente de Justicia Internacional reconoció este principio en el asunto de Jaworzina, donde resolvió que solo corresponde interpretar autorizadamente una norma al órgano que tiene el poder de modificarla o suprimirla.[58] La interpretación auténtica puede legítimamente apartarse del texto que está interpretando, mientras que la interpretación no auténtica debe ceñirse al documento que se interpreta[59], por lo que puede ser correcta o incorrecta[60].

Las interpretaciones de la gran mayoría de los órganos de monitoreo de tratados no serán interpretaciones auténticas, pues los tratados que crean estos entes no les han dado la potestad de interpretar los tratados con un valor vinculante frente a todos los estados parte, es decir, sus interpretaciones no tienen el mismo valor que el documento interpretado. Es por ello que las interpretaciones de los órganos de tratados no tienen el carácter de definitivas o de infalibles. Ellas pueden ser modificadas en decisiones posteriores, y pueden ser también discutidas por los estados. Por esto, no es contrario a la buena fe que los estados decidan no seguir el *soft law* emanado de este tipo de entes, y no sería necesario que haya ningún cambio de circunstancias para hacerlo.

---

55 En ocasiones, se le llama *"name and shame"* a esta presión, lo que se podría traducir con cierta libertad como "nómbralo y avergüénzalo".

56 Ver Berner (2016), pp. 846-7.

57 Domingo y Rodríguez-Antolín (2000), pp. 47-8.

58 Ver *Asunto de Jaworzina (Frontera Polaco-Checoslovaca)* (1923), p. 37.

59 Ver Berner (2016), p. 852.

60 Ibid.

Lo anterior no desmerece que, en principio, según ha dicho la CIJ en el caso Diallo, sea recomendable dar un gran peso a las interpretaciones realizadas por órganos independientes creados para supervisar la aplicación de un tratado, en aras de lograr coherencia y certeza jurídica en el derecho internacional.[61] En efecto, aunque los órganos que están a cargo de supervisar el cumplimiento de tratados no puedan interpretarlos auténticamente, son las entidades a las que primero habría que recurrir para conocer propuestas de interpretaciones razonables de los mismos. No obstante ello, los estados pueden legítimamente disentir de lo que afirmen dichos entes. En tal caso, para actuar de buena fe bastará con que los estados hayan tenido a la vista, o en consideración, la opinión de los referidos órganos. Algo similar a lo recién afirmado sería aplicable a las recomendaciones de órganos cuasi judiciales que pueden resolver alegaciones de individuos en contra de un estado, como serían las recomendaciones u observaciones de órganos como la Comisión Interamericana de Derechos Humanos o el CDH de la ONU. Sin perjuicio de ello, algunos tribunales superiores desprevenidos han sido llevados a sostener lo contrario, desconociendo el verdadero valor que tienen estos instrumentos.[62]

5. RECOMENDACIONES DE MODIFICACIONES CONSTITUCIONALES EN EL ÁREA

Como se puede haber apreciado en los demás capítulos de este libro, la CPR no trata en detalle las fuentes del derecho internacional y su valor en el ámbito nacional. Ella tampoco regula el *soft law*, aunque esto último es más entendible, ya que tales instrumentos no vinculan a Chile, por lo que no corresponde imponerles obligaciones a los órganos del Estado en dicha materia. En efecto, no es necesario regular explícitamente el *soft law*. Sin embargo, hay motivos por los que algunos podrían inclinarse por hacerlo, por ejemplo, porque en muchas ocasiones nuestros legisladores y magistrados se ven confundidos por estos instrumentos internacionales. Por ello, podría proponerse que nuestra Constitución regule el *soft law*, para aclarar cualquier duda que quede sobre su valor, especialmente porque hoy en día el *soft law* es mucho más profuso de lo

---

61 Ver *GUINEA C. REPÚBLICA DEMOCRÁTICA DEL CONGO* (2010), párrafos 66-8.

62 En el caso de Chile, ver *BARRERA* (2018), considerando 8.
Respecto de España, ver *STS 1262* (2018), fundamentos de derecho 7.

que era al momento de redactarse la CPR. Esto podría hacerse de dos formas: implícitamente, indicando cuáles son las fuentes del derecho internacional que generan obligaciones al interior del país, lo que dejaría fuera al *soft law*, o explícitamente, dejando en claro que el *soft law* no obliga internacionalmente ni crea obligaciones al interior del Estado.

En cualquier caso, sería poco adecuado usar expresiones en inglés en la Constitución, por lo que habría que designar el *soft law* con una expresión castiza. La expresión *soft law* se ha traducido al castellano como derecho blando o derecho verde.[63] Sin embargo, ambas expresiones conllevan la idea de que estamos ante derecho, y el *soft law* no es propiamente derecho. También se ha usado la expresión pre-derecho[64], pero ella no es muy común. Por esto, consideramos más adecuado usar términos que describan esta realidad, por ejemplo, hablando de "instrumentos internacionales no vinculantes". A continuación, se plantean algunas posibles reformas técnicamente prudentes en la materia.

5.1. Artículo 54

La CPR trata las atribuciones del Congreso Nacional en su artículo 54. Esta norma es la que más se refiere al derecho internacional en la CPR. Atendido que el Congreso no tiene atribuciones en materia de *soft law*, parecería innecesario que dicho artículo se refiera a él. Sin embargo, para evitar malentendidos sobre el verdadero valor del *soft law*, podría ser útil recalcar que los acuerdos políticos y las resoluciones de organismos internacionales no generan derecho a nivel interno. Al hacerlo, convendría recordar que el Tribunal Constitucional de Chile (TC) se pronunció respecto a cierto *soft law*: las recomendaciones de la Organización Internacional del Trabajo (OIT). Lo hizo con ocasión de una reforma laboral. En su sentencia, el TC afirmó que las recomendaciones de dicho organismo, "al no tener ratificación por los Estados no constituyen, de acuerdo a nuestro derecho interno, normas vinculantes de rango legal".[65] Afirmó también que la "interpretación extensiva" de los tratados internacionales a la luz

---

63   Ver Pastor (2013), p. 24.

64   Ver Garrido (2017), p. 55.
     Esta autora habla de "preDerecho".

65   *PROYECTO DE LEY QUE MODERNIZA EL SISTEMA DE RELACIONES LABORALES, INTRODUCIENDO MODIFICACIONES AL CÓDIGO DEL TRABAJO* (3016-2016), considerando 53.

de las recomendaciones es improcedente, puesto que las recomendaciones son solo guías o pautas para los estados, no decisiones vinculantes.[66] Recalcó que la misma Comisión de Expertos de la OIT reconoció que su mandato no incluye interpretar los convenios de dicha institución, y aclaró que las recomendaciones y acuerdos de ciertos organismos internacionales "no significan una interpretación de los convenios suscritos por Chile que sea vinculante para nuestro país, y por ende no pueden generar las obligaciones o responsabilidad internacional [aducidas por los requirentes]".[67]

5.2. Que los órganos decisores consideren el *soft law*

Otro modo de aclarar el valor del *soft law* sería estableciendo, expresamente, cuál es el uso que pueden darle los órganos nacionales. Según dijimos, la buena fe exigiría que los estados evalúen lo que dice el *soft law*, especialmente aquel que contó con la concurrencia de la voluntad estatal. Por eso, podría ser adecuado que la Constitución haga referencia a esta exigencia de la buena fe. Podría plantear que, siempre dentro del principio de la juridicidad, establecido en el artículo 7 de la CPR, los órganos internos pueden tener en cuenta el *soft law* al interpretar normas dentro de su competencia. Sería también necesario recalcar que el *soft law* no puede usarse como argumento para actuar en contra de lo que dispone la ley patria, sino solo para interpretarla en armonía con el instrumento internacional, cuando ello sea posible sin vulnerar el texto o el sentido de la norma interna. Una reforma de estas características no solo autorizaría claramente a que los tribunales hagan referencia al *soft law*, sino que también dejaría en claro —*a contrario sensu*— que dichos instrumentos no pueden aplicarse *contra legem* ni para "suplir" la falta de actuación del legislativo.

5.3. Artículo 5.2

El área del derecho internacional de los derechos humanos produce muchas confusiones. En gran medida, ello ocurre como consecuencia de lo establecido en el artículo 5 inciso 2 de la CPR, que dispone desde la reforma de 1989:

---

66   Ibid., considerando 54.

67   Ibid., considerando 57.

El ejercicio de la soberanía reconoce como limitación el respeto a los derechos esenciales que emanan de la naturaleza humana. Es deber de los órganos del Estado respetar y promover tales derechos, garantizados por esta Constitución, así como por los tratados internacionales ratificados por Chile y que se encuentren vigentes.

Como vemos, esta norma se refiere explícitamente a los derechos *esenciales*[68] *que emanan de la naturaleza humana, que estén garantizados en tratados internacionales ratificados por Chile y que se encuentren vigentes. El artículo 5.2 nos mostraría que este tipo de derechos tendría una jerarquía especial. El problema es que en ocasiones se ha pensado que el soft law relacionado con los derechos esenciales* que emanan de la naturaleza humana tendría el mismo valor que las normas de tratados internacionales que los garantizan. Antes de referirnos a esta cuestión, hay que definir si esta norma les otorgaría un valor especial a los tratados de derechos humanos o a las normas concretas referidas a la materia, con independencia del tipo de tratados en que se encuentren. En este punto, coincidimos con Claudio Troncoso y Tomás Vial, quienes consideran que el artículo 5.2 se aplica a las normas específicas que garantizan este tipo de derechos, con independencia de si los tratados en que se encuentran son de derechos humanos o no.[69] Así, tratados de cualquier materia, incluso económica, podrían consagrar este tipo de derechos, los que tendrían así una jerarquía especial. Por su parte, tratados de derechos humanos pueden tener normas que no consagran este tipo de derechos –por ejemplo, normas procedimentales–, que no tendrían una jerarquía especial.

La redacción del artículo 5.2 es bastante clara, en el sentido de que solo los derechos esenciales recogidos en tratados serán un límite a la soberanía, no las interpretaciones que de esos tratados hagan los órganos que los apliquen. Este asunto sería más complejo si un tratado le confiriera a algún órgano el poder de interpretarlo con efecto general y vinculante. Esto ocurre en ocasiones

---

68   A pesar de que genera importantes interrogantes, no suele cuestionarse qué significa la calificación "esenciales", al referirse a los derechos que emanan de la naturaleza humana. Atendido que las palabras en los textos jurídicos deben tener algún significado, según afirma el principio de la efectividad (*ut res magis valeat quam pereat*), el adjetivo "esencial" indicaría que la jerarquía especial no la gozan todo tipo de derechos humanos, sino que solo aquellos "esenciales". Este punto debiera dar pie a una mayor investigación.

69   Ver TRONCOSO Y VIAL (1993), pp. 696 & 701.

muy raras, como en el Estatuto de la Corte Centroamericana de Justicia, la que, huelga decir, no tiene competencia respecto de Chile.[70]

Ahora, cabe preguntarse cuál es esta jerarquía especial que les da la CPR a las normas que garantizan los derechos esenciales que emanan de la naturaleza humana. Este asunto es complejo[71], pero el TC se ha pronunciado afirmando que tales normas tendrían un valor superior a la ley, pero inferior a la CPR. Esto se puede observar en su fallo del Estatuto de Roma, de 2002, donde el TC dispuso que el Congreso Nacional no podía aprobar tratados que fueran en contra de lo que dispone la CPR; por lo que, antes de aprobar un instrumento de esas características, era necesario reformar la Carta Fundamental.[72]

El constituyente podría replantearse la posición de la CPR en la materia, pues podría querer darle a un órgano internacional la tarea de definir mediante su *soft law* el contenido más preciso de los derechos que constituyen un límite para el constituyente. Sin embargo, en atención a la falta de legitimidad democrática de tales órganos de tratados, sería desafortunado confiarles la definición de derechos que se establezcan como "limitación" a la soberanía. Por ello, pensamos que no convendría hacer reformas al artículo 5.2. Esto es aún menos recomendable, atendido que dicha norma se encuentra en el capítulo de Bases de la Institucionalidad, por lo que conviene que tenga cierta continuidad en el tiempo.

---

70 El Art. 3 del Estatuto de la Corte Centroamericana de Justicia dispone:
   La Corte tendrá competencia y jurisdicción propias, con potestad para juzgar a petición de parte y resolver con autoridad de cosa juzgada, y su doctrina tendrá efectos vinculantes, para todos los Estados, órganos y organizaciones que formen parte o participen en el 'Sistema de la Integración Centroamericana', y para sujetos de derecho privado.

71 Sobre el tema de la jerarquía de los tratados en el derecho interno, ver FUENTES (2015), pp. 173-9.

72 ESTATUTO DE ROMA DE LA CORTE PENAL INTERNACIONAL (346-2002), considerandos 59-75. Ver particularmente ibid., considerando 74.
   El TC se fundó en varios argumentos. Por ejemplo, que si la CPR estuviera debajo de los tratados, ella podría modificarse con *quorum* inferiores a los requeridos para su reforma; que el constituyente nunca tuvo la intención de eximir a los tratados del principio de supremacía constitucional consagrado en el artículo 6 de la CPR; y que el TC debe resolver cuestiones sobre constitucionalidad de tratados sometidos a la aprobación del Congreso.

5.4. Que la ley establezca un sistema para cumplir sentencias internacionales

Como decíamos, los fallos de tribunales internacionales podrían considerarse *soft law* cuando se refieren a un estado que no es parte del proceso, pero no cuando se refieren a un estado parte, pues este debe cumplir tales decisiones judiciales. Sin perjuicio de que no pueden considerarse *soft law* si obligan a Chile, y a riesgo de excedernos del objeto de este capítulo, planteamos que convendría que la Constitución le ordene al legislador regular un sistema para cumplir las sentencias dictadas por tribunales internacionales o arbitrales. Dicho sistema, después de confirmar que el tribunal tiene jurisdicción, y que el fallo no padezca de nulidad[73], tendría que distinguir según cuál es la reparación ordenada, pues los modos de cumplimiento pueden variar mucho. Por ejemplo, no es lo mismo ordenar el pago de indemnizaciones que ordenar dejar sin efecto una sentencia judicial. Muchas veces las reparaciones variarán según cuál sea el tribunal que las dicte, porque las sentencias emanadas de la CIJ suelen exigir mecanismos de cumplimiento de corte político, los tribunales internacionales en arbitrajes de inversión ordenarán principalmente el pago de indemnizaciones, mientras que la CorteIDH cuenta con reparaciones más variadas.

CONCLUSIÓN

Nuestro medio no ha tratado el *soft law* de forma extensiva. Esto es desafortunado, pues aunque el *soft law* no es derecho, es una realidad que puede tener efectos muy significativos, ya sea como paso previo para la creación de derecho, o como instrumento que influye en la toma de decisiones. Con motivo de lo anterior, este

---

73   Es muy infrecuente que un estado alegue la nulidad de un fallo, pero esta posibilidad es expresamente reconocida en el Modelo de Reglas sobre Procedimiento Arbitral de la CDI, que señala que podría haber nulidad en casos de exceso de poder, corrupción de un miembro del tribunal, falta de motivación, infracción grave de una regla fundamental de procedimiento, y nulidad del compromiso o cláusula compromisoria.
Ver CASANOVAS Y RODRIGO (2013), p. 326.
Esto que se predica sobre los arbitrajes que sigan el modelo de la CDI podría también decirse respecto de otros laudos, aunque en dicho caso el reclamo de nulidad probablemente generará una nueva controversia.
Ibid.
Incluso es imaginable que esto pueda alegarse respecto de fallos de tribunales internacionales permanentes, en cuyo caso también se daría probablemente lugar a una nueva controversia internacional.

trabajo buscó, en primer lugar, sintetizar cuál es el contenido de la expresión *soft law*, mostrar sus usos, ventajas (tales como allanar la voluntad estatal a ciertas conductas, o consagrar interpretaciones de expertos) y desventajas (como sus contradicciones, y propiciar que órganos que emiten *soft law* traten de ampliar sus poderes). También se planteó que el principio de la buena fe, que debe regir todo el actuar estatal a nivel internacional, puede determinar el modo como los estados deben enfrentarse al *soft law*. Las implicancias de este principio en la aplicación del *soft law* debieran depender del tipo de "pre-derecho" del que estemos hablando, pues no es lo mismo un instrumento en cuya creación influyó el mismo estado que uno en el que no tuvo mayor injerencia.

La doctrina nacional está en deuda con el *soft law*, no la CPR. No obstante ello, este capítulo igualmente buscó definir si es o no necesario realizar reformas constitucionales en relación con esta materia. Al hacerlo, concluyó que no es indispensable modificar la CPR para regular el *soft law*, pues aunque esta realidad es relativamente nueva y de gran importancia, no constituye una fuente del derecho, por lo que no es necesario regularla en la Carta Fundamental. Sin perjuicio de ello, el constituyente podría considerar útil hacerlo, especialmente para aclarar los malentendidos que se generan frente a la naturaleza de este tipo de instrumentos, pues en ocasiones los legisladores y tribunales lo tratan como si fuera vinculante, cuando ello no es así. En efecto, la única posible exigencia relacionada con el *soft law* derivaría del principio de la buena fe, y sería la de tener el *soft law* en consideración al momento de tomar una decisión, pero manteniendo la libertad de actuar o no conforme a lo dispuesto en tales instrumentos. También podría ser útil que la Constitución se refiera al *soft law* con la finalidad de clarificar el uso que le pueden dar los órganos nacionales, los que deberían recordar, en todo caso, que el *soft law* no es derecho.

BIBLIOGRAFÍA

Berner, Katharina (2016): "Authentic Interpretation in Public International Law", *Heidelberg Journal of International Law*, vol. 76: pp. 845-78.

Burgorgue-Larsen, Laurence (2013): *El diálogo judicial. Máximo desafío de los tiempos jurídicos modernos* (México D.F., Editorial Porrúa).

Casanovas, Oriol, y Rodrigo, Ángel (2013): *Compendio de derecho internacional público* (Madrid, Editorial Tecnos).

Cheng, Bin (2006): *General Principles of Law as Applied by International Courts and Tribunals* (Cambridge, Cambridge University Press).

Domingo, Rafael, y Rodríguez-Antolín, Beatriz (2000): *Reglas jurídicas y aforismos (con jurisprudencia actualizada y remisiones a la legislación vigente)* (Pamplona, Editorial Aranzadi).

Flauss, Jean-François (2012): *L'effectivité et l'efficacité de la soft law européenne dans la jurisprudence de la Cour Européenne des Droits de l'Homme*, en Iliopoulos-Strangas, Julia, y Flauss, Jean-François (eds.), *Das soft law der europäischen Organisationen* (Baden-Baden, Nomos; Berna, Stämpfli Verlag; Atenas, Ant. N. Sakkoulas Verlag).

Fontanelli, Filippo (2011), "ISO and Codex Standards and International Trade Law: What Gets Said is not What's Heard", *International and Comparative Law Quarterly*, vol. 60: pp. 895-932.

Fuentes Torrijo, Ximena (2015): "Una nueva Constitución para Chile y el diseño de un esquema de incorporación del derecho internacional al sistema jurídico chileno", en Chía, Eduardo, y Quezada, Flavio (eds.), *Propuestas para una nueva Constitución (originada en democracia)* (Santiago, Instituto Igualdad; Facultad de Derecho, Universidad de Chile; y Friedrich Ebert-Stiftung).

Garrido, María Isabel (2017): *El soft law como fuente del derecho extranacional* (Madrid, Editorial Dykinson).

Heyvaert, Veerle (2009): "Levelling Down, Levelling Up, and Governing Across: Three Responses to Hybridization in International Law", *European Journal of International Law*, vol. 20, N° 3: pp. 647-74.

Kirton, John, y Trebilcock, Michael (eds.) (2016): *Hard Choices, Soft Law. Voluntary Standards in Global Trade, Environment and Social Governance* (Abindgdon, Routledge).

Klabbers, Jan (2005): "Reflections on Soft International Law in a Privatized World", *Finnish Yearbook of International Law*, vol. XVI: pp. 313-28.

Molina, Marcela (2018): "Estándares jurídicos internacionales: necesidad de un análisis conceptual", *Revista de Derecho de la Universidad Católica del Norte*, vol. 25, N° 1: pp. 233-56.

Mutua, Makau (2007): "Standard Setting in Human Rights: Critique and Prognosis", *Human Rights Quarterly*, vol. 29: pp. 547-630.

Núñez Poblete, Manuel (2015): *La Constitución en la mira. Observaciones de los órganos de los tratados de derechos humanos y revisión de la Constitución*, en Núñez Poblete, Manuel (ed.), *La internacionalización del derecho público* (Santiago, Legal Publishing).

Pastor, José Antonio (2013): *Curso de derecho internacional público y organizaciones internacionales* (Madrid, Editorial Tecnos).

Paúl, Álvaro (2012): "Estatus del no nacido en la Convención Americana: un ejercicio de interpretación", *Ius et Praxis*, vol. 18, N° 1: pp. 61-112.

Paúl, Álvaro (2019): "Los enfoques acotados del control de convencionalidad: las únicas versiones aceptables de esta doctrina", *Revista de Derecho de la Universidad de Concepción*, N° 246: pp. 49-82.

Paúl, Álvaro (2018): "Cuatro extendidos desaciertos de la Corte Interamericana que se observan en su Opinión Consultiva N° 24", en Figueroa, Rodolfo (ed.), *Anuario de derecho público* (Santiago, Ediciones UDP).

Paúl, Álvaro (2017): "The American Convention on Human Rights: Updated by the Inter-American Court", *Juris Dictio*, vol. 20: pp. 53-86.

Rodríguez Alcócer, Adrián, y Bartolini, Marcelo (2014): "Las recomendaciones de los organismos internacionales como herramientas de presión política", *Derecho Público Iberoamericano*, vol. 5: pp. 231-49.

Shaw, Malcolm N. (2017): *International Law* (Cambridge, Cambridge University Press).

Shelton, Dinah (2014): "International Law and 'Relative Normativity'", en Evans, Malcolm (ed.), *International Law* (Oxford, Oxford University Press).

Tozzi, Piero, Casillas, Neydy, y Marcilese, Sebastián (2011): "El aborto en el derecho internacional y en la jurisprudencia panamericana", *El Derecho. Diario de Doctrina y Jurisprudencia*, N° 12.837: pp. 1-7.

Troncoso, Claudio, y Vial, Tomás (1993): "Sobre los derechos humanos reconocidos en tratados internacionales y en la Constitución", *Revista Chilena de Derecho*, vol. 20, N° 2-3: pp. 695-704.

Zampas, Christina, y Gher, Jaime (2008): "Abortion as a Human Right—International and Regional Standards", *Human Rights Law Review*, vol. 8, N° 2: pp. 249-94.

Vargas Carreño, Edmundo (2017): *Derecho internacional público* (Santiago, El Jurista Ediciones).

INSTRUMENTOS CITADOS

Resolución 1262 (XIII) de la Asamblea General de la ONU del 14 de noviembre de 1958

Resolución 1386 (XIV) de la Asamblea General de la ONU del 20 de noviembre de 1959

Convención Americana sobre Derechos Humanos de 1969

Convención sobre los Derechos del Niño de 1989

Directrices de Londres para el Intercambio de Información acerca de Productos Químicos Objeto de Comercio Internacional, enmendadas en 1989, Programa para el Medio Ambiente de la ONU, Decisión del Consejo Directivo 15/30 de 25 de mayo de 1989

Estatuto de la Corte Centroamericana de Justicia de 1992

Convenio de Rotterdam para la Aplicación del Procedimiento de Consentimiento
Fundamentado Previo a Ciertos Plaguicidas y Productos Químicos Peligrosos
Objeto de Comercio Internacional de 1998

Estatuto de Roma de la Corte Penal Internacional de 1998

Resolución 56/83 de la Asamblea General de la ONU del 12 de diciembre de 2001

Protocolo a la Carta Africana de Derechos Humanos y de los Pueblos sobre los Derechos
de las Mujeres en África de 2003

Constitución Política de la República de Chile de 1980/2005

Observación General N° 33 sobre Obligaciones de los Estados Partes con Arreglo al
Protocolo Facultativo del Pacto Internacional de Derechos Civiles y Políticos,
del Comité de Derechos Humanos de la ONU, CCPR/C/GC/33 de 25 de junio
de 2009

Estándares Jurídicos Vinculados a la Igualdad de Género y a los Derechos de las Mujeres
en el Sistema Interamericano de Derechos Humanos: Desarrollo y Aplicación,
Informe de la Comisión Interamericana de Derechos Humanos, OEA/Ser.L/V/
II.143, 3 de noviembre de 2011

Tratado de la Unión Europea (versión consolidada) de 2016

Informe de la Comisión de Derecho Internacional A/74/10 del 71° Período de Sesiones
(del 29 de abril a 7 de junio y 8 de julio a 9 de agosto de 2019)

Observación General N° 36 sobre el Artículo 6 del Pacto Internacional de Derechos Civiles
y Políticos, Relativo al Derecho a la Vida, del Comité de Derechos Humanos de
la ONU, CCPR/C/GC/36, de 2 de noviembre de 2018

JURISPRUDENCIA REFERENCIADA

Corte Permanente de Justicia Internacional

Asunto de Jaworzina (frontera polaco-checoslovaca) (1923): Corte Permanente de Justicia
Internacional, opinión consultiva, 6 de diciembre.

Corte Internacional de Justicia

Acciones armadas fronterizas y transfronterizas (Nicaragua c. Honduras) (1988): Corte
Internacional de Justicia, sentencia, 20 de diciembre.

*Aplicación de la Convención para la Prevención y Sanción del Crimen de Genocidio (Bosnia
y Herzegovina c. Serbia y Montenegro)* (2007): Corte Internacional de Justicia,
sentencia, 26 de febrero.

Ahmadou Sadio Diallo (Guinea c. República Democrática del Congo) (2010): Corte Internacional
de Justicia, sentencia, 30 de noviembre.

Tribunal Europeo de Derechos Humanos

Leyla Ahin c. Turquía (2005): Tribunal Europeo de Derechos Humanos, N° 44774/98, sentencia, 10 de noviembre.

A, B y C c. Irlanda (2010): Tribunal Europeo de Derechos Humanos, N° 25579/05, sentencia, 10 de diciembre.

S.A.S. c. Francia (2014): Tribunal Europeo de Derechos Humanos, N° 43835/11, sentencia, 1 de julio.

Corte Interamericana de Derechos Humanos

Tarazona Arrieta y otros c. Perú (2014): Corte Interamericana de Derechos Humanos, Serie C N° 286, sentencia, 15 de octubre.

Titularidad de derechos de las personas jurídicas en el Sistema Interamericano de Derechos Humanos (interpretación y alcance del Artículo 1.2, en relación con los Artículos 1.1, 8, 11.2, 13, 16, 21, 24, 25, 29, 30, 44, 46 y 62.3 de la Convención Americana sobre Derechos Humanos, así como del Artículo 8.1.a y b del Protocolo de San Salvador) (2016): Corte Interamericana de Derechos Humanos, Serie A N° 22, opinión consultiva OC-22/16, 26 de febrero.

Identidad de género, e igualdad y no discriminación a parejas del mismo sexo (2017): Corte Interamericana de Derechos Humanos, Serie A No. 24, voto individual del juez Eduardo Vio Grossi, 24 de noviembre.

Comité de Derechos Humanos de la ONU

Hudoyberganova c. Uzbekistán (2005): Comité de Derechos Humanos, CCPR/C/82/D/931/2000, dictamen, 18 de enero.

Mellet c. Irlanda (2016): Comité de Derechos Humanos, CCPR/C/116/D/2324/2013, dictamen, 17 de noviembre.

Yaker c. Francia (2016): Comité de Derechos Humanos, CCPR/C/123/D/2747/2016, dictamen, 22 de febrero.

Tribunal Supremo Español

STS 1262 (2018): Tribunal Supremo Español, sentencia, de 17 de julio.

Tribunal Constitucional de Chile

Requerimiento de inconstitucionalidad del Estatuto de Roma de la Corte Penal Internacional de 1998 (2002): Tribunal Constitucional chileno, Rol N° 346, sentencia, 8 de abril.

Requerimiento de inconstitucionalidad del proyecto de ley que moderniza el sistema de relaciones laborales, introduciendo modificaciones al Código del Trabajo (2016): Tribunal Constitucional chileno, Rol N° 3016, sentencia, 9 de mayo.

Corte Suprema de Justicia

Barrera (2018): Corte Suprema de Justicia, Rol N° 70584/2016, sentencia, 29 de mayo.

Arias c. Servicio de Registro Civil e Identificación, Región del Bío Bío (2020): Corte Suprema de Justicia, Rol N° 33.316-2019, 20 de julio.

EPÍLOGO

María Angélica Benavides

De acuerdo con el Diccionario de la Lengua de la Real Academia Española un epílogo es, entre otras acepciones, "la última parte de una obra, en la que se refieren hechos posteriores a los recogidos en ella o reflexiones relacionadas con su tema central". Me he permitido una suma de esas dos posibles aristas. Referirme a los hechos, en forma de discusiones que se han abierto y profundizarán en el proceso constituyente, y plasmar mis reflexiones en torno a la cuestión, de acuerdo con los tópicos recogidos en la presente obra.

El proceso constituyente es, sin exageración alguna, el momento social, político y jurídico más importante de Chile en los últimos 30 años. El camino a esta nueva Constitución es, por tanto, solo comparable a la recuperación de la democracia, el inicio del gobierno del Presidente Patricio Aylwin, y la entrada en vigencia de la Constitución Política de la República de 1980 (CPR). Es sin duda un momento histórico. No es, sin embargo, uno de refundación, como tampoco lo fue el año 1989. Logramos en ese entonces recobrar nuestra identidad democrática y ponerla en movimiento. El presente momento constitucional también recoge esa identidad, cuyo acervo responde a altos estándares de democracia, un enraizado apego a la legalidad, y a la cada vez más central radicalidad de la participación ciudadana. A esos tres elementos identitarios, es posible –y esto sí es novedoso– sumar el derivado del orden internacional. En pocas décadas, Chile ha pasado de ser un país más bien medio, en términos cuantitativos y cualitativos de participación en el sistema internacional, a uno profundamente pendiente de ese "otro derecho", ya sea para limitar, expandir o definir su justo influjo. En esto, no puedo dejar de alabar la sincronía de la identidad chilena con el mundo actual, que requiere relaciones tanto políticas como jurídicas para afrontar los desafíos futuros. Y Chile ha sabido estar a la altura de ese desafío, al menos en su inequívoca inserción en foros internacionales y vinculación a una parte importante del derecho derivado de esas relaciones.

Pero unas décadas no son, y no podían serlo, suficientes para recoger jurídicamente este desafío. Es así como las escasas normas constitucionales actuales han dado lugar a un profuso intercambio doctrinal y a una disímil recepción jurisprudencial. Sobre este punto, y como estudio que permite diagnosticar y apreciar la profunda diferencia en la labor judicial, el trabajo de Elvira Badilla se presenta como lectura necesaria para todo aquel que quiera entender las consecuencias concretas que acarrea una insuficiente definición conceptual a nivel de la Constitución. Esas ingentes interpretaciones, discusiones y diversas decisiones judiciales revelan dos aspectos íntimamente ligados entre sí. Primero, que las normas actuales no dan respuesta unívoca, después de treinta años, a aspectos fundamentales del derecho internacional y el derecho nacional. Segundo, que hemos transitado de una identidad nacional constitucional a una que intenta encontrar respuestas jurídicas internacionales a problemas nacionales. Sobre la indiscutida escasez de normas relativas al derecho internacional en la CPR, no hay dos voces. Esto, no obstante, se debe a que la Carta Fundamental es hija de un momento histórico, en que Chile no se encontraba particularmente preocupado de este derecho. Son muchas las razones de tipo ideológico, político, social, etc., que explican eso. Los textos son hijos de su tiempo. La pluralidad de interpretaciones sobre las normas constitucionales se debe a la decidida penetración del derecho internacional en diversas áreas reguladas por el orden nacional, donde el orden jurídico nacional no da respuestas.

Los temas que abren estos dos tópicos, falta de respuesta constitucional y demanda por encontrarlas en el sistema internacional del que Chile decididamente forma parte, son expuestos en la presente obra. Los trabajos incluidos en este libro ponen una nota de entusiasmo en la discusión que se viene, y trasuntan la idea de que el derecho internacional será parte esencial en ese debate. Esto se evidencia ya en la norma que la Ley N° 21.200 incorporó en la CPR como artículo 135. Coherente con los cuatro elementos de la identidad nacional que señalé más arriba, los límites de la Convención Constitucional son respetar el carácter de república democrática de Chile, las sentencias firmes y ejecutoriadas y los tratados internacionales que se encuentren vigentes. Manuel Núñez aborda este tópico con agudeza, señalando que siendo este un límite material, su violación no estaría sometida al proceso de reclamación ante la Corte Suprema, sino solo al escrutinio político. Sin perjuicio de la rigurosidad con que el profesor Núñez analiza este tema, es posible sostener opiniones diversas, que paso a señalar. Desde el punto de vista nacional, el inciso final del artículo 135 de la CPR es una norma que contiene intangibles para la discusión constitucional. Es el propio constituyente el que ha establecido los límites materiales no disponibles en la nueva Carta Fundamental. Sostengo que el pueblo soberano se ha autolimitado a través de una reforma constitucional. ¿Por qué no existe un acto de reclamación material sobre estos tres puntos del artículo 135? Pues porque el constituyente no puede violarlos, so pena de nulidad de origen del texto emanado de la Convención. Esta es soberana en sus decisiones, por lo que no existe posibilidad de revisar sus acuerdos, como se desprende del artículo 136 de la CPR. Desde otro ángulo, es el propio derecho internacional el que obliga a la Convención. La buena fe obliga a cumplir las normas de derecho internacional de la forma en que el propio tratado señala, reforzado por la interpretación que el propio Estado ha hecho de este. Aquí es el poder soberano el que ha reforzado la intangibilidad de los tratados en el proceso de discusión. La responsabilidad internacional es, por tanto, doble. Serán las autoridades definidas por la nueva Constitución las que luego adopten las medidas tendientes a permanecer o bien retirarse de los tratados, como es lo normal en la vida de estos acuerdos internacionales.

Siendo ese el problema de entrada en esta ya iniciada discusión, sobre la que es posible presagiar un debate intenso, se abordan en la obra otros temas que serán prioritarios en el proceso constituyente. Si se me permite una clasificación de los temas, podemos resumirlos en competenciales y de fuentes. La CPR, precaria como he señalado en la regulación del derecho internacional y su relación con el derecho nacional, requiere una revisión urgente. Lejos quedaron los tiempos en que el derecho internacional regulaba aspectos estrictamente interestatales, como la definición de fronteras. El sistema internacional actualmente impregna, previa aceptación estatal de sus normas, la legislación interna. Esto genera problemas de incorporación, jerarquía y aplicación. No por nada la mayor parte de los trabajos contenidos en esta obra se refieren a estos temas. Dentro de este espectro de tópicos, encontramos el aporte de Álvaro Paúl, quien aborda la necesidad de esclarecer las fuentes que nos vinculan. Analiza el *soft law* que, como indica la profesora Badilla en su trabajo, es utilizado por parte de la jurisprudencia, especialmente de la Corte Suprema. Acierta el profesor Paúl en instar por una clarificación del punto a nivel del texto constitucional. Me permito señalar a este respecto que es necesario mantener un sistema de fuentes de derecho internacional que sea aquel aceptado por los estados. No se trata de ser obsecuente con la autoridad estatal, pero no es dable imaginar un sistema jurídico donde el principal sujeto del derecho, tanto para la creación como la terminación de normas, así como para el reconocimiento y creación de otros sujetos, se considere vinculado jurídicamente a instrumentos sin valor jurídico. Esto no quiere decir que el *soft law* no posea importancia. Tiene especial relevancia en materia interpretativa, específicamente en relación con el método sistemático que incluye el artículo 31 de la Convención de Viena sobre el Derecho de los Tratados, que es uno de los tres que el intérprete debe utilizar. Por sí solo, sin embargo, el *soft law* no tiene fuerza jurídica vinculante. Como señalan los juristas alemanes Karl Döhring y Knut Ipsen, el término se ubica en un dudoso espacio entre lo que se quiere sea el derecho y lo que podría en un futuro llegar a constituirse como tal, puesto que el *soft law* no es una fuente jurídica, y su utilización obedece a intereses de orden político e ideológico.

Dentro del tema de las fuentes, tenemos varios tópicos tratados por los autores. Uno de ellos y especialmente álgido será el de la jerarquía. Y así lo evidencian las discusiones doctrinarias que se plantean en esta obra de forma completa, que incluye no solo la exposición de las posturas de sus autores, sino de aquellas que divergen de estas. Acertadamente, los autores de este libro señalan que la mayoría de la doctrina acepta la teoría de la jerarquía supralegal e infraconstitucional de los tratados. Sebastián López sostiene que la atribución expresa del rango constitucional para ciertos tratados aclararía la discusión y sería coherente con las normas internacionales que obligan a cumplir los tratados. Sin embargo, y partiendo de una comprensión dualista moderada del derecho internacional y de su cumplimiento obligatorio, puedo sostener que la jerarquía constitucional no solucionará todos los problemas, y abrirá más bien nuevos flancos. Considero que una opción para cumplir los dos mandatos soberanos, provenientes de las normas constitucionales y de las normas internacionales, especialmente convencionales, radicaría en una cláusula de interpretación compatible. La compatibilidad interpretativa ofrece ventajas frente a la interpretación conforme aludida por Sebastián López, y por Cristián Delpiano y Fernando Ochoa, en la obra. Sostengo que la conformidad pone siempre a una norma en posición de sometimiento frente a otra, lo que lleva implícita la sujeción de la primera a la segunda. Me inclino por una compatibilidad interpretativa, dada la plasticidad de este concepto. No hay duda alguna que el derecho internacional debe ser cumplido. Sin embargo, no hay una forma unívoca de hacerlo. Como acertadamente señala Osvaldo Urrutia, el derecho internacional no establece *a priori* una superioridad sobre el derecho interno. Incluso, el texto expreso de la Convención Americana sobre Derechos Humanos (CADH), en su artículo 29, permite a los estados utilizar su propio derecho cuando este es más protector de uno de los derechos ahí mencionados que dicho tratado. Es, entonces, una cuestión interpretativa. Los estados crean derecho internacional para cumplirlo, así como los estados crean derecho constitucional con el mismo objetivo. Como no existe una forma única de cumplir una norma, y el derecho internacional no exige superioridad sobre el derecho nacional, pero sí su cumplimiento, considero que es necesario buscar una solución que permita la aplicación de las normas internas y el derecho internacional. Es ahí donde la compatibilidad promueve una voluntad que, desde la buena fe, haga coexistir a ambos derechos. Sería conveniente plasmar en el texto constitucional una regla interpretativa en tal sentido, y permitir al operador del derecho la utilización correcta del derecho internacional. Esto de una interpretación que permita una adecuada convivencia y respeto a ambos derechos lo recoge el profesor Delpiano, cuando se refiere al margen de apreciación. Una discusión constitucional que lo aborde, junto a la compatibilidad interpretativa, demostrarían madurez jurídica.

Otro aspecto que recorre el libro, y que será parte de la discusión, es el institucional o competencial. El derecho internacional presenta especiales desafíos en el tiempo actual, que se agudizarán en el futuro. Parte del desafío es rodear al derecho internacional de elementos y procedimientos nacionales tales que el déficit democrático, que se le ha criticado, sea subsanado al interior de los estados. Aquí, Martín Loo nos entrega una acabada descripción histórica de las competencias que en materia de relaciones exteriores ha tenido y tiene la figura del Presidente de la República. La discusión que enfrentaremos será en gran parte competencial, en distintos ámbitos del ejercicio del poder soberano. Esto hará especialmente interesante la definición de las funciones y atribuciones que le caben al Ejecutivo en este tema. No es baladí la aseveración de la exitosa inserción de Chile en el mundo mediante instancias e instrumentos internacionales. Sin duda, esto puede tener, como señala el profesor Loo, una causa en la capacidad de actuación del Poder Ejecutivo, "el más dinámico de todos los poderes", como nos indica el profesor López. Me permito, asimismo, insinuar que este éxito, así como la consabida postura de que los temas de relaciones exteriores son considerados en Chile asuntos de Estado en un sentido político, queda de manifiesto en la permanente consulta y asesoría de exministros de exteriores, independientes del partido político. Este modelo de relaciones exteriores pareciera formar parte de nuestra identidad y, siendo exitoso, convendría no transformarlo sustancialmente. Sin perjuicio de eso, en materia de tratados, como lo señala el profesor Urrutia, hay un asunto que discutir. En el sistema actual, la crítica del déficit democrático del derecho internacional no se supera con las competencias entregadas al Presidente de la República para vincular jurídicamente al Estado mediante tratados. Como he sostenido anteriormente, el Presidente se constituye como un verdadero legislador encubierto, quien elige cuándo presentar un tratado al Congreso Nacional para su aprobación, y cuándo ratificarlo. Así como las leyes, los tratados son amplios en sus temáticas, generales en cuanto a su aplicación y proyectada vigencia. En eso, y solo en eso, se parecen a una ley. Es decir, constituyen normalmente legislación general, pero una que proviene de la voluntad exclusiva del Presidente. Este debiera ser un tema por revisar. Una cosa es que los asuntos de relaciones exteriores los conduzca el Poder Ejecutivo, y otra es que la vigencia interna de un tratado quede entregada exclusivamente a la potestad del Presidente. Se hace imperioso entregarle al Congreso mayores atribuciones; mecanismos que permitan forzar al Presidente a la ratificación de un tratado, una vez que este ha sido aprobado por el Poder Legislativo.

Algo similar ocurre en el caso de la terminación de los tratados. El Presidente no puede, y no podría ser así, derogar o suspender una norma interna general. Sin embargo, respecto de los tratados, que constituyen otro tipo de norma general, sí puede. Aun cuando todo esto quedará para la discusión constituyente sobre la división de competencias y régimen de gobierno, nada hace presagiar un cambio radical a un sistema parlamentario, pero sí a un presidencialismo atenuado, donde se recojan exitosas experiencias aquilatadas en la historia de nuestra República, perfeccionándolo allí donde sea necesario. Esta participación de distintos órganos soberanos en la vinculación o desvinculación de las normas internacionales permite subsanar las críticas de su déficit democrático. En el ámbito competencial, Sebastián Soto se hace cargo de las funciones que en materia de tratados podría tener el Tribunal Constitucional. Todo hace prever una álgida discusión sobre sus competencias y composición. No obstante, y para referirme solo al punto de la inaplicabilidad por inconstitucionalidad, el profesor Soto acierta al señalar que la de los tratados es y debe ser debatible, a diferencia de lo que sostiene Sebastián López. Si consideramos que la inaplicabilidad no es equiparable a la suspensión de un tratado, e incluso la CADH plantea la aplicación de la norma interna si es más protectora, podemos entrar en la discusión sobre inaplicar el tratado, siempre y cuando el mecanismo de compatibilización interpretativa no haya sido posible. Esto representaría una forma de conciliar el cumplimiento de los tratados cuando ellos, en materia de derechos humanos, plantean la posibilidad de utilizar la norma más protectora. Esta es una discusión abierta, y que no será posible abordar si no es mediante un desideologizado debate, pues tanto la nueva Constitución como el derecho internacional deberán convivir.

Considero este libro de lectura obligada. Los aportes de sus autores muestran rigor y honestidad intelectual en el tratamiento de los temas expuestos. Pero, sobre todo, reflejan que nuestra identidad nacional ha ganado un elemento nuevo: el convencimiento de que el derecho internacional es una herramienta que forma parte de nuestra idiosincrasia jurídica. Un texto constitucional que no entregue al derecho internacional el lugar que merece, y que dé cuenta de los avances en diversas materias que como país hemos logrado en las últimas décadas, mediante la incorporación de este en nuestro sistema jurídico, no es posible hoy en día.